英国史话

British History

毛锐 赵北平 ◎ 著

中国书籍出版社
China Book Press

图书在版编目（CIP）数据

英国史话/毛锐，赵北平著. -- 北京：中国书籍出版社，2022.10
ISBN 978-7-5068-8899-8

Ⅰ.①英… Ⅱ.①毛… ②赵… Ⅲ.①英语—历史 Ⅳ.①K561.0

中国版本图书馆 CIP 数据核字（2022）第013037号

英国史话

毛锐　赵北平　著

责任编辑	王志刚　彭宏艳
责任印制	孙马飞　马　芝
封面设计	东方美迪
出版发行	中国书籍出版社
地　　址	北京市丰台区三路居路97号（邮编：100073）
电　　话	（010）52257143（总编室）（010）52257153（发行部）
电子邮箱	chinabp@vip.sina.com
经　　销	全国新华书店
印　　刷	三河市顺兴印务有限公司
开　　本	710毫米×1000毫米　1/16
字　　数	300千字
印　　张	20.25
版　　次	2022年10月第1版　2022年10月第1次印刷
书　　号	ISBN 978-7-5068-8899-8
定　　价	58.00元

版权所有　翻印必究

序 言

英国的全称为"大不列颠及北爱尔兰联合王国",这个位于欧亚大陆最西边的岛国,面积不过24万平方千米,人口到现在也不过6500万。就是这样一个中等规模的国家,在世界近现代史上却起到了引领潮流的作用。

在世界所有国家中,严格说来只有英国是自主发展,不受外界干扰地进入现代社会的唯一国家,其他国家或多或少都是被迫进入现代化的。英国最先进入一种新文明,这不仅大大改变了英国自身的历史,也改变了世界历史发展进程。从1588年战胜西班牙"无敌舰队"的辉煌胜利到20世纪初建立了"日不落帝国",殖民地遍及非洲、亚洲、美洲、大洋洲,总面积超过3500万平方千米,统治人口约3.8亿。英国也由孤悬于欧洲大陆之外的边缘小国,逐渐跃升为欧洲和世界的霸主。英国也成为对现代文明贡献最多的国家。在经济方面,英国最先确立市场经济,完成了工业革命,成为"世界工厂",成为世界最发达的国家;在政治制度方面,英国首创了君主立宪制,确立了资产阶级议会民主制、两党制和责任内阁制,为世界其他国家提供了一种现代政治制度的新选择;在法律建设方面,英国最早确立了以"习惯法"为基础的"法律面前人人平等"的现代法律体系。在科学技术方面,英国科学巨匠牛顿在经典力学体系,达尔文在进化论等方面贡献杰出,为现代科学的发展奠定了主要基础;莫尔、莎士比亚、培根等人文主义学者给后人留下了诗作、戏剧等不朽的"精神产品";等等。

后来,世界霸主的光环逐渐暗淡,英国开始逐渐衰落,即使如此,英国依然是联合国五大常任理事国之一,仍然是英联邦国家的领导者,在国际事务中所起到的作用仍然远远大于其版图面积和人口规模所能起到的作用。进入21世纪，当逆全球化渐成潮流时，英国成为第一个脱离欧盟的国家。当新冠肺炎疫情肆虐世界时，英国又是最早提出并主动实施群体免疫的国家之一……

英国为何如此特殊？让我们穿越时空隧道、铺开历史的画卷，研读英国历史，也许会找到其中的答案。

目　录

序　言 1

第一章　上古不列颠与罗马征服

一、不列颠史前史 3
二、罗马征服 9
三、罗马统治 17

第二章　盎格鲁—撒克逊时代

一、七王之治 23
二、基督教回归 25
三、阿尔弗雷德大帝 28
四、社会、制度与文学 33
五、忏悔者爱德华 40

第三章　法裔国王

一、诺曼征服 45
二、盎格鲁-诺曼封建主义 47
三、金雀花王朝（安茹王朝） 51

四、亨利二世的改革 54

　　五、大宪章 59

　　六、亨利三世与《牛津条例》 66

第四章　中世纪的英国

　　一、十字军东征 73

　　二、僧侣和修士 75

　　三、学术与文学 77

　　四、城镇的崛起 81

　　五、国王和议会 82

　　六、议会的崛起 91

　　七、英法百年战争 92

　　八、理查二世与革命 96

　　九、14世纪英国社会和经济 98

第五章　兰开斯特与约克王朝

　　一、玫瑰战争（1455—1485年） 107

　　二、15世纪的英格兰 113

　　三、1066—1485年间苏格兰的历史 115

第六章　早期都铎王朝和宗教改革

　　一、亨利七世 123

　　二、亨利八世 129

　　三、国王与教会：与罗马的决裂 131

　　四、爱德华六世和新教徒的反应 136

五、玛丽·都铎和天主教的反应……138

第七章　伊丽莎白时代的英国

一、宗教和解……143
二、伊丽莎白的外交政策……147
三、击败西班牙的无敌舰队……150
四、经济和殖民扩张……153
五、政府机构发展……155
六、学术和文学……156

第八章　斯图亚特王朝

一、詹姆士一世……161
二、查理一世……168
三、内战和过渡时期……171
四、护国政体……174
五、查理二世与王政复辟……177
六、光荣革命……180
七、最后的斯图亚特王朝……184
八、斯图亚特王朝统治下的英格兰……186

第九章　英国汉诺威王朝

一、乔治一世……195
二、"首相"罗伯特·沃波尔……198
三、威廉·皮特与七年战争……202
四、乔治三世控制内阁……205

五、1775—1783年美国独立战争⋯⋯⋯⋯⋯⋯⋯⋯⋯⋯⋯⋯⋯⋯⋯⋯⋯ 206
六、保守主义政治与法国大革命⋯⋯⋯⋯⋯⋯⋯⋯⋯⋯⋯⋯⋯⋯⋯⋯ 209
七、18世纪的联合王国⋯⋯⋯⋯⋯⋯⋯⋯⋯⋯⋯⋯⋯⋯⋯⋯⋯⋯⋯⋯ 215

第十章　日不落帝国

一、镇压与改革⋯⋯⋯⋯⋯⋯⋯⋯⋯⋯⋯⋯⋯⋯⋯⋯⋯⋯⋯⋯⋯⋯ 223
二、议会改革⋯⋯⋯⋯⋯⋯⋯⋯⋯⋯⋯⋯⋯⋯⋯⋯⋯⋯⋯⋯⋯⋯⋯ 225
三、19世纪上半叶的工业、社会和宗教改革⋯⋯⋯⋯⋯⋯⋯⋯⋯⋯ 227
四、废除《谷物法》与"宪章运动"⋯⋯⋯⋯⋯⋯⋯⋯⋯⋯⋯⋯⋯⋯ 231
五、英国自由主义的盛行⋯⋯⋯⋯⋯⋯⋯⋯⋯⋯⋯⋯⋯⋯⋯⋯⋯⋯ 235
六、迪斯雷利与新托利主义⋯⋯⋯⋯⋯⋯⋯⋯⋯⋯⋯⋯⋯⋯⋯⋯⋯ 238
七、格拉斯顿与爱尔兰地方自治⋯⋯⋯⋯⋯⋯⋯⋯⋯⋯⋯⋯⋯⋯⋯ 240
八、帝国主义与外交⋯⋯⋯⋯⋯⋯⋯⋯⋯⋯⋯⋯⋯⋯⋯⋯⋯⋯⋯⋯ 242
九、19世纪的英国——"不列颠和平"⋯⋯⋯⋯⋯⋯⋯⋯⋯⋯⋯⋯ 245
十、生活和思想⋯⋯⋯⋯⋯⋯⋯⋯⋯⋯⋯⋯⋯⋯⋯⋯⋯⋯⋯⋯⋯⋯ 248
十一、维多利亚政府⋯⋯⋯⋯⋯⋯⋯⋯⋯⋯⋯⋯⋯⋯⋯⋯⋯⋯⋯⋯ 254

第十一章　20世纪的英国

一、新自由主义⋯⋯⋯⋯⋯⋯⋯⋯⋯⋯⋯⋯⋯⋯⋯⋯⋯⋯⋯⋯⋯⋯ 259
二、第一次世界大战⋯⋯⋯⋯⋯⋯⋯⋯⋯⋯⋯⋯⋯⋯⋯⋯⋯⋯⋯⋯ 265
三、两次世界大战之间的英国⋯⋯⋯⋯⋯⋯⋯⋯⋯⋯⋯⋯⋯⋯⋯⋯ 272
四、帝国与外交⋯⋯⋯⋯⋯⋯⋯⋯⋯⋯⋯⋯⋯⋯⋯⋯⋯⋯⋯⋯⋯⋯ 278
五、第二次世界大战⋯⋯⋯⋯⋯⋯⋯⋯⋯⋯⋯⋯⋯⋯⋯⋯⋯⋯⋯⋯ 285
六、当代英国⋯⋯⋯⋯⋯⋯⋯⋯⋯⋯⋯⋯⋯⋯⋯⋯⋯⋯⋯⋯⋯⋯⋯ 293
七、英国在世界事务中的地位⋯⋯⋯⋯⋯⋯⋯⋯⋯⋯⋯⋯⋯⋯⋯⋯ 300

结束语⋯⋯⋯⋯⋯⋯⋯⋯⋯⋯⋯⋯⋯⋯⋯⋯⋯⋯⋯⋯⋯⋯⋯⋯⋯⋯⋯ 305

第一章　上古不列颠与罗马征服

一、不列颠史前史

英国全称大不列颠及北爱尔兰联合王国，位于欧洲西部，本土位于欧洲大陆西北面的不列颠群岛。英国的国土由大不列颠岛上的英格兰、苏格兰、威尔士和爱尔兰岛上的北爱尔兰四部分和众多的小岛组成。英国的海岸线总长11450千米。隔北海、多佛尔海峡、英吉利海峡与欧洲大陆相望。英国的西边濒临大西洋，南边与东边分别与法国、荷兰以及丹麦隔海相望。陆地上仅与爱尔兰为邻。

英国的早期历史可谓一部不同种族入侵不列颠群岛的编年史。早在有史记载的罗马人入侵不列颠之前，群岛上就有着一群群强壮且好战的移民在这里定居。移民与不列颠土著部落的居民混居在一起，使古代英国人成为当时世界上最为混乱的种族之一。为什么不列颠群岛能够吸引一批又一批的移民定居？原因就在于不列颠群岛所处的地理环境具有无比的优越性。

作为欧洲西北部的岛群，不列颠群岛主要由不列颠岛与爱尔兰岛两个较大的岛屿以及设得兰岛、奥克尼群岛等周边五千多个较小的岛屿组成，陆地面积约24万平方千米。据有关学者研究，不列颠群岛与欧洲大陆还未被海水分隔的时候，旧石器时代的人类就已经来到这块大陆。随着冰河期的结束，逐渐后退的大陆冰川作用改变了这块大陆的地理环境，使得不列颠群岛变成与欧洲大陆分隔的岛屿。早期不列颠群岛与欧洲大陆的紧密关系意味着不列颠群岛上的动植物群体与北欧的动植物群体有着紧密联系。

英国的地形与地势图清晰地向人们解释了早期不列颠群岛上的部落与移民的迁移方向。不列颠岛的总体地势西北高、东南低。其西北地区主要是地势高耸的高原与山地，而东部和东南部则是平坦的低地，这些低地与平原也是整个欧洲平原的组成部分。

不列颠岛北部的苏格兰地区多高地，不列颠最高峰本尼维斯山便坐落于此，海拔1343米。西部的威尔士是多山地区，6%的土地被森林覆盖。不列颠群岛濒临大西洋的海岸线崎岖不平。不列颠岛南部是地势平坦的平原。从整个地势来看，不列颠岛的地势由北向南逐渐变得平坦起来。英格兰地区占据了不列颠岛南面与东面地势平缓的大部分土地，境内多平原、丘陵和沼泽，沿海地区的土地肥沃，适于农作物的耕种。在英国早期历史中，不同时期的移民可以轻易地经欧洲大陆从地势平坦、海岸线平缓的英格兰地区进入不列颠群岛。

不列颠群岛上的绝大多数河流也沿着这一地势游走，河流多在不列颠岛的南部与东南沿海入海。据考察，早期不列颠群岛的入侵者沿着特伦特河、威尔河和泰晤士河等河流顺势而上进入不列颠岛的内陆地区，逐渐向北部内陆迁移，后来这些河流也成为英国商业贸易的主动脉。早期的移民主要选择不列颠岛南部、东部以及低地区作为定居点，并迫使原先定居在此的部落移居到不列颠岛的北部地区。在英国早期历史中，这些地区往往会成为流离失所的旧种族与旧文化的避风港。在历史上，苏格兰高地，威尔士与英格兰西南端的康沃尔郡等地区就成为英国古老种群的定居之处。直到今天，这些地区通常也被称为"凯尔特人的边缘"。

不列颠岛适宜的气候与丰富的矿产吸引着早期入侵者在此定居。约在公元前3000年前，最早一批移民来到不列颠岛，他们也是当时最早的一批农业种植者，他们跨越海峡移居此地后，不列颠岛上原有的穴居部落社会的状态便被打破。他们采用新的生活与生产方式，饲养以牛为代表的牲畜，种植粮食作物，后来还逐渐发展出燧石开采业。

随着冰河时代的结束，不列颠群岛上的气候变得更加温和，更加适合岛上农作物的生长。来自大西洋的季风携带着墨西哥湾温暖的洋流，使得英格兰南部地区的气温变得更加温和，形成这一地区独特的气候特征——温带海洋性气候。这种气候使不列颠岛上四季温和湿润，寒暑季节温差变化不大，特别适宜农作物的生长，这为早期移民与部落在此定居提供了绝佳的自然条件。

不列颠岛温和的气候与富有营养的土质促进了大麦与小麦等作物的生长。而不列颠群岛漫长而不规则的海岸线与周围良好的港湾促进了岛上居民的捕鱼与海洋贸易的发展。根据有关研究，古代地中海东岸黎凡特地区的商人早在凯尔特人征服不列颠之前就与不列颠岛上的居民有过贸易往来。不列颠岛上盛产黄金与珍珠的故事很早就在地中海商人中口耳相传。

冰川的消融使不列颠岛土地大部分被沼泽和森林覆盖，此后，沙丘和泥土掩埋了森林，使其遗骸构成了英国的煤矿资源。不列颠岛蕴藏丰富的矿产资源，矿产的种类主要有煤、铁、石油和天然气。位于英国西南部的康沃尔半岛有大量的锡矿；西南部的柴郡和达腊姆蕴藏着大量石盐；斯塔福德郡有优质黏土；奔宁山脉东坡富含白云石；兰开夏西南部施尔德利丘陵附近蕴藏着石英矿。不列颠岛上极为丰富的煤矿与铁矿资源成为日后支持英国进行工业革命的重要自然基础。古代不列颠群岛上的先民通过开采铜、锡与铁等矿产，促进了古代文明的不断前进。古代不列颠岛的居民逐渐发现了铜与锡的存在，并将这两种金属熔炼在一起制造出青铜器。由此，不列颠岛的石器时代终结，进入青铜时代。

在旧石器时代，欧洲大陆地区古代人类迁移的方向主要是向西移动，也是在这一时期他们开始进入不列颠群岛，不列颠群岛的移民基本上也都是来自欧洲大陆。在历次移民潮中，不列颠群岛都会被迫成为新族群文化变革的接受者。我们从人类骨骼以及他们所使用的石制与骨制工具等考古证据发现，大约在25万年前智人就已经通过大陆架出现在不列颠岛上，这些早期的不列颠居民被称为"斯旺斯孔布人"。

在新石器时代，来自伊比利亚半岛擅长农业的长头族群（伊比利亚人）穿越海峡移居到不列颠岛上，他们在英格兰南部古老的狩猎部落旁边建立了混合农业部落。不列颠岛上的伊比利亚移民有着自己特有的宗教，他们崇拜地球母亲，往往在向天敞开的寺庙中祭拜太阳。如今位于英国伦敦西南100多千米处的威尔特郡的巨石阵可能就是早期伊比利亚人崇拜太阳的祭祀场地。在不列颠岛的索尔兹伯里平原上，一些巍峨巨石呈环形屹立在绿色的旷野间，巨石阵占地大约11公顷，主要由整块的蓝砂岩组成，每块重约50吨，最高的石柱高达10米，更有重达7吨的巨石被横架在两根竖起的石柱上。如此巨大的工程，在古代技术条件与手段极不发达的情况下，不列颠岛上的古代先民不可能在短期内迅速将其建成，巨石阵的建造必定存在一个循序渐进的过程。根据学者的研究，巨石阵分三期建造。第一阶段可以追溯到新石器时代晚期，当时的人们只是建立了一个能够容纳数百人的圆形土堤，并在其内挖出五十六个圆形大坑，在大坑内埋入大木桩，据说木桩是用来观测季节的变化。第二阶段是公元前2000年左右的铜器时代，可能是不列颠岛上的伊比利亚人对之前的巨石阵进行了改造，他们改造了进口，铺设了壕沟，在巨石阵内侧竖立起四座石柱。第三阶段大约是公元前1000年左右，当时的人们运来一百多块沙砾岩（蓝砂岩），建成三十多个石柱外圈。考古学家在索尔兹伯里地区的山脉中并未发现蓝砂岩，而在南威尔士的山脉中发现蓝砂岩，所以至今无人知道当时的先民是如何将重达几十吨重的巨大石块搬运到距离南威尔士山脉三百多千米之外的索尔兹伯里平原的。建造巨石阵所需的工作量也是惊人的，据估算，巨石阵建设的三个阶段需要不列颠岛上的先民耗费超过三千万小时的劳动。由此可见，古代先民的智慧与建造手段的高超是我们现代人所无法理解与想象的。

建造巨石阵的原因众说纷纭。有学者认为，巨石阵是不列颠岛上的远古先民为观测天象所建，因为通过巨石阵中的石环与土环结构关系可以使人精确了解太阳与月亮的十二个方位，并能据此推测日月星辰不同季节的起落。也有学者推测，巨石阵可能是不列颠岛上远古部落神秘的祭祀场所。考古学家在巨石阵内发现了墓葬，里面有许多头骨、兽骨与燧石，他们推测这可能是人们用来祭祀太阳的重要场所。还有一些科学家通过科学仪器探测到巨石阵可以产生特殊的声音。到目前为止，所有这些说法都是推测，并不能给巨石阵建造的原因提供一种确切的解释，不过巨石阵的存在使我们更加敬畏古代先民惊人的创造力。

一千年以后，即公元前2000年左右，来自欧洲的高大勇猛的圆头移民涌入不列颠，他们为不列颠岛带来金属器具，将不列颠岛的文明带入青铜时代。他们掌握着较为先进的金属制造工艺，利用金属制造所需的各种武器与工具，身穿羊毛与亚麻制的衣服，崇尚武力，对农业种植的兴趣不大。这些入侵者又被称为"陶盆族"，因为他们会利用不列颠岛上特有的黏土制成可供部落饮食所用的器皿。这些移民与不列颠岛上的居民逐渐融合，建立了青铜时代独特的威塞克斯文化。他们建立了组织结构完备的部落。部落由掌管宗教与祭祀的祭司、部落首领和贵族组成。考古学家研究发现，威塞克斯文化主要出现在英格兰的南部地区。在该地区出土的大墓中，人们发现青铜匕首、青铜斧、诸多金器、琥珀饰品，这表明当时的墓主人应该是具有相当的社会地位。另外，在发掘的墓葬群中，单人墓葬居多，这也说明当时的威塞克斯文化下的部落已经具有等级结构。

公元前700年前后，来自欧洲大陆的凯尔特人将不列颠岛带入铁器文明。凯尔特人最早出现在欧洲中部地区的多瑙河和莱茵河上游，是广泛分布在中欧、西欧、南亚乃至小亚细亚等地的古代民族，创造了丰富多彩的青铜和铁器文明。这一入侵族群的称呼来源于罗马人，凯尔特人也成为罗马征服不列颠之后在其文献记载中不列颠的第一个征服者。凯尔特人中有一支被称为不列吞人，不列颠这一名称可能来源于此。这些入侵者很快就征服了不列颠岛南部与东部沿海地区，并逐渐向不列颠岛北部内陆地区迁移。不列颠当地的部落被迫迁移到岛屿北部更为蛮荒的地区。

凯尔特人会使用铁器，耕种技术也很先进，这使农业与畜牧业成为不列颠岛上的主要产业。不列颠的凯尔特人仍处于原始社会部落阶段，每个氏族部落都有军事首领、部落元老、武士和祭司。随着凯尔特人逐渐掌握了开采与冶炼锡矿、青铜和铁矿的先进技术，凯尔特人的经济与文化得以快速发展。考古证据表明，凯尔特人制造的陶器与金属造的头盔显示了他们对装饰艺术的浓厚兴趣与高超技术。不列颠南部可能流通着类似于马其顿金币这样的货币，表明凯尔特人部落过着较为富足的生活，并逐步发展出最初的商业。凯尔特人还会从其他地区进口葡萄酒和其他奢侈品，还喜欢穿着涂有蓝色染料的服饰。上述证据均表明，与不列颠岛上的早期居民相比，凯尔特人在不列颠创造的文明远远超越岛上其他的文明。

凯尔特人时期仍然没有发展出文字，但是他们信仰德鲁伊宗教，靠口口相传的方式传授部落的历史与知识。德鲁伊宗教起源于不列颠岛上的英格兰地区，随着凯尔特人的迁移，该宗教逐渐传播到高卢与爱尔兰。在罗马史书上最早关于德鲁伊教的记载主要见于恺撒的《高卢战记》和古罗马史学家塔西佗的著作《历史》中。在这些著作中，德鲁伊教往往被描述为野蛮和恐怖的宗教信仰。恺撒在《高卢战记》中对德鲁伊教就有生动的描述，他说："所有高卢各族都异常热心于宗教仪式，因此，凡染上较为严重的疾病，或要去参加战争、经历危险的，不是当时把人作为牺牲，向神献祭，就是许下誓愿，答应将来这样做，这种祀典都请祭司们主持。他们认为，要赎取一个人的生命，只有献上另外一个人的生命，不朽的神灵才能俯允所请。有关国家的公务，也用同一方法献祭。另有一些人制成硕大无朋的人像，四肢用柳条编就，其中装进一些活人，放到火中去，让那些人被火焰包身，活活烧死。他们认为如能够用在偷窃、抢劫或犯别的罪行时被捉住的人作为牺牲供献，格外能讨好不朽之神，但如果这种人无法提供，使用无辜的人来充数。"[①]

德鲁伊教作为西方世界最古老的信仰之一，其信徒崇拜各种自然神灵，认为一草一木皆有灵魂，万物之灵通向某种多知多能的自然力量。神在人间有无数种伪装，无处不在，无所不掌。[②]在德鲁伊教祭司看来，动物、植物乃至日月星辰、风雷雨水中皆有灵魂，这些灵魂中有代表繁育和生产的好的灵魂，也有代表死亡和贫瘠的不祥的灵魂。德鲁伊教还信仰灵魂转世和灵魂不灭说。

德鲁伊教祭祀仪式极为残忍。凯尔特社会中庆祝丰收、赢得战争、月满月亏时都要举行祭祀仪式，仪式的重头戏就是人祭。凯尔特贵族下葬时，也常常举行人殉，而人殉的成员不只是奴隶，有时还有死者的亲属和部下，因为贵族们相信这些亲属与部下在死后能够继续追随死者。发动战争前，德鲁伊祭司还会举行占卜，他们有时通过劈开人祭的头颅，观察他们血肉的破碎方式来占卜吉凶。后来征服凯尔特人的罗马人认为这一传统极其野蛮，对其进行了坚决镇压。

---

① ［古罗马］恺撒. 高卢战记［M］. 任炳湘，译. 北京：商务印书馆，1982：140.

② 巴里·康立夫. 古老的凯尔特［M］. 牛津：牛津大学出版社，1997：120.

二、罗马征服

公元前1世纪，不列颠岛上文明最为开化的地区是东南部，那里分布着众多凯尔特部落王国，它们与居住在海峡对岸的高卢的比尔吉人有亲族关系。公元前75年，高卢的比尔吉部落声称将不列颠东南部地区（今天英国的肯特、米德尔塞克斯和赫特福德郡）作为他们的王国。公元前57年，恺撒率军征服了高卢北部地区（其地理范围包括今天的比利时、荷兰、卢森堡、法国北部和德国西部），将这片地区纳入罗马帝国的行省之列，这片地区被罗马人称为"高卢—比尔吉"。在这片地区居住着众多凯尔特部落和日耳曼部落，他们被统称为比尔吉人。根据恺撒在《高卢战记》中的叙述，不列颠东南沿海地区的主要居民是早先从高卢北部跨海迁往不列颠的比尔吉人。共同信仰德鲁伊教、相互之间密切的贸易关系与和谐的种族亲和力使不列颠和高卢之间的关系十分紧密。

罗马人是有史记载的继凯尔特人之后对不列颠进行征服的第二批入侵者。但是，与早期的凯尔特人及后来的撒克逊入侵者不同的是，罗马人入侵并统治不列颠的方式，并不是采用驱散原有不列颠定居者的野蛮方式，而是将不列颠岛作为罗马帝国统治下的一部分。罗马人的这种统治方式在不列颠产生了与之前的入侵者截然不同的效果，罗马文明在不列颠得以快速传播与发展，但是罗马文明仍然是外来的文明，随着它对不列颠统治的结束，它的影响也在逐渐消逝。

公元前58年，尤利乌斯·恺撒开始征服高卢的战争。罗马人发现高卢人可以从不列颠获取援助，这使恺撒注意到这座岛屿。过去，这座岛屿在罗马人眼中是遥远而神秘的蛮荒之地，不少人甚至认为这里是世界边缘。不列颠岛与高卢之间密切的联系使恺撒认识到征服它的重要意义。实际上，吞并与殖民不列颠并不是罗马人扩张的主要目标，但是当罗马人决定征服不列颠的时候，罗马人先进的军事与政治组织便成为他们征服不列颠的决胜武器。

公元前55—前54年，罗马的尤利乌斯·恺撒在征服欧洲高卢期间对不列颠发动了两次入侵，但都以失败告终。公元前55年，恺撒率领80艘船，两个军团1.2万名战士从今法国的布伦港出发，在不列颠的第尔登陆。恺撒的罗马军队在不列颠多佛附近与肯特郡地区的凯尔特人发生冲突，纪律严明的罗马军队很快就击溃凯尔特人的阵列，凯尔特人被迫向恺撒求和。但是罗马军团的后续部队和后勤补给因为陌生的海峡环境和突发的风暴无法按时抵达，恺撒不得不从不列颠撤走。

第二年，恺撒又集结五个军团乘坐八百艘船再次攻打不列颠。这一次，恺撒击败了不列颠最强大的比尔吉部落之王卡西努维斯，进而深入到不列颠岛内陆。卡西努维斯被迫求和，向罗马人提供人质，并答应年年纳贡。此时高卢再次发生骚乱的消息传来，眼见胜利在望的恺撒不得不草草议和，撤离不列颠。

也有观点认为，恺撒是由于后院起火才导致从不列颠撤离。公元前60年，他与庞培、克拉苏秘密结成前三头同盟，以求对抗元老院。公元前58年到公元前51年，恺撒远征高卢捷报频传，名声大振，这引起庞培、克拉苏的嫉妒，特别是克拉苏远征安息失败，三巨头平衡被打破。同时有消息传出，心存猜忌的元老院试图拉拢庞培反对恺撒，恺撒与庞培之间的矛盾越来越公开化。

于是元老院与庞培合谋，限令恺撒交出高卢行省和军权，内战阴影逐渐逼近。公元前49年，恺撒决定渡过卢比孔河与庞培一决胜负，根据罗马法律规定，只有执政官和裁判官才能在卢比孔河以南的意大利本土指挥军队，除此之外任何人带领军队跨过卢比孔河即意味着造反。这意味着恺撒渡过卢比孔河不仅仅是进入意大利，而是宣战，是对庞培，对整个罗马制度的宣战。公元前49年，恺撒率军占领罗马，击败庞培以及元老院共和派议员。恺撒被选举为独裁官，实行独裁统治，罗马共和制度被君主制所替代。公元前44年，以布鲁图斯为首的阴谋者在元老院刺杀了恺撒。

恺撒在其所著的战地日记《高卢战记》中详细描述了自己与不列颠比尔吉部落之间的战争，也是在这本日记中他首次提出了凯尔特人的说法。最初，恺撒把生活在高卢地区的蛮族统称为高卢人。随着恺撒对高卢的不断征战，他将一些长有红褐色头发，讲同一种语言的蛮族统称为凯尔特人。在罗马人对外征服过程中，他们发现在高卢以外的地方也有同样特征的蛮族，于是罗马人就采用了恺撒对他们的称谓。如今，在凯尔特人分布较广的苏格兰和爱尔兰地区，有8%左右的人是红发。恺撒在《高卢战记》中描述了不列颠凯尔特人的基本情况："住在不列颠内地的人，据他们自己历代传说，是岛上土生土长的，住在沿海地区的人，则是为了掠夺和战争，早先从比尔吉迁移过去的，通常就用他们原来出生的那个国家的名字呼唤他们，打完仗之后，他们就在这里居住下来，并且开始耕种田地。居民很多，简直难以计数，他们的房舍建得很密集，大部分跟高卢的相像。牲畜的数量也极多。他们使用铜和金的货币，或者以称好一定重量的铁牌，作为货币。锡生产在那边的中部地区；铁生产在沿海，但它的数量很少。他们使用的铜是输入的。那边跟高卢一样，有这种树木，只缺山毛榉和松树。他们认为兔、公鸡和鹅不可食用，只饲养了作观赏和娱乐之用。气候比高卢较为温和，未冷得那样刺骨。……全不列颠中，最开化的居民是住在肯几姆地区的，这是一片完全滨海的地区。他们的习俗与高卢人没有多大差别。至于住在内陆地带的人，则大多数都不种田，只靠乳和肉生活，用毛皮当做衣服。所有不列颠都用菘兰染身，使人看起来带有天蓝颜色，因此在战斗中显得更为恐怖。他们还蓄着长发，全身除了头部和上唇之外，到处都剃光。妻子们是由每一群十个或十二个男人共有的，特别是在兄弟们之间和父子们之间共有最为普遍，如果这些妻子们中间有孩子出生，则被认为是当她在处女时第一个接近她的人的孩子。"[1]由此可见，虽然凯尔特人相比于不列颠之前的族群而言具有更高的生产力，但是凯尔特人仍然具有原始部落的相关特征。

恺撒对不列颠的两次入侵也不是一无所获，不列颠的许多部落慑于罗马军威，主动臣服于罗马，成为罗马人的盟友。之后，这些部落成了罗马在不列颠发挥影响的桥头堡。作为交换，恺撒允许这些部落与拉丁化了的罗马高卢行省开展贸易并从中获得大量利益。恺撒第二次出征不列颠时，随行还带来了许多想趁机牟利的商人。罗马人离开后，泰晤士河口的特里诺文图姆借与罗马的亲密关系发展商贸，逐渐成为不列颠最强大的部落。以与罗马直接

---

[1] ［古罗马］恺撒. 高卢战记［M］. 任炳湘, 译. 北京：商务印书馆, 1982: 105-107.

交战的东南部为中心，不列颠逐渐形成了文化的中心部落与边缘部落，中心部落贸易发达、铸造钱币、统治集中，统治阶级也开始仿效罗马贵族生活，从罗马购入葡萄酒。罗马商人和移民可以和平与自由地进入不列颠进行商业贸易，传播罗马文化。但是，除此之外，入侵并没有对不列颠产生任何永久性的影响。然而，恺撒的入侵证明，只要罗马人愿意耗费足够的精力与兵力，就能够完全征服不列颠。当然，罗马对不列颠的完全征服是一百年之后的事情了。

实际上，罗马在恺撒两次征服不列颠的行动中已经获利巨大，如果不是考虑成本等原因，可能早就完成了对不列颠的征服。恺撒的军事行动后，不列颠与罗马建立了长期的纳贡关系。虽然从奥古斯都到卡里古拉皇帝，都不时流露出重征不列颠的欲望，但是均未付诸行动，原因在于罗马军事储备有限，忙于内战并且不列颠已处在半征服状态下，没有跨海进犯罗马的可能，攻打不列颠反而弊大于利。根据古罗马地理学家、历史学家斯特拉波记载，当时不列颠进献的贡赋，比征服不列颠建立行省后能收取的贡赋减去进攻、驻军成本还要多。自此之后，罗马对不列颠的征服便搁置起来。

直到公元43年，克劳狄皇帝（41—54年在位）才重新开始对不列颠的征服。克劳狄皇帝带领四支精锐的罗马军团（罗马的第二奥古斯塔军团、第九西班牙军团、第十四盖米纳军团和第二十胜利军团）在不列颠里奇博雷夫港登陆，横扫肯特郡，直捣卡图维勒尼人王国的首府科尔切斯特，迅速击溃凯尔特人，不列颠初步被征服。克劳狄亦因显赫的战功被元老院授予"不列颠之王"的称号，每年都举行纪念不列颠征服活动的庆祝活动，并在罗马和高卢为他各筑了一座凯旋门。

公元47年，罗马人已经征服不列颠的东南部。凯尔特人一部分逃往北方的苏格兰地区，一部分臣服于罗马。公元43年，罗马人在不列颠的东南部建立不列颠行省，这是罗马帝国的第45个行省，普劳提乌斯成为第一任不列颠行省的总督。当时的威尔士、苏格兰和爱尔兰处于高远山地，土地贫瘠，罗马人对征服这些地方没有兴趣，因此不列颠西北部古老的凯尔特部族组织得以保留。为了防止凯尔特人的侵扰，罗马人在卡利恩、切斯特和约克建筑堡垒，把自己和这些危险地区隔绝封锁起来。

罗马不列颠行省的首府最初设立在科尔切斯特，这也是罗马为了安置退伍老兵在不列颠建立的第一个殖民地。公元1世纪末，位于泰晤士河口的伦丁尼姆成为行省新的行政中心，这座城市便是伦敦城的前身。此后，罗马人以伦敦为中心，向四面八方修起大道，连接起各地的城市。伦敦成为罗马统治不列颠和对外联络的中心。在被罗马统治的近400年时间里，不列颠行省行政区域发生了诸多变化。公元3世纪，塞维鲁皇帝（193—211年在位）将不列颠行省划分为前不列颠和后不列颠两个行省，首府分别在北部的约克和南部的伦敦。戴克里先皇帝（284—306年在位）在位期间，两个不列颠行省又进一步被分为四个行省：远不列颠行省被分为弗拉维恺撒行省（首府在林肯）和不列塔尼亚赛肯达（首府在约克），近不列颠行省被分为第一不列颠行省（首府设在塞伦赛斯特）和马克西姆恺撒行省（首府设在伦敦）。后来，随着君士坦丁皇帝在公元313年承认基督教的合法性，狄奥多西皇帝在391年将基督教定为罗马帝国的国教，不列颠又成为一个主教区，首府设在伦敦。

公元47—61年，执政官斯卡普拉和苏维托尼乌斯任罗马不列颠总督，罗马人继续向不列颠岛的北部与西部征伐，但遭到凯尔特人的顽强抵抗。公元61年，罗马人对德鲁伊教进行全面镇压，他们在攻克德鲁伊教的中心盎格利西岛后，野蛮地屠杀了德鲁伊祭司和女教徒。据说，罗马人把德鲁伊教的成员关进他们进行宗教仪式的柳条笼子里活活烧死，而烧死他们的燃料是德鲁伊教徒的尸体。

罗马在不列颠建立行省的过程并非一帆风顺。在不列颠行省建立初期，凯尔特布立吞人多次发动叛乱，其中以公元60年爱西尼部落女王布迪卡领导的起义最为著名。布迪卡是英格兰东北部不列颠部落爱西尼已故国王普拉苏塔古斯的遗孀。在克劳狄征服不列颠时期，普拉苏塔古斯顺从地向克劳狄臣服，成为罗马皇帝特许的代理国王。普拉苏塔古斯去世前，在遗嘱中将王国一半的土地捐献给当时的罗马皇帝尼禄（54—68年在位），另一半留给了他的两个女儿。但尼禄却宣称，罗马法律规定女性是没有继承权的，便授意财政官没收爱西尼王国的土地和财产。在罗马皇帝的支持下，行省财务官派人抢占了爱西尼人的土地，没收了爱西尼贵族的财产。布迪卡试图反抗，结果遭到罗马士兵的鞭笞，她的两个女儿遭受了被强奸的厄运。忍无可忍的爱西尼人发动起义，不列颠人纷纷加入，起义军一度达到20万—30万人。起义军横扫三座罗马化的城镇科尔切斯特、伦敦和圣奥尔本。科尔切斯特是罗马退伍老兵的主要居住地，伦敦和圣奥尔本则是罗马大力兴建的商业城市。据罗马历史学家塔西佗所著《编年史》记载，起义队伍杀死约7万名罗马人和亲罗马的不列颠人，粉碎了罗马第九军团的围剿。罗马不得不从扩张前线调回两个军团才最终剿灭这场叛乱。战败后布迪卡女王服毒自杀，不过作为凯尔特人的英雄，如今她和女儿们驾驶战车的青铜雕像矗立在横跨泰晤士河的威斯敏斯特大桥西端，与大本钟隔街相望，成为英格兰的一个象征。

布迪卡女王的起义让罗马人吸取了教训，在之后的十年间停止了扩张行省边界的军事征服，转而在不列颠采取怀柔安抚政策，颁布民族法令，重新稳定了不列颠局势，罗马在不列颠的统治进入稳定期。部分凯尔特人也意识到，任何胆敢反抗罗马人的武装暴动都会导致十分悲惨的结局，接受罗马化是他们唯一也是最好的选择。此后三百年的时间里，不列颠凯尔特人逐渐罗马化，而布迪卡的名字被尘封在历史中，直到近代女权主义的兴起和罗马史的研究发展才被人们重新提起。

公元78年，阿古利可拉成为不列颠新总督，他完成对不列颠威尔士地区的征服，并将罗马在不列颠的统治范围扩大到苏格兰地区。罗马著名历史学家塔西佗就是阿古利可拉的女婿，他为其岳父著书立说的《阿古利可拉传》，描述了其岳父的生平以及不列颠的地理状况、罗马人对不列颠的统治历史以及阿古利可拉任不列颠总督时的功绩。但是，由于书中充满对其岳父的歌功颂德和对不列颠地理环境错误的记载，让人觉得华而不实。

尽管如此，我们还是能够根据塔西佗的记载了解到阿古利可拉的政治才能与他在统治不列颠期间所取得的功绩。根据塔西佗的记载，阿古利可拉在不列颠实施恩威并重的统治，他说："阿古利可拉洞悉省中的民情；同时，他从前任的经验中得到教训，知道武力镇服以后如果继以暴政，那么就会前功尽弃。因此，他下决心要斩断战乱的根源。……阿古利可拉在到任的头一

第一章　上古不列颠与罗马征服

年，就立刻解除了上面所说的苛政，人民才能真正享有太平之福。……他经常出兵突然袭击敌人，使敌境荒芜，并使敌人疲于奔命；当敌人饱受惊惶的时候，他很宽和地诱导他们，启以求和之路。因此，有许多直到此时仍未归附的国家现在都纳贡归降而不再与罗马为敌了。阿古利可拉规划精密地在这些国家之间建立许多坞壁以屯驻兵马，以往，新获得的不列颠地区从来没有像这样不受攻击而就归服了罗马。……为了使一群分散的、野蛮而好战的居民能够由于舒适而安于平静的生活，阿古利可拉对于修盖庙宇、公共场所和住宅都予以私人的鼓励和公家的协助。他奖励那些勤勤勉勉的人，训斥那些游手好闲的人；因此，居民不再是被迫服役，而是以自动的竞争来响应他的鼓励了。他使酋长的儿子们都接受通达的教育。他不喜欢高卢人的勤勉，而对不列颠人的聪慧表示特别的嘉许，因此，这些从来不接受拉丁语的居民现在居然学习罗马人滔滔不绝的辞令来了。并且，他们也以穿着罗马人的衣裳为荣，穿拖袈（toga）之风大为流行。他们逐渐为一些使人堕落的器物设备如花厅、浴池和风雅的宴会等所迷惑。所有这些正是他们被奴役的一种方式，而他们却愚笨得把这些东西称之为'文化'。"[①]由此可见，阿古利可拉在管理罗马不列颠本地居民方面有出色的政治能力。

公元85年，阿古利可拉被召回罗马。之后，不列颠苏格兰地区发生的凯尔特人的叛乱迅速扫除了阿古利可拉在不列颠统治期间取得的成绩。凯尔特人的叛乱更是进一步阻止了罗马向北征服的脚步。到了哈德良皇帝（公元117—138年在位）时期，罗马帝国进入守城时期，他们的重心由征服转为固守现有的疆土。公元122年，为了保护不列颠苏格兰北部地区免遭皮克特人（凯尔特人的一支）的袭击，哈德良皇帝下令从泰恩河到索尔韦湾建造一座横贯东西，全长118千米的城墙，即哈德良长城。罗马人在哈德良长城沿线修筑了很多堡垒，通过屯兵来造就坚固防线。长城沿线以北修建16个小堡垒，以便于接待长期驻防的非正规军。这16个堡垒和前哨里的侧翼部队及步兵，可以聚集起大约5500名骑兵和10000名步兵。连接长城南面的边墙也有几十

---

① [古罗马]塔西佗. 阿古利可拉传[M]. 马雍，译. 北京：商务印书馆，1985：26-28.

座小堡垒，他们位于省界内，总数约有80座。这80座小堡垒总共可驻扎5000人，通过在每两个小堡垒之间建立警戒，这80座小堡垒就形成了一条尽管很狭窄，但是却连续不断的边境警戒线。

哈德良长城将罗马人与野蛮人永久分开，在长城南侧是作为文明人的罗马人，在长城的北侧则是作为野蛮人的凯尔特人。这道长城作为帝国最西北边疆的前线，彻底把苏格兰人隔离在了罗马-拉丁文化圈范围之外。有了长城和长城驻军的保护，一百多年来不列颠人在长城南部进行生产、贸易和拉丁化，北部的苏格兰人和皮克特人则始终保持着原始部落国家的特性。因此，在被罗马统治的不列颠行省范围内，文明较为发达的英格兰东南部作为平民区，罗马化程度也较高，英格兰西部、北部地区则是军事占领区，罗马化程度较低。

哈德良长城的修建历时10年，由三个罗马军团建造，每个军团分担大约8千米的长度。一段修完之后，他们会在石头上刻下修建者的名字。整个工程耗费100万立方米的石材，耗时约6年。长城高约4.5米、底宽约3米、顶宽约2米，用石块筑成，大墙两侧各有一条深沟，全线共有17座要塞，每座要塞由300—600名士兵守卫，另外还有多处炮台和烽火台。即使是对于当时的罗马帝国来说，这也是一项极为惊人的建筑工程。1987年，哈德良长城被列为世界文化遗产。

随后，安东尼皇帝（138—161年在位）将罗马人在不列颠的统治范围扩大到北方的苏格兰，并于公元143年建造了罗马第二个防御工事——安东尼墙。该城墙长59千米，墙宽5米，高3米，城墙前面建有一条12米宽、4米深的壕沟，墙后建有一条道路。安东尼墙的地基是石头的，但墙体其实是用木材和草皮做的木栅栏。安东尼城墙上有19座碉堡，各堡之间相隔3千米。它横跨苏格兰，东起福斯河湾，西至克莱德河湾。由于安东尼墙较弱的防护能力，加上罗马帝国的内部纷争，罗马军团无力守卫这道墙，安东尼皇帝去世后，这道墙就被废弃，罗马军团重新退回固守哈德良长城。公元208年，罗马皇帝塞维鲁（193—211年在位）带着五万大军开进苏格兰。塞维鲁皇帝重新加固了被遗弃的安东尼城墙与堡垒，巩固了罗马不列颠北部边界的和平，后人将这道墙又称为塞维鲁墙。公元211年，塞维鲁皇帝去世，其子为了返回罗马争夺皇位，放弃了征服苏格兰的计划，安东尼墙也被再次放弃。

三、罗马统治

在罗马帝国统治下，不列颠部分地区逐步实现罗马化，修建了大量罗马风格的城市、城墙、堡垒、村镇和神庙。新修建的这些城市拥有开阔的广场、神庙、剧场、议事大厅以及纪念帝国伟人和地方精英的纪念碑等公共建筑物，并配套建有公共浴室、剧院和角斗场等消遣和娱乐设施。在主要的罗马不列颠城市外围，通常还建有露天剧场，剧场周围的土堤上建有可以容纳数千名观众的木质座椅。

几乎在每一个重要城市中都有自动的供水系统，比较常见的有公共浴池和在街道上供人们饮水的喷泉。人们在地下开凿水渠，铺设输水管，输水管上方掩盖砖石。邻近河流的水源通过输水管被引入城镇之后，再由木质、铅制或陶制水管分流到城市各处。城市四处散布着用于收集和储存雨水的蓄水池。在多雨季节，富人可出钱将富余的水引入家中，或用富余的水冲洗输水管。在少雨季节，供水体系会停止向私人住宅供水，而只将水源注入城市的公共水池和喷泉。生活废水则通过设计合理的下水道排出城外。罗马人还修建了众多连接城市的由石头铺成的道路——罗马大道。罗马大道路面的宽度约20—24英尺，能通行高卢式的四轮马车。路基良好而且直线排列的国道，主要的枢纽是设在卡利瓦河利培顿，从这里有5条国道干线向外分布。[①]罗马的道路网极大提高了罗马军队调动的机动性和商业贸易的便捷性，甚至许多现代英国的道路都沿袭这些古罗马统治时期的路线，位于罗马不列颠行省道路系统中心的伦敦新城成为不列颠重要的商业中心。罗马输水管道、罗马道路网以及规模庞大的罗马军队一起被誉为罗马不列颠行省最令人惊叹的三项成就。

根据与罗马的亲疏，不列颠城市又分为三个等级，分别是殖民城市、自治城市与部落城市。第一等级是罗马的殖民城市，主要用来安置罗马军团

---

① 林光祖. 国外商业[M]. 北京：中国财政经济出版社，1989：188.

的退伍军人,他们享有罗马公民权,选举市政长官和市元老院,其子女可以继续进入军团服役。殖民城市在开始时,往往只是一座卫戍营盘,其外围则有当地的"集市"。而后,凭借罗马帝国的敕令,获得法定地位、特权和地界。第二等级是自治城市,它是罗马到来之前就存在的不列颠人的大规模聚居地。自治城市的公民也享有公民权,例如,罗马不列颠后期的伦敦就被认为是自治城市。第三等级是凯尔特人的部落首府。这是行省制度下最基础的地方行政单位,原部落贵族成为罗马式的市政官员,但其居民不具有公民权。部落城市大体在原来部落的中心。这三类城市充分地接受罗马政治与文化的熏陶,但是在这些城市之外的凯尔特人的广大农村部落地区,他们还没有被罗马化,对罗马文化仍然是陌生的。

罗马人还在不列颠乡村地区建造了典型的罗马式奴隶制大庄园——维拉。维拉是指包含一片附属农田在内的乡村建筑,规模有大有小,类似一个独立的农庄。维拉一般建有地主住宅、水池、奴隶房屋、压榨机房、磨坊、地窖、库房、畜栏、牛棚、场院和围墙等。在不列颠岛上现已发现的维拉约有500余座,大部分都集中在东南部低地地区,围绕在城市周围。其中的一些维拉成为方圆1000英亩左右的大地产的中心,像坐落在牛津郡迪奇雷的维拉就是如此。这座维拉是一所孤零零的农庄住宅,矗立在它自己拥有的大片敞田上,与环绕着本地村庄的小块圈围地完全不同。有时,维拉相当大,相当精致,因此可被视为一座乡间大宅,相应地,有大地产环抱着它。① 维拉的建造者是不列颠社会的上层统治阶级,一部分是罗马移民和退伍军人以及他们的子孙,另一部分是当地凯尔特贵族阶级中的头面人物。维拉是罗马人的乡间别墅,也成为不列颠贵族与罗马人交际的场所,这些人是无法代表罗马统治下不列颠广大劳动者群体的,多数人口从事农业生产,并且在文化上处于隔绝状态。

在经济上,不列颠卷入罗马帝国的商业贸易圈。不列颠矿产丰富:科尔切斯特有铁矿;康沃尔有锡矿;坎特伯雷有石灰岩矿,矿石的出口促进了不列颠采矿、冶金业的发展。随着不列颠手工制品进入地中海世界,伦敦、圣

---

① [英]W.G.霍斯金斯. 英格兰景观的形成[M]. 北京:商务印书馆,2018:34.

奥尔本等地的陶器、玻璃制造和各个地区的羊毛纺织业也发展起来。贸易的发展又带动了商业城市的扩大,如科尔切斯特、伦敦这些重要的河口城市成为不列颠与罗马世界交流的主要枢纽。尽管如此,罗马时代不列颠的经济仍然是以农业为主,还十分有限。

在文化方面,罗马不断向不列颠传播地中海文化,罗马人用拉丁语与基督教信仰教化不列颠人,不列颠行省早期拉丁语的传播仅限于罗马人和凯尔特贵族,拉丁语对凯尔特人最重要的影响是带来了文字,这使不列颠人得以用文字来书写历史。拉丁语和克尔特语一样成为当地社会政治生活交往不可或缺的部分。长篇大论的拉丁文在石碑、陶器、金属器、木牌以及其他材料上得以大量保存,这说明拉丁语不仅在日常生活中,而且在重要的宗教和政治文献中都被广泛使用。凯尔特贵族开始学习拉丁语,并以穿着罗马的"托袈"为荣。虽然城市内的贵族穿罗马衣衫,学习拉丁语,举行罗马式的宴会,这虽不代表他们一定能理解罗马文化的内涵,却在一定程度上表明凯尔特贵族的确在形式上接受了罗马文化。

在宗教方面,罗马宗教分为早期传入的万神教和后期的基督教,其中基督教的传入给凯尔特文化带来深远影响,成为凯尔特文化重要的组成部分。不列颠凯尔特人信仰的德鲁伊教为罗马统治者所不齿。征服不列颠的克劳狄皇帝以德鲁伊教是组织凯尔特反抗军的纽带为名,大肆屠杀祭司群体。1世纪罗马征服不列颠以后,罗马人把奥林匹斯诸神和领袖崇拜带到不列颠,凯尔特人很快接受了新的信仰,与不列颠凯尔特人原始宗教信仰或相结合或取而代之,为凯尔特人后来接受基督教奠定了基础。在不列颠的早期殖民城市科尔切斯特、林肯、格劳塞斯特、约克和圣奥尔本,都有罗马主神朱庇特、朱诺和密涅瓦的神庙。到公元3世纪,已成为希腊—罗马世界主要宗教的基督教开始在罗马不列颠的民间传播。不列颠最早的圣徒殉道者圣阿尔班是3世纪戴克里先迫害基督徒时期的一名不列颠异教徒,他因庇护一位从罗马逃亡来的教士而受到感化,抛弃旧的偶像崇拜,将自己扮作那位罗马教士向审判官自首而殉,他的故事记载在比德的《英吉利教会史》和《盎格鲁-撒克逊编年史》中。在田野考古中,切斯特地区发掘出来的十字架还愿匾证明,3世纪前不列颠民间就有了皈依的基督教徒。公元313年，罗马米兰敕令宣布罗马帝国境内有信仰基督教的自由，还给予了基督教以合法地位，其后基督教开始在不列颠广泛传播。主教们在教堂里，也在大路上、田野中和小径里向人们布经讲道。4世纪的不列颠基督徒数量开始缓慢增长，特别是在城镇当中；乡村地区更多还是维持着对旧神的崇拜。在公元314年的法国阿尔勒举行的宗教集会中，据记载有来自约克、伦敦和林肯的三位不列颠主教参加。基督教在不列颠的传播方式较为独特，首先是在不列颠行省中生活比较贫困的城镇人口中开始传播，之后蔓延到城镇周边的农民群体，再逐步进入不列颠的社会上层，最终到4世纪晚期最富有的阶层才皈依基督教。

虽然罗马人在不列颠岛上建立了诸多城市和维拉，传播了拉丁文与基督教文化，甚至将自己的政治制度与行政结构强加在不列颠岛上的凯尔特人上层贵族身上，但是广大凯尔特下层人民的罗马文化意识却很少。因此，当罗马人从不列颠群岛上撤离的时候，罗马文化对不列颠的影响也随之很快消逝，随后的入侵者也就很容易再次占领这个岛屿。

公元2世纪开始罗马就基本停止对外扩张，转向固守已有的疆土。公元3世纪，罗马帝国陷入前所未有的危机之中，帝国境内农村枯竭、城市衰落、内战连绵，帝国政府开始瘫痪。随着罗马帝国实力的不断下降，公元3世纪末蛮族撒克逊人首次袭击了不列颠东海岸。苏格兰人与皮克特人也开始不断侵扰已经罗马化的东南部地区。公元367年，苏格兰人从西部，皮克特人从北部，撒克逊人从东部，一起袭击哈德良长城。公元376年，来自东方的20万蛮族哥特人集结在罗马北部边境多瑙河岸边与罗马开战。为了对抗蛮族，帝国不断地抽调不列颠行省的驻军，公元409年，罗马驻军全部撤离不列颠。罗马人统治不列颠的时代宣告结束。罗马人撤离不列颠之后，许多罗马文化要素都被随后而来的盎格鲁-撒克逊人所毁灭："不列颠，这个最遥远、最易受到入侵的行省，也是最早一批脱离罗马帝国并且几乎完全丧失了罗马化特征的行省之一"。[1]

---

[1] A.L.Morton, A people's history of England, London: Lawrence & Wishart Ltd. 1979, p.29.

第二章　盎格鲁—撒克逊时代

第二章　盎格鲁—撒克逊时代

相比于不列颠的土著凯尔特人以及罗马移民的后代等移民群体，盎格鲁-撒克逊人最终塑造了英国人的基本特征。公元5世纪之前，英国被称为布立吞，而盎格鲁-撒克逊定居英国后，它才被称为英格兰，意思就是"盎格鲁人的土地"。英国人从盎格鲁-撒克逊人那里获得了他们的名字、语言、最庞大的族群、诸郡，也正是在盎格鲁-撒克逊人那里，英国第一次作为一个单一王国的政治实体而存在，尽管这一政治实体缺少必要的机制以使国王有足够的权力来有效地统治其王国。

趁着罗马人从不列颠岛撤离的机会，来自北欧的盎格鲁-撒克逊人最终征服了不列颠。这些北欧战士虽不像罗马军团那样组织有序、纪律严明，但是这些部落战士却是天生的水手，义无反顾地乘长船横渡英吉利海峡，横扫不列颠。不列颠岛上先进的罗马文明也逐渐被蛮族部落的落后文明所取代。

一、七王之治

入侵不列颠的北欧部落主要是盎格鲁人、撒克逊人与朱特人。这些蛮族人来自日德兰半岛和现今的德国北部地区。这些蛮族部落对海洋情有独钟，他们生性暴烈、航海技术高超，热衷于海上劫掠和战争。他们认为自己的王族祖先可以追溯到日耳曼人所尊崇的主神沃登神。这三个蛮族部落与罗马人没有任何贸易甚至战争上的联系，这使他们几乎没有受到罗马文明或基督教的影响，保存了较为完整的日耳曼文化，他们坚守正义原则，对部落军事首领绝对忠诚。因此，当其他日耳曼蛮族部落集中精力南侵忙于抢夺罗马帝国的财富时，这三个蛮族部落却将入侵的矛头直指不列颠岛。

盎格鲁-撒克逊人对不列颠的征服断断续续地进行了两个世纪。但是，关于这一时期盎格鲁-撒克逊人侵略不列颠的文学记录却十分零散。英国历史之父比德所著的《英吉利教会史》对盎格鲁-撒克逊人入侵不列颠的历史有较为详细的描述："主历449年，马西安与瓦伦泰尼开始共治，成了自奥古斯都起的第四十六个皇帝，继而统治了七年。这一时期，英吉利人即撒克逊人应上述的不列颠王邀请，乘坐三艘巨船到达这里，并奉他的命令驻扎在岛的东部。但后来证明，他们的目的在于把不列颠人当作敌人来加以征服。在同北方来的敌人交战时，撒克逊人得胜。他们把这件事告诉国内的人，同时告诉他们不列颠如何富饶以及不列颠人如何胆怯。撒克逊人于是立即向那里派出了一支更大的船队，配备上一支更强的军队，再加上原先的队伍，组成了一支不列颠人无法抵抗的军队。新来的人从不列颠人那里获准在他们中间居住下来，条件是：他们要保卫这个国家的安全和和平而同敌人作战，而不列颠人应为他们的作战付给适当的报酬。"[1]

这些日耳曼蛮族部落最初入侵不列颠主要是为了掠夺战利品，后来他们深入不列颠腹地定居下来。大约在公元500年，将军亚瑟王（即圆桌会议上传奇的亚瑟王）带领不列颠人击败蛮族人，暂时终止了蛮族入侵。亚瑟王是古代不列颠最为传奇的国王，传说亚瑟王是圆桌骑士的首领，关于亚瑟王的记载多数出自蒙茅斯的杰弗里著的《不列颠诸王史》。书中记载说："亚瑟王当时年仅十五岁，但是已经表现出超凡的勇气，而且慷慨大方。他天生的美德，他优雅的举止，使他受到全国人民的爱戴。"[2]

但总的来说，分裂的不列颠人在面对来自南方的侵略者和来自北方的苏格兰人和皮克特人的入侵时，他们缺乏顽强斗争的精神与有效的战争策略。不列颠人要么被杀害，要么被奴役，要么逃往海外，原有的不列颠罗马城市渐趋荒芜成为废墟。最终，盎格鲁-撒克逊的蛮族文化野蛮地取代了英格兰中部的罗马-凯尔特人文化。在盎格鲁-撒克逊人统治不列颠之后，这些征服部落在英格兰形成众多的王国。有七位国王逐渐从相互征伐中脱颖而出，形成七国并立的局面：朱特人占据肯特；撒克逊人占领埃塞克斯、苏赛克斯以及威塞克斯；盎格鲁人占领东盎格鲁、麦西亚与诺森布里亚。

这七个王国为了霸权而征战不断，实力最强大的会成为统领其他王国的宗主，历史上称其为布雷特瓦尔达，即不列颠统治者。在这七个王国中，埃

---

[1] [英]比德. 英吉利教会史[M]. 陈维振、周清民，译. 北京：商务印书馆，1991：48.

[2] [英]蒙茅斯的杰佛里：不列颠诸王史[M]. 陈默，译. 桂林：广西师范大学出版社，2009：155-156.

塞尔伯特国王统治时期（公元552？—616年）的肯特最先崛起，成为其他王国的宗主。公元597年，罗马教皇派遣奥古斯丁修士来肯特传教，埃塞尔伯特国王在其夫人（其夫人是信仰基督教的法兰克公主）的影响下皈依基督教，还花费巨资重建了坎特伯雷大教堂。在7世纪初，诺森布里亚接替肯特成为宗主，但没过多久，公元632年，诺森布里亚被麦西亚王国取代。在麦西亚霸主奥法二世统治时期（公元757—796年），他大大扩张了自己王国的西部和北部版图，其编纂的法律赢得了教皇阿德里安一世和法王查理大帝的认可。奥法二世还建造了长达169英里的奥法堤坝，从塞文河一直延伸到英格兰和威尔士之间的迪伊河口。他还铸造了带有自己名字和头衔的货币，这种流通于不列颠岛的货币即使在奥法二世去世后，仍在欧洲流通了500多年的时间。奥法二世还先后征服了肯特和威塞克斯，在亨伯河以南的整个英格兰赢得了至高无上的地位，成为首位获得"英国大地之王"称号的国王。公元770年，奥法二世被授予布雷特瓦尔达的称号，权力达到巅峰。公元802年，爱格伯特国王（公元775？—839年）统治下的威塞克斯取代称霸近两百年的麦西亚成为新一任霸主。随后，他又征服了不列颠岛上其余六个盎格鲁-撒克逊王国，基本统一了英格兰，成为英格兰王国的第一任君主，成为"不列颠之王"，开始了威塞克斯王朝的统治。七国时代结束，他的儿子艾瑟尔武夫继续巩固威塞克斯的统治。但是，在爱格伯特去世之前，丹麦人（又称为维京人）已经开始对不列颠海岸频繁地实施骚扰。这些从斯堪的纳维亚地区来的维京人以海上劫掠为职业，素有"北欧海盗"之称，他们生性好战，胆大妄为，心狠手辣，也不信仰基督教。这些人坐船而来，所到之处烧杀掳掠。

二、基督教回归

盎格鲁-撒克逊人不信仰基督教，他们看不惯罗马帝国的奢侈作风。这些异教徒来到不列颠后，放火烧毁罗马的城市、别墅、修道院和澡堂，把自己的宗教、风俗习惯、礼仪以及语言都移植到不列颠，曾经三个世纪的基督教信仰被完全推翻。在撒克逊人入侵的岁月里，基督教仍然在威尔士的凯尔特部落中继续传播，后来传入爱尔兰，并最终战胜了凯尔特人自己宗教和撒克逊人的异教。随着罗马教会在不列颠的重建，英格兰再次开始接受来自地中海文明的宗教、语言、法律与行政组织的影响。

凯尔特人（威尔士和爱尔兰）受基督教影响深远。两百年来，凯尔特人的基督教会几乎脱离了罗马基督教的影响并在逆境中日趋繁荣。是否信仰基督教往往成为区分凯尔特人和异教徒（入侵者）的重要标志。公元5—6世纪，基督教信仰以其苦行的理想主义和完美的奉献精神迅速在不列颠岛的凯尔特人族群中发展起来。从公元432—461年，不列颠天主教圣徒圣帕特里克立志要将基督教义传遍爱尔兰。传说他用三叶草来解释"三位一体"（圣父、圣子、圣灵三位格同为一体）的理论，在爱尔兰建立起许多教堂和学校。他凭一己之力最终改变了爱尔兰的宗教信仰。随后的一个世纪，一名爱尔兰僧侣圣哥伦布（Saint Columba）将基督教教义带到了苏格兰西部。为了转变皮克特人的宗教信仰，许多传教士从位于苏格兰西部沿海赫布里底群岛中的艾奥那岛的修道院出发抵达苏格兰。公元617年，诺森布里亚的奥斯瓦尔德在被流放到艾奥那岛期间成为一名虔诚的基督徒。公元634年，登基成为国王的奥斯瓦尔德利用手中的权力协助凯尔特传教士向所有诺森布里亚人民传播基督教信仰。

6世纪末，教皇格里高利在位时，罗马教会在西欧的势力日益强大。罗马教会派遣大量传教士去日耳曼各族国家和地区进行传教活动，并取得一定的成就。公元597年，教皇格里高利一世派遣本笃会的修士奥古斯丁以及40名传教士前往英国。肯特的埃塞尔伯特国王因为自己的妻子是一名虔诚的基督徒而热情招待了传教士团体。在随后不到一年的时间里，埃塞尔伯特国王自己也很快转变信仰，皈依基督教。他的都城——坎特伯雷成为大主教的所在地，这一地位时至今日仍然如此。修士奥古斯丁成为坎特伯雷的首任主教，同时也是全英格兰的首席主教。在埃塞尔伯特的示范作用下，其他王国的国王和臣民也先后皈依基督教。因此，到7世纪中叶，英格兰的大部分地区已经改信凯尔特基督教（指中世纪早期于凯尔特世界传播的基督教）或罗马基督教。最终，异教徒和基督教之间的冲突则被凯尔特基督教与罗马基督教之间的竞争所取代。

第二章　盎格鲁—撒克逊时代

公元664年之前，罗马基督教控制着肯特、东盎格鲁与西撒克逊。凯尔特基督教影响着诺森伯里亚、东撒克逊和麦西亚。公元664年的惠特比会议是英国教会史上最著名的教会会议之一。这次会议使英格兰完成了宗教统一，避免了因宗教信仰不同而出现国家分裂的局面。宗教的统一则为英格兰在政治上的统一创造了条件。不列颠的凯尔特教会虽然在罗马天主教的范围之外得以生存、发展与繁荣，但是，它在政治及神学的若干问题上与罗马教会有着诸多的不同之处。例如，凯尔特基督教更喜欢分散或自治的教堂或组织，它有着更简单的礼拜仪式。凯尔特基督教与罗马基督教拥有不同的复活节日期，罗马的复活节是正月十四后的第一个主日，19年为一个周期；爱尔兰却是正月十四后第一日，以84年为一个周期。凯尔特基督教的神职人员甚至以与罗马基督教徒相反的方式剃发。基督教会认可三种削发形式：罗马式（只剃光头顶，保留四周头发，象征荆棘冠）、希腊式（把头发剃光）和凯尔特式（以两耳之间、越过头顶的一条线为界，剃光前面头发）。在罗马式削发仪式中，见习修道士穿着黑色长袍，左臂披着白色礼袍，右手托着点燃的蜡烛。诵经过后，主教首先以十字形在修道士头顶剃掉五处头发，然后剃掉"荆棘冠"上方圆形区域的头发。①

罗马传统和爱尔兰传统的基督教分别影响了英格兰的东南部和北部，各地都在按照各自的传统进行活动。这些宗教上的分歧甚至导致奥斯维国王在位期间的诺森布里亚王国教会的分裂。据说，诺森布里亚一年要举行两次复活节，更可悲的是国王和王后、王子分别信仰不同传统的基督教。当信奉凯尔特基督教传统的国王结束斋戒开始庆祝复活节时，王后和王子还在按照罗马传统仍然斋戒。为了解决争议，奥斯维国王组织罗马基督教和凯尔特基督教的两派代表在惠特比召开宗教会议。会议上罗马派依据圣彼得掌管天国钥匙和尼西亚信经这两大利器驳斥了凯尔特基督教派所依据的圣约翰式复活节算法，取得辩论的胜利，国王决定所有问题遵从圣彼得的命令。此外，拉丁世界的政治与文化优势得到了奥斯维国王的强烈认同，他决定支持罗马的圣

---

① ［美］库尔特·斯坦恩.头发［M］.刘新，译.桂林：广西师范大学出版社，2017：30.

餐仪式。自此之后，凯尔特基督教的教士们逐渐撤退到爱奥那岛，罗马基督教教义最终被全英格兰接受。

惠特比宗教会议使不列颠各王国的教会可以在大主教的领导下形成一支团结的力量。公元668年，也就是惠特比会议五年之后，罗马教廷任命塔尔苏斯的西奥多为坎特伯雷大主教。西奥多凭借出色的组织和管理能力，重新塑造了英国教会组织，并对教会进行改革。他将主教的人数增加一倍，建立了定期的教会理事会，这为现代的教区制度奠定了基础。西奥多通过向统治者提供建议从而促进了不同王国间的团结，这使神职人员的权力不断增强。这位雄才大略的改革家最终整合了英格兰的基督教，至此所有人都将英格兰视为一个完整的政治实体，最终走出了七国之乱，向统一的方向发展。与此同时，教会在英格兰的传教事业和文化传播方面做出重大贡献。教会在英格兰建立了许多学校，这些学校培养的学生成为英格兰在道德领域的领航人和学术领域的领头人。"英国的历史之父"比德（公元673—735年）就是此时期英国学术研究的典范人物，享有"可尊敬的"称号，著有《英吉利教会史》《修道院长列传》。他的著作集中体现了英国人和教会的团结。在教会的影响下，到8世纪，英国的学术发展水平已经可与同期的西欧并驾齐驱。最终，基督教将英国再次带入西方主流文明之中。

三、阿尔弗雷德大帝

阿尔弗雷德大帝是英国早期历史上最伟大的英国人。作为学者、教育家和民族英雄，他成功地抵抗丹麦人（维京人）的入侵，维护了盎格鲁-撒克逊英格兰的同一性，巩固了基督教信仰，为威塞克斯赢得卓越的政治地位，为英国人与丹麦侵略者的部分同化铺平了道路。

公元797年，英国人再次经历了类似于300年前不列颠人遭受的海上掠夺。侵略者是从斯堪的纳维亚来的维京人。维京人对英格兰的攻击是他们从俄罗斯到格陵兰岛的扩张行动的一部分。这些维京海盗乘坐一种两头尖的"海盗船"，在波涛汹涌的大海上任意航行，肆意劫掠和袭击，蹂躏了欧洲海岸200多年，不列颠岛也未能幸免。9世纪中叶，维京人对英格兰的袭击方

第二章 盎格鲁—撒克逊时代

式发生变化,开始从海上掠夺逐渐转变到定居不列颠岛。

维京人通常将不列颠沿海富有的修道院作为掠夺的主要对象。然后,他们从不列颠岛的东部和南部沿海向内陆发起猛攻。与以前不列颠人在受到盎格鲁–撒克逊人突袭之后士气低落的情形不同,盎格鲁–撒克逊人进行了顽强的反击。威塞克斯国王们数次击退入侵者。但是当维京人从劫掠转变为定居后,盎格鲁–撒克逊人渐渐感到力不从心。到公元871年,不列颠岛上只剩威塞克斯还没有受到维京人的控制。

公元871年,埃塞尔武夫国王的小儿子阿尔弗雷德接替他的哥哥埃塞尔雷德成为威塞克斯的国王。作为经验丰富的武士,阿尔弗雷德22岁时就带领军队挫败了丹麦人的进攻,并与丹麦人达成了临时停战协议。《盎格鲁–撒克逊编年史》记载了公元871年,在阿尔弗雷德领导下的盎格鲁–撒克逊人与丹麦人进行的大大小小战争,书中记载:"4天以后,埃塞尔雷德国王和他的弟弟阿尔弗雷德在阿什当同全体丹麦军队作战。丹麦人分成两组:一组包括巴格塞吉和哈夫丹两个异教国王,另一组包括众伯爵。埃塞尔雷德国王同两个国王的部队交战,巴格塞吉国王就地被杀。埃塞尔雷德的弟弟阿尔弗雷德同众伯爵的部队交战,在那里被杀的有老西德罗克伯爵、小西德罗克伯爵、奥斯本伯爵、弗雷纳伯爵和哈罗德伯爵。两支敌军都被赶跑,好几千人被杀,战事一直持续到夜里。……后来,埃塞尔雷德国王逝世。他在位5年,遗体葬在温伯恩修道院的礼拜堂内。然后他的弟弟埃塞尔武夫之子阿尔弗雷德继承了西撒克逊人的王国。一个月后,阿尔弗雷德国王率领一小支军队在威尔敦同所有的丹麦军队作战,打得他们退却逃走。可是丹麦人占据着战场。那一年之内,在泰晤士河以南的国土上同丹麦人共进行了9次全面交锋。"[①]公元876年和878年丹麦人再次袭击威塞克斯,并最终占领威塞克斯,阿尔弗雷德躲进了萨默塞特的沼泽地才得以逃脱。《盎格鲁–撒克逊编年史》记载说:"(878年)这年仲冬,过了主显节之夜,敌军悄悄来到奇彭纳姆,占据西撒克逊人的土地,定居下来,并把很大一部分居民赶得越海而逃,把其他大部

---

① [英]盎格鲁–撒克逊编年史[M]. 寿纪瑜,译. 北京:商务印书馆,78–79.

分居民都征服了。居民们向他们屈服,但阿尔弗雷德国王除外。他带着一只小队伍艰难地穿越丛林和难以进入的沼泽地带。"①

阿尔弗雷德并不气馁,他召集分散的支持者,在爱丁顿击败维京人和他们的领袖古思伦。双方在奇彭纳姆(切本哈姆,英国威尔特郡的第三大镇)签订和平条约。维京人被迫承认阿尔弗雷德的两项要求:古思伦必须接受基督教的洗礼,丹麦人必须从威塞克斯撤退。《盎格鲁-撒克逊编年史》记载说:"后来在复活节,阿尔弗雷德国王率领一小支队伍在阿瑟尔尼建筑了一个要塞。他从要塞出击,带着最近要塞的那部分萨默塞特人一起作战,前去攻打敌人。其后,复活节以后的第七周,他骑马到塞尔伍德以东的'埃格伯特之石'。在那里,所有的萨默塞特人和威尔特郡人,以及大海那一边的汉普郡人都来与他会合,他们很高兴地见到他。过了一夜,他从当地的营地前往伊利,又过了一夜,去到爱丁顿。在那里,他同全体丹麦军队作战,将他们赶跑,一直追到堡垒(注:可能是奇彭纳姆)那里,他在那里待了两个星期。然后敌人向他交了重要的人质,并庄严宣誓,说他们要离开他的国家;他们还做出许诺,他们的国王要接受洗礼。他们遵守了诺言。三星期后,古思伦国王带着30名军中最显要的部下来到阿勒尔,这地方在阿瑟尔附近。古思伦在当地接受洗礼,由国王当他的教父。解去头带的仪式是在韦德莫尔举行的。古思伦同国王在一起待了12天,国王送给他和他的同伴许多礼物,以示敬意。"②

这之后,盎格鲁-撒克逊人与丹麦人的战争仍在继续,跨海而来的丹麦入侵者越来越多。为了取得战争的胜利,阿尔弗雷德建立了英格兰历史上第一支海军,修建了牢固的战略防御工事,还将当地民兵转变成现役或预备役部队。公元886年,阿尔弗雷德占领伦敦,他被英国人公认为国家领袖。《盎格鲁-撒克逊编年史》这样记载:"东盎格鲁利亚的丹麦军队破坏了他们同阿尔弗雷德国王的协议。886年,曾经向东进发的丹麦军队又复西行,继而溯塞纳河而上,在巴黎城宿营过冬。同年,阿尔弗雷德国王占领伦敦,于是所有不

---

① [英]盎格鲁-撒克逊编年史[M]. 寿纪瑜,译. 北京:商务印书馆,78-79.
② [英]盎格鲁-撒克逊编年史[M]. 寿纪瑜,译. 北京:商务印书馆,83-84.

曾屈从于丹麦人的英格兰人都归顺于他。他随后委托埃塞尔雷德郡长掌管该城。"①同年，阿尔弗雷德与古思伦又签订了一项条约：不列颠南部以及西南部的大部分地区归阿尔弗雷德统治；英格兰北部与东部由丹麦人占领。这意味着，英格兰基本结束了列国纷争、群雄割据的混乱状态，真正意义上的英格兰形成。

北欧海盗的袭击破坏了不列颠的法律和秩序，摧毁了修道院、教堂，学校教育、基督教也在北欧海盗的劫掠之下日渐衰落。为了促进基督教和教育的复兴，阿尔弗雷德国王采取了一系列影响深远的改革，大力推进国家建设。阿尔弗雷德聘请大量学者在他的宫廷中任教，并敦促王室成员和官员提升自己的学识。他还将一些重要的拉丁文典籍翻译成英文，并亲自为这些译文撰写充满艺术性和学术性的前言，这大大提升了古英语的地位，促进了古英语的传播。阿尔弗雷德还下令用英文撰写一部有关王国当地事件、法律、战役和相关国王的书籍，被称为《阿尔弗雷德编年史》。书中保存了大量的文献档案。阿尔弗雷德国王还下令添置复本，由各地的教堂和修道院分头保存和续编。②在《阿尔弗雷德编年史》的基础上，本书一直被续编到12世纪，最后的成书就是大名鼎鼎的《盎格鲁-撒克逊编年史》。这部书是记载公元前50年至公元1154年英国历史的唯一史料，具有极高的历史学价值，这部编年史成为英国最为著名的史书之一，也是中世纪早期西欧最重要的史学著作之一。

另外，阿尔弗雷德与罗马人保持着密切联系，这可能与他在罗马度过部分童年时光有关。《盎格鲁-撒克逊编年史》记载说："（853年）同年，埃塞尔伍尔夫国王将其子阿尔弗雷德送往罗马。利奥大人当时在罗马任教，他为阿尔弗雷德举行仪式，使他具有国王身份（教皇授予他罗马执政官的光荣称号），并在举行坚信礼时担任他的教父。"由此，阿尔弗雷德也与欧洲大陆各国领导人保持着密切的联系。

阿尔弗雷德大帝还是撒克逊英格兰最伟大的立法者。在他统治末期颁布

---

① [英]盎格鲁-撒克逊编年史[M]．寿纪瑜，译．北京：商务印书馆，85．
② [英]盎格鲁-撒克逊编年史[M]．寿纪瑜，译．北京：商务印书馆，ii．

了一部法典，即《阿尔弗雷德法典》。这部法典将历代盎格鲁-撒克逊王国法律加以整理汇编，这成为后来英国习惯法的基础。阿尔弗雷德的宪制与古代日耳曼人的习俗、其他北方征服者的惯例、撒克逊七国的律例极为相似。《阿尔弗雷德法典》的文本现在已经失传，但长期以来，这部法典确认的典章制度是英国司法制度的基础。一般认为，后来所谓的普通法肇基于此。国家于每年两次在伦敦召集全国集议。① 在地方管理方面，阿尔弗雷德将伦敦重建为驻军城镇，并把"郡"作为地方政府重要的行政单位。他把英格兰划分成各郡，各郡划分成各乡（百户邑），各乡划分成各里（十户）。每个家长都必须为他的家人、奴仆，甚至宾客的行为负责，只要他们在自己家里住过三天以上。十户联保，称为一里、一保或一邻，彼此负责，由里长或保长监督。没有编入各里的人视为亡命之徒，受到惩罚。没有里长的许可或证明，任何人都不得改变原来的住所。②

英国19世纪最杰出的作家查理·狄更斯怀着无限崇敬的笔调写道："我回想起这位高贵的国王的时候，不由心生敬意，因为在他一个人身上竟体现了撒克逊人的全部美德。厄运不能使他屈服，富贵不能改其品行，什么也无法动摇他的意志，胜不骄，败不馁，热爱正义、自由、真理和知识，热心教导他的人民，他为保护美丽的古撒克逊语所做的努力也许超出我们的想象。没有他，我在写本书时所用的英语也许只能表达出一半的意思来。在我们制定英格兰一些最好的法律时，他的精神仍能给我们以灵感。那么让我们祈祷吧，让他的精神永远激励我们的心灵，至少当有人仍处在蒙昧无知中时，只要我们还活着，我们就会尽全力让他们得到教育；告诉那些统治者，教育人民是他们的职责，而他们却没有担负起这个责任来，自从公元901年以来，他们几乎没做出什么贡献，比起伟大的阿尔弗雷德国王，他们应该自愧

---

① ［英］大卫·休谟. 英国史Ⅰ罗马-不列颠到金雀花王朝［M］. 长春：吉林出版集团有限责任公司，2012：65.

② ［英］大卫·休谟. 英国史Ⅰ罗马-不列颠到金雀花王朝［M］. 长春：吉林出版集团有限责任公司，2012：63.

弗如。"①

四、社会、制度与文学

盎格鲁-撒克逊时期的英格兰最显著的政治特征是国家逐渐实现统一，从几十个部落王国逐渐统一成一个王国，王国的存在主要依靠国王的个人权力加以维系。同时，这时期英格兰的政治组织也开始向集权的行政结构转变，尽管这种行政结构发展还不完善（集权的行政结构直到诺曼人的到来才得以完全形成），不过这一时期，英格兰的地方政府已成为英国宪政史上不可或缺的一部分。在这个过程中，英格兰形成了以国王为中心的中央政府和三级地方管理体系，制定和颁布了一系列成文法，并逐渐形成一套固定的诉讼程序和审判方法。当这个过程结束的时候，英格兰已初步确立了自上而下、较为系统的君主统治体系和政治法律制度。②

盎格鲁-撒克逊英国的中央政府由王、王廷和贤人会议组成。在英格兰，政府的核心是国王，国王拥有很多权力，拥有军权、财产权、财政权、立法权、司法权和行政特权，但国王却不拥有绝对权力。7世纪后，英格兰的王权日渐出现行政化倾向，这种倾向在奥法、奥斯瓦尔德、阿尔弗雷德、埃格伯特诸王身上表现得尤为突出。他们越来越广泛地行使制定法律、分配土地、征收贡赋、建立行政体系的权力，王在国家行政、司法、财政体系中的特权和地位也日益明确。基督教的传入不仅给王更广泛的统治职能，还使王权神圣化和制度化。③随着王国疆界的扩大以及教会对君主制的支持，皇室的权力和威望也随之增长。但是，皇室权力的集中化却受到诸多因素的限制，例如，有限的税收收入、有限的行政人员以及地方爱国主义的限制。除了国王

---

① ［英］查尔斯·狄更斯. 狄更斯讲英国史［M］. 苏曼婕，张鞴怡，等，译. 北京：北京时代华文书局，2018.

② 钱乘旦. 英国通史 第1卷 文明初起——远古至11世纪［M］. 南京：江苏人民出版社，2016：255.

③ 钱乘旦. 英国通史 第1卷 文明初起——远古至11世纪［M］. 南京：江苏人民出版社，2016：255-256.

可以征收丹麦金①之外,国王几乎没有其他的征税权利。国王的收入主要来自王室不动产的租金、杂费以及罚款。

  此外,王权还受到贤人会议的限制。英格兰的王权通常是以继承的形式得以延续,但在实际执行过程中,主要的大贵族往往从王室成员中任意挑选新国王,这些大贵族在一定程度上决定了盎格鲁-撒克逊时期王权的合法性,没有他们的同意,即使是先王的嫡长子也无法继承王位。例如,公元870年,阿尔弗雷德大帝就是在大贵族们的支持下越过其王兄之子登上王位的。上述这些大贵族中的大多数人,连同有影响力的主教和宫廷官员,构成了由国王选出的贤人会议的成员。据梅特兰记载:"931年,卢顿贤人会议共101人,包括坎特伯雷和约克2个大主教,17个主教,5个修道院长,2个威尔士诸侯,15个长老和59个塞恩"。②不过,此时贤人会议的会期和人数并不确定。从公元10世纪开始,贤人会议成为固定机构,逐渐成为主宰国家生活的重要力量。③贤人会议可能源于日耳曼原始的政治协商传统。古代日耳曼人的公共事务大都通过民众大会协商解决。美国学者孟罗·斯密曾描述,日耳曼人"在无君主之部族中,有一种部族会议,由集会所在区域之诸侯,充当主席,不过其他诸侯则组织一种参事会,在提案提交人民公决之前,讨论各项相关问题,至有君主之部族中,则君主为部族大会之当然主席,其他诸侯似仍组织一参事会,于提案交付人民公决以前,备君主之咨询。"④塔西佗在《日耳曼尼亚志》中也描写了日耳曼人政治协商的传统,他说:"日耳曼人中,小事由酋帅们商议;大事则由全部落决议。人民虽有最后决议之权,而事务仍然

---

  ① 丹麦金,Danegeld,是盎格鲁-撒克逊时期英格兰为满足丹麦人勒索贡品或为筹措抗击丹麦人所需军费而征收的一种年度税,后沿袭作为土地税向所有拥有土地者征收。

  ② F. W. Maitland,The Constitutional History of England, Cambridge University Press,1911,p.56.

  ③ [英]摩根·肯尼迪. 牛津英国通史[M]. 王觉非,等,译. 北京:商务印书馆,1993:99.

  ④ [美]孟罗·斯密. 欧陆法律发达史[M]. 姚梅镇,译. 北京:中国政法大学出版社,2003:35-36.

由酋帅们彼此商讨。……于是在国王或酋帅们之中，或以年龄，或以出身，或以战争中的声望，或以口才为标准，推选一个人出来讲话；人们倾听着他，倒并非因为他有命令的权力，而是因为他有说服的作用。如果人们不满意他的意见，就报之以啧啧的叹息声；如果大家很满意他的意见，就挥舞着他们的矛：这种用武器来表示同意的方式，乃是最尊敬的赞同方式。"①贤人会议也是当时英格兰的最高法庭，有义务协助国王制定法令。公元694年，威塞克斯国王伊尼与所有长老和贤哲协商后，制定了《伊尼法典》。②《阿尔弗雷德法典》也在前言中宣称：这些法律由国王"出示给贤人会议，他们一致同意应认真遵守"。③征收丹麦金也必须经过贤人会议通过。国王进行战争或媾和以及缔结条约也必须经过贤人会议的批准。公元886年，阿尔弗雷德与丹麦国王古思伦签订的边界划分条约也是经贤人会议批准的。④需要注意的是，只有皇室传唤才能召集贤人会议。尽管国王与贤人会议拥有诸多重要的权力，但是，英格兰的地方管理通常是由地方政府来处理。

盎格鲁-撒克逊统治下的英格兰地方形成了郡、区与村三级管理体制。首先，地方最大的行政单位是郡。一些郡标记了早期王国的边界，如肯特郡。另一些郡则以该郡管理其地区的城镇的名字命名，例如伍斯特郡。郡的主要官员是郡守或郡长，郡守最初是国王的代表，多是王室成员，但后来郡守变得更加类似于封建诸侯与地方总督，变得可以世袭且更具有自治权力。国王在地方政府的一个更直接的代理人是郡里夫或郡督⑤，郡督可以从王室的土地上收取租金。当英格兰国王的权力在诺曼人统治下逐渐加强时，郡督的权力也随之不断增长，郡督权力的增大牺牲了地方伯爵的权力。其次，每个郡还

---

① [古罗马]塔西佗. 阿古利可拉传 日耳曼尼亚志[M]. 马雍，付正元，译. 北京：商务印书馆，1985：60-61.

② J. E. A. Jolliffe, The Constitutional History of Medieval England, London, 1937, pp.26-27.

③ 程汉大. 英国政治制度史[M]. 北京：中国社会科学出版社，1995：24.

④ 程汉大. 英国政治制度史[M]. 北京：中国社会科学出版社，1995：24.

⑤ Sheriff. 是英格兰和威尔士官员，为英王在各郡和部分城市的代表。

被分成若干个百户区。就像郡一样，每个百户区都有自己的集会或大会，由百户长主持，百户长由郡守任命。由百户区的自由人选出该地区的领导者并参加处理大部分地方法院案件的百户区大会。再次，英格兰百户区下面的行政单位是村。村庄是在农村公社的基础上演变而来的。实际上，城市生活并不是盎格鲁-撒克逊人喜欢的生活方式，这主要缘于盎格鲁-撒克逊人的部落生活传统。例如，塔西佗在《日耳曼尼亚志》中说："大家知道，日耳曼人中，没有一个部落是居住在城郭内的，就是个别的住宅也不容许彼此相连。他们零星散落地逐水泉、草地或树林而居。他们的村落和我们这种屋舍栉比的村落形式不一样；他们在每座房屋周围都留有一片空地，要不是为了预防火灾，就是不善于建筑。他们甚至不会使用石头和瓦：一切营造均用原木，不另加工，也没有装饰或娱乐的地方。"[①]实际上，盎格鲁-撒克逊人统治下的城镇更像是一个农村社区，而不是现代城镇。在英格兰村级行政单位，村民们聚集在一起，进行土地抽签和处理常见的农业问题，但是村级行政单位可能无法处理任何法律或政治事务，他们只能处理诸如邻里纠纷等村务。最后，英格兰的最后一个行政单位是自治市。盎格鲁-撒克逊后期的国王们在王国内的战略要地或人口稠密的地区修建堡垒，在这些中心地区，市场和自治法院开始变得普遍起来。全国大小自治市几十个，各城市以伦敦居首，约克、温彻斯特和林肯次之，除去坎特伯雷、沃尔斯特等主教所在地属于教会外，全国9成城市属于国王，税收的2/3要上缴国库。[②]自治市拥有很多经宪章确认的特权，其中最重要的一项特权是自治市居民有权征收自己的税款，并向国王一次性付款。因此，英格兰地方政府中自治市的兴起，实际上反映了国王在地方影响力的不断增强和英格兰城市生活的某种程度复兴。

盎格鲁-撒克逊的法典具有私人性与初级性的特点。初期，"以牙还牙"原则在盎格鲁-撒克逊人那里是受法律保护的，受害方可以通过"以牙还牙"方式对凶手进行报复。但是，在基督教和国王法律的影响下，受害方从

---

① [古罗马]塔西佗. 阿古利可拉传. 日耳曼尼亚志[M]. 马雍、付正元，译. 北京：商务印书馆，1985：64.

② 阎照祥. 英国史[M]. 北京：人民出版社，2014：25.

"以牙还牙"的报复转向接受赔偿金；通常在杀人罪中，抚恤金是支付给死者亲属的罚款。法律为受害人所受的各种伤害制定详细的抚恤金价目表（例如，失去大脚趾可以获得二十先令赔偿金；失去小脚趾可以获得五先令赔偿金）。当然，由于社会等级的差异，不同社会等级的人在受害后所获得抚恤金也不一样，如果一个低等级的自由人（处于爵士与贵族之下）杀死一名伯爵，那么赔偿金是一名伯爵杀死这名低等级自由人的3—10倍。

极为重要或争议太大的案件往往由贤人会议进行审判，但是，郡会议和百户区会议也能够进行司法审判。郡法院通常每年举行两次会议，郡督、伯爵和主教担任审判官员，所有自由人都有资格出席审判会议。由于英格兰法律基本上是习惯法，而非成文法，因此，当被告陈述完自己的案件后，由郡法院对这种罪行适用什么样的刑事指控以及在该郡该种罪行会受到什么样的刑罚做出决定。百户区法院每月举行一次会议，解决百户区内的民事和刑事案件，但不给民众提供上诉的权利。

每一个案件都是在原告和被告在誓言下立案的。审判通过自责或折磨的方式进行。自责的方式是被告在人与神面前宣布自己无罪，被告的朋友会以担保人身份发誓担保被告的誓言是真实的。在大多数刑事案件中，如果被告缺少能够为他的品格进行担保的朋友，那么对他的审判往往通过折磨的方式进行。当时的人们相信，如果被告人是清白的，那么这种迫使被告人认罪的折磨就会被上帝干预而失效，以保护无辜者不受伤害。最常见的三种折磨方式是对被告人用热水刑、铁水刑和冷水刑迫使他们坦白。如果被告被判有罪，并且无法支付足够赎金的话，他通常会被剥夺法律权益、被肢解或被处决。

盎格鲁-撒克逊人起初的土地分配制度是按照马尔克公社制度进行的。盎格鲁-撒克逊人侵占不列颠是通过部落酋长或首领带领小队的形式先占领英格兰的部分土地，然后他们的亲属再迁移过来。这些定居者中的若干家族就组成家族共同体，又称为马尔克公社。他们定居的土地通常分为房屋及周边的土地、可耕地、草地与公田，其中房屋及周边的土地属于家庭私有；草地与牧场归公社所有，所有家庭共同使用；可耕地也属于公社所有，但分配给社员家庭耕种。公田是公共用地或荒地归公社所有，公社拥有的土地不归首领所有，而是公社所有成员所有。因此，从本质上来说，马尔克公社土地所有制就是一种土地公有制度。随着英格兰国家的产生，国王取代首领，这时候英国开始出现土地转让的情况。首先，国王可以向教会捐赠土地，8世纪的土地文书（土地授予书）大多数都是讲国王授予教会土地的内容。[①]教会可以将土地所有权再转让给土地受让人，受让人就像以前的国王那样拥有土地所有权。比德在《英吉利教会史》中记载说："他们送钱给国王，以创建修道院为借口为自己买下了他们能够更加自由纵欲的地方。除此以外，他们还获得指定给他们的国王敕令，把这些土地变成世袭财产。他们甚至设法得到特许状，并由主教、院长和世俗当权人认可。"[②]其次，国王也可以将公社的土地连同土地上的居民一起封给自己的亲兵、大臣。这些亲兵和大臣也就成为土地的领主，而该领主就享有对该土地的征税权。9世纪，随着英格兰皈依基督教，国王分封土地采用土地文书的形式，所分配的土地被称为文书地。在领主的土地上，领主直接占有大部分受封赐得来的土地，领主自行处理土地，再封赐给自己的亲信、随从或者仆役，或者租给他人耕种以收取租金，形成了特定的土地租赁关系。值得注意的是，领主不能驱逐封地上的自由民，领主仅享有领主权，收取税租、行使司法管辖权。10世纪，"人各有其主"的人身依附关系在英格兰也越来越普遍。当然，在盎格鲁-撒克逊的英格兰还有其他的土地占有形式，即村社共同体占有的公有地，又称为民田，这类土地由村社成员集体耕作，但是依据民俗法或传统习惯，这类土地可以由父亲传给儿子，它是家庭享有的重要财产，但是家庭却不能出卖公有地。需要注意的是，直到诺曼征服之前，英格兰的封建化并未彻底完成。

盎格鲁-撒克逊人来到英格兰时，他们的社会等级制从军事部落发展而来，因此具有相当大的不稳定性。随着社会的不断发展，英格兰的社会阶级之间的不平等加剧。国王、伯爵、世袭贵族共同组成贵族阶层。比贵族阶层

---

① [美]摩根·肯尼迪. 牛津英国通史[M]. 王觉非，译. 北京：商务印书馆，1993：109-110.

② [英]比德. 英吉利教会史[M]. 陈维振，周清民，译. 北京：商务印书馆，1991：414.

要低一些的等级如国王的仆人、亲兵和大臣等被称为领主,这些领主从国王那里得到土地作为他们服兵役的报酬。在领主下面,是社会下层的自由民,这些人往往是一些小地主、农夫或工匠。自由民可以自由行动,也可以参加地方法庭,但是有服兵役的义务。19世纪的学者往往将自由民看作盎格鲁-撒克逊社会中典型的农民。自由民下面是农奴,农奴被束缚在土地上,时刻为主人服务。后来,英格兰许多自由民沦为农奴,他们失去了土地或者直接将土地交给贵族以换取他们的保护。整个社会最底层的是奴隶,他们多数因为战争的失败或者法律的惩罚而失去人身的自由。因此,在诺曼征服英格兰之前,封建社会模式就已经在英格兰初步形成。

公元10世纪和11世纪,随着丹麦人在英格兰定居下来,英格兰的国内外贸易逐渐兴起,城镇的地位开始渐渐超越农村的地位,变得越来越重要。这一时期,英格兰农庄一般是由农奴居住的茅草屋、领主的大房子、磨坊和火炉构成。农庄经济可以实现自给自足,除非发生战争或瘟疫,农庄的日常生活很少受到外界的影响。因此,尽管在盎格鲁-撒克逊末期,像自治城市这样的商业城市不断增加,但是在英格兰,土地仍然是财富的基础,绝大多数英格兰人仍要继续靠土地谋生。

虽然基督教帮助盎格鲁-撒克逊人改变了他们早期较为粗俗的生活方式,但教会却无法改变北欧海盗入侵对英格兰造成的荒凉境况。因为,基督教僧侣们更加关心个人的救赎以及来世世界,而不是竭尽全力地去帮助俗人。格拉斯顿伯里修道院的院长,后来的坎特伯雷大主教邓斯坦(925?—988年)是第一位改革和振兴英国修道院及宗教生活的杰出教士。他与埃德加国王的友谊使其成为埃德加国王的顾问,他被任命为坎特伯雷大主教后,开始掌管英格兰全国的宗教事务,这一时期,基督教的复兴影响深远。基督教神职人员抄写和编纂书籍,建立学校,开展教学,这些都在一定程度上促进了学术和文学的发展。

有"可尊敬的"称号的英国历史学之父比德是古英语时期的杰出学者。比德所撰写的著作几乎涵盖英格兰神学与历史学的大部分内容。比德最受赞赏的著作是对英格兰早期历史进行详细叙述的《英吉利教会史》,这也成为英国中世纪早期宝贵的文化遗产。比德的学术研究由阿尔昆（735—804年）继承下来。阿尔昆出生在约克，是一名僧侣。他被查理曼大帝请到宫廷，执掌查理曼宫廷学校，负责帝国的教育改组事宜。他为中世纪英国普及学术教育做出重要贡献。

阿尔弗雷德大帝是英国散文文学的奠基人。他把一系列拉丁语典籍翻译成古英语，开启了英国民族语言——英语的识读教育时代。早期英国诗歌与散文的发展得益于基督教作家。史诗《贝奥武夫》（编写于大约750年）讲述了斯堪的纳维亚的撒克逊英雄贝奥武夫的英勇事迹。这是迄今为止发现的英国盎格鲁–撒克逊时期最古老、最长的一部较完整的文学作品，也是欧洲最早的方言史诗。《贝奥武夫》与法国的《罗兰之歌》、德国的《尼伯龙根之歌》并称为欧洲文学的三大英雄史诗。这部史诗作者据传是公元8世纪英国北部或中部的一位基督教诗人。他把英雄传说、神话故事和历史事件三者结合起来，仿效古代罗马民族史诗《埃涅阿斯纪》，加上带着基督教观点的议论，写下了长达3182行的诗作。谢伯恩主教奥尔德赫尔姆（640？—709年）是一位著名的拉丁学者和英语歌曲爱好者。与他同时代的诺森伯兰的僧侣卡德蒙是最早的英国诗人，他在诗歌中引入旧约主题，他的《卡德蒙的赞美诗》被认为是现今最古老的英语诗歌。丹麦人入侵后，散文的复兴最能体现在艾尔弗里克（约955—1020年）的作品之中，他是盎格鲁–撒克逊的散文作家，也是拉丁文法的教授者，为拉丁语教学编写了教科书，他还撰写了《圣徒传》《七子谱》《圣经》前七卷的白话版本以及各种信件和各种专论。《盎格鲁–撒克逊编年史》记载了跨越五个世纪的早期英国历史，这本著作是由英国不同修道院的众多僧侣长期积累编撰而成的。

五、忏悔者爱德华

阿尔弗雷德死后，随着丹麦人发起第二次入侵，威塞克斯王国逐渐衰败。丹麦人征服了整个英格兰，恢复了英格兰全国的政治统一。在克努特国王死后，最后一位盎格鲁–撒克逊国王忏悔者爱德华平庸无能，这为诺曼征服英格兰铺平了道路。

第二章　盎格鲁—撒克逊时代

阿尔弗雷德大帝去世后，其继任者们一度扩展了威塞克斯的权力与疆界。阿尔弗雷德大帝的儿子，长者爱德华（899—924年在位，由于他是英国历史上众多爱德华同名君主的第一人，故译为长者爱德华或爱德华先主）征服了亨伯河以南的所有土地。爱德华的儿子埃瑟斯坦（924—939年在位）打败了苏格兰和皮克特人，重新占领丹麦区，击败了约克王国的维京人，获得了"全不列颠共主"的称号。就像他的祖父阿尔弗雷德大帝一样，埃瑟斯坦是一位杰出的统治者。在埃德加国王（959—975年在位）的统治下，威塞克斯的权力和繁荣达到顶峰。他死后，威塞克斯王朝迅速由盛转衰。

埃德加第二个儿子埃塞尔雷德的统治为威塞克斯王朝带来了一场不可挽回的灾难。埃塞尔雷德二世绰号"邋遢大王"，他反复无常、残忍、懒惰。980年，维京人再次入侵不列颠，埃塞尔雷德二世完全没有其先祖的勇气和智慧，在丹麦人的进攻中节节败退。991年，战败后的埃塞尔雷德二世只能以支付额外丹麦金的方式换取暂时的和平。后来，英格兰国王必须定期向维京人支付丹麦金。这意味着丹麦金由之前的临时税变成了英格兰的固定直接税，这在一定程度上加速了英格兰自由人沦为农奴的进程。1003年，埃塞尔雷德二世下令屠杀王国中所有的丹麦人，这一举措遭到丹麦国王斯温的血腥报复，埃塞尔雷德二世不得不逃往诺曼底。1016年，埃塞尔雷德二世之子刚勇王埃德蒙德·艾恩赛德被自己的侍卫刺杀（也有说是维京人所刺），英国人失去了自己的国王。万般无奈之下，撒克逊贤人会议只能推选斯温的儿子克努特成为英格兰国王，控制了整个英格兰。

年轻的克努特国王很快就适应了英国的风俗习惯，从一个海盗异教徒变成基督教君主。他不仅统治了英国与丹麦，后来又把挪威加入到自己的版图，史称"北海大帝国"。1035年，克努特国王早逝，他之前建立的北海大帝国很快分崩离析。他的统治是北欧海盗最后的辉煌，自此之后，海盗王国再也没有取得过骄人的战绩。克努特国王的两个儿子，哈罗德和哈塔克努特为争夺王位争斗了七年时间，但是在死之前，他们都没能像他的父亲那样拥有足够的能力赢得英国人的尊敬。之后，英格兰贤人会议推选埃塞尔雷德二世的儿子爱德华成为王位继承人，正是在爱德华的统治下，英格兰将数百年来与北欧斯堪的纳维亚的联系转移到位于法国海岸他们的后代诺曼人那里。

爱德华在血统上是半个诺曼人,在他继承英国王位之前的大部分时光都是在诺曼底度过的。爱德华把诺曼人的思想带到英国。他是虔诚的基督教徒,坚定的信仰使他更加关注教会而不是政府,这也是"忏悔者"这个称号的由来。爱德华的宫廷中充斥着诺曼人,诺曼人的语言、习俗很快在王国里流行开来,许多诺曼人凭借国王的支持控制了王国的很多公共事务,这引起盎格鲁-撒克逊贵族的敌意。领导抗议活动的威塞克斯伯爵戈德温将女儿嫁给国王爱德华,试图用自己的影响力取代诺曼人。当戈德温于1053年去世的时候,他的四个儿子成功控制了宫廷事务,其中最有权势的哈罗德接替父亲成为威塞克斯伯爵。爱德华国王甚至任命哈罗德为他的继承人。当爱德华国王去世后,贤人会议确认了这一决定,哈罗德成为国王。但是,哈罗德国王的权威受到诺曼底公爵威廉(征服者威廉,爱德华表亲,爱德华的母亲是威廉父亲的姑姑)和哈罗德的弟弟诺森布里亚伯爵托斯蒂格的质疑。他们准备挑战哈罗德的王位,其中最重要的挑战者是诺曼底的威廉。

第三章　法裔国王

第三章 法裔国王

一、诺曼征服

诺曼人是北方日耳曼人，自称维京人，意为"海上武士"。"诺曼人"为欧洲南方居民对日耳曼人的称呼，意为"北方人"。他们原来居住在日德兰半岛、斯堪的纳维亚半岛及其邻近岛屿，主要分为三大支：丹麦人、瑞典人和挪威人。诺曼人早期主要从事狩猎、捕鱼、经商和海盗活动。公元8世纪以后，他们开始向外大举扩张。大体而言，诺曼人分为三路向南远征。西路为挪威人，攻击苏格兰、爱尔兰、冰岛、格陵兰甚至到达北美沿海，在爱尔兰占据都柏林、沃特福德、利默里克等地，并殖民于冰岛、设得兰群岛和奥克尼群岛等地。中路为丹麦人，主要袭击英格兰、法国和尼德兰等地，在英格兰建立丹麦法区，丹麦国王一度兼英格兰国王。东路的瑞典人向东越过波罗的海，侵入东斯拉夫地区，通过黑海与拜占庭进行贸易。

911年，诺曼人首领罗隆侵占法国部分领土，建立诺曼底公国，并得到法国的承认。后来，诺曼人信奉基督教，吸收法兰西文化，甚至抛弃自己的语言转而学习法语。诺曼人骁勇善战，善于航海，军事实力强大，但经济和文化十分落后。此时一位神武英明的人物成为诺曼人的领袖，从而促使诺曼底公国开始崛起。这位英雄人物就是后来被称为"征服者"的威廉。威廉生于法国诺曼底的法莱斯，他是诺曼底公爵罗贝尔一世的私生子。1035年，他在法国国王亨利一世帮助下继承诺曼公爵之位，称威廉二世。在1054年和1058年，他两次击败亨利一世，1063年兼并曼恩伯国和安茹伯爵的部分领地。

1066年，忏悔者爱德华死后无嗣，"贤人会议"推选盎格鲁-撒克逊贵族哈罗德·葛温森为国王。威廉、强大的威塞克斯伯爵哈罗德·葛温森以及被称为哈罗德·哈德拉德的维京国王挪威的哈罗德三世三者之间激烈地争夺英格兰王位。据说，威廉以前曾救过哈罗德，哈罗德为报救命之恩，答应如有朝一日当上英格兰国王，便让贤于威廉之事。作为爱德华国王的表亲，威廉遂以此理由要求继承英国王位。罗马教皇亚历山大二世也对威廉继承英国王位表示支持，赐予他圣十字旗作为支持。于是，威廉公爵以教皇允诺和向士兵们承诺事成后分封英国土地为由招募大约七千人的军队开赴英国争夺王位。

哈罗德国王将军队调动到英国南部海岸以应付诺曼底公爵在海峡沿岸的入侵。可没有想到,首先动手的是挪威国王哈德拉德,他在英国另外一位王位继承人哈罗德国王的兄弟托斯蒂格的帮助下在诺森布里亚登陆入侵不列颠。哈罗德不得不调兵北上迎敌,在约克附近的斯坦福德桥击退入侵者,击杀哈罗德·哈德拉德和托斯蒂格。就在此时,一直养精蓄锐的威廉在英格兰南部海岸的佩文西登陆,哈罗德国王闻讯,不得不匆忙率军南下。1066年10月14日,哈罗德在毫无增援与修整的情况下带领盎格鲁-撒克逊军队在黑斯廷斯附近遭遇威廉的大军,两军展开殊死决战。最初,哈罗德王国采取树立高大盾墙,坚守不出,以待时机的策略,诺曼士兵发动的一轮轮攻势都徒劳无功。威廉于是改变策略,佯装后撤,引诱哈罗德的士兵弃阵追击,结果遭到事先埋伏好的威廉重装骑兵和弓箭手的迎头痛击。经过几天鏖战,最终训练有素的诺曼弓箭手击败了英格兰轻装步兵。哈罗德国王也在激战中中箭而亡,英格兰军队几乎全军覆没。黑斯廷斯之战威廉取得最后胜利。威廉公爵随后乘胜追击,向伦敦进军,途中占领了罗姆尼、多佛与坎特伯雷。面对威廉的进攻,伦敦人没有等到北方盎格鲁-撒克逊伯爵的援助,不得不弃城投降。实际上,记载了英国人在面对威廉的进攻时的态度,他说:"英国人得知黑斯汀斯一役惨败、国王及其主要贵族和武士精华阵亡、残军溃败流离的噩耗,惊愕莫名。损失虽然惨重,但一个大国完全有能力弥补。全民尚武,大领主散居各地,各拥私属,完全可以迫使诺曼底公爵在毫无结果的行动和遭遇战中分散兵力。过去多少年来,罗马人、撒克逊人、丹麦人的入侵都必须劳师久战,再三反复,才慢慢成功。威廉公爵鲁莽的赌博本来也会面临同样的困难。但盎格鲁-撒克逊宪法的几处致命弱点使英国人很难在紧急关头保卫自己的自由。大多数人民新近屈膝于丹麦人,失去了民族自豪感和民族精神。克努特创业垂统、因俗而治,减轻了征服的严苛。英国人因此低估了外来政权的耻辱,血战抗敌比曲线投降更可怕。他们习惯于丹麦王朝的统治,又选举或默认哈罗德觊觎王位，对古代王室的忠诚已经大大削弱。[①]1066年圣诞节，威廉在威斯敏斯特教堂加冕称王，称威廉一世，史称"征服者"，建立诺曼王朝。威廉在外出征的两年中，代为统治诺曼底的公爵夫人玛蒂尔达于1068年渡海而来，她也在圣灵降临节于威斯敏斯特教堂加冕为王后，一年之后，她在英格兰的土地上生下一子亨利，这算是王朝稳定的象征与预兆。[②]威廉成为最后一位成功入侵英格兰的外国入侵者，史称"诺曼征服"，许多历史学家把1066年视为英国正统历史的开端。

二、盎格鲁-诺曼封建主义

诺曼王朝建立后，威廉将诺曼底的封建制度带到英格兰，英国的封建化过程大大加快，王权得到强化。在征服英格兰的过程中，威廉一直宣称，他是自"忏悔者"爱德华过世后的英国名正言顺的国王，那些支持哈罗德的贵族都是叛徒，他们所有的土地和财产都收归王室。威廉还宣称，英国的所有土地都属于国王。威廉将其拥有的部分土地分封给随他征战的贵族和亲兵们，但这些封地并不连在一起，而是分散在各地，从而有效防止了贵族势力的集中，减小了对王权的威胁。

这种分封制源自欧洲的法兰克王国。8世纪，法兰西查理大帝将小块土地分封给追随者并保证他们不受王室管辖的限制，但是封臣的这些豁免特权在一定程度上还是削弱了中央政府的权威。随着查理曼的死亡以及法兰西帝国的崩溃，在接下来的二百年中，这种土地分封制度逐渐发展为以服兵役为基础的土地制度。可以说，封建主义的本质就是国王与臣民之间的一种政治、军事与社会关系，在这种关系中，土地占有是等级的决定因素。

封建主义也是一种领主（私有土地的捐赠者）和附庸（土地的接受者）之间的私人契约关系。威廉向他的臣民保证给予他们相应的保护与公正，而

---

① ［英］大卫·休谟. 英国史 卷1［M］. 刘仲敬，译. 长春：吉林出版集团有限责任公司，2016：180.

② ［英］温斯顿·丘吉尔. 丘吉尔论民主国家 大不列颠的诞生［M］. 上海：上海三联书店，2017：134.

这些得到封地的贵族则必须宣誓效忠国王，并承诺每年为国王提供一定数量的骑士，服役40天。封臣们还有义务招待来访的国王（或者他们效忠的领主）。受封者还要出席国王的法庭，以解决与封君之间的纠纷和对不尽义务的封臣进行审判。在那个行政和司法无法区分的时代，这意味着封臣要向封君提供法律和政务上的协助。受封者还要支付特定的费用，例如支付领主长子受封爵位的费用，或支付领主女儿结婚的费用，或者如果领主成为俘虏，他们要有义务支付赎金，这些金钱总称为献纳协助金。同时，威廉为王室保留了四分之一的土地，这些土地的收入足够国王拥有一支常备军，以保障国王有足够的武力镇压贵族的反抗。

法兰克的分封制要求封臣只对直接的封主效忠，而对间接封主则不须效忠。这可能带来的后果就是封臣的实力比国王还大，比如威廉公爵就要比其领主法国国王更有实力。威廉作为天生的征服者当然明白当国王的危险性，他不想重蹈覆辙。实际上，威廉的分封及封建制从一开始就体现出几个有利于国家加强集权的特征。首先，王室拥有的土地超过任何封臣，当时全英格兰的土地收入为7.3万英镑，其中王室占17%，而收入最多的总封臣一年不过2500英镑，一半以上的总封臣年收入不足100英镑。可见国王有着强大的物质基础。其次，封建大地产分散于各地，有利于加强国王的集权。虽然在他的180多名总封臣当中，有些人的地产极大，但他们分散于10个甚至20个郡，显然很难以集中力量对抗王权。最后，国王对各级封臣都有直接支配权。1086年，在"索尔兹伯里宣誓"中，威廉不仅要求他的直属封臣对其效忠，而且要求所有的封臣都要对其效忠。威廉既是所有王国居民的国王，又是可直接控制各级封臣的最高封君。这一誓约也为威廉的两个继承人红胡子威廉（1087—1100年在位）和亨利一世（1100—1135年在位）所重申。[1]通过这些加强集权的措施，威廉克服了欧洲大陆封建制度的缺陷。

在英国，国王权力的集中还体现在他对王国土地与财富的详细调查中。封建主义是一种政治体制。通过这种体制，国王授予土地给封臣，以此来偿付封臣所尽的军事服役和其他服务。但国王授予给封臣的不仅仅是土地，同

---

[1] 黄春高. 西欧封建社会[M]. 北京：中国青年出版社，1999：148.

第三章 法裔国王

时也把土地上的佃户授予了他们，并承认佃户向庄园主所尽的义务。一块封地上通常有若干个庄园，英国的庄园构成了封建主义的经济基础。庄园主以钱财来装备骑士，并派骑士参加战斗。国王自己庄园的收益以及国王直属封臣应向国王交纳的债务构成了国王的财政收入的重要部分。明白了这些，为了进一步剥削他们，威廉便于1086年想要查清自己庄园的财产和那些直属封臣的财产。[1]1806年，威廉下令对全国的土地、人口和财产进行全面清查。一批批王室专员们深入各郡、县进行细致的走访和清查。所有的调查结果汇总为一本档案，这就是著名的《土地赋役调查手册》。由于调查过程非常严厉，清查项目细致无遗，人们把它比作面临"末日审判"一样，因此，《土地赋役调查手册》又名《末日审判书》。清查的内容包括土地面积、所属主人、公侯的臣属、庄园的数目和规模、各种生产者、生产工具、牲畜、各种手工业等。专员向他们询问：谁拥有土地，土地的价值是多少，上面有多少牲畜。盎格鲁-撒克逊编年史家写道：调查得非常全面彻底，乃至每一海得、每一弗吉脱土地，甚至一头公牛、一头母牛、一头猪——这样的记录是不体面的，但这样做对他（调查者）而言并未显得不体面——都不能逃出他的调查。[2]这次普查的结果作为政府征收赋税、征调徭役和确定政策的依据。这次普查的结果表明，国王的直属封臣共1400人，大封建主的封臣为7900人。在1400人的直属封臣中，只有180人是真正的大封建主，他们的土地几乎达到全国土地的50%，这说明当时土地的分封是相当集中的。王室领地约占全国土地的七分之一，这是英国王权强大的坚实物质基础。

在制度建设中，许多盎格鲁-撒克逊时期的制度保留下来。威廉一世设立了"御前会议"来承担原来盎格鲁-撒克逊"贤人会议"的功能。"御前会议"每年开会三次，会议由国王召集，参加人员有大领主、御前大臣、法官和宫廷执事长官，掌握行政实权的是少数的大领主与国王的近臣。威廉还

---

[1] ［美］罗伯茨，［美］比松. 英国史上 史前—1714年［M］. 北京：商务印书馆，2013：89.

[2] ［美］罗伯茨，［美］比松. 英国史上 史前—1714年［M］. 北京：商务印书馆，2013：89.

保留军队以应对地方男爵实力的增强。郡仍然是英国地方政府治理的主要单位，郡的长官是郡守，王室的权力主要通过郡首这一职位有效地渗透到地方行政机构管理与运作过程之中。郡守接替盎格鲁-撒克逊时期的伯爵成为国王在地方的正式代表。国王通过赋予郡守充分的地方管理权和对地方民兵的控制权，从而有效地对英国地方行政机构进行管理。当威廉于1087年去世时，他为英格兰留下一个强大而权责清晰的政府行政机构。

在宗教方面，威廉一世还把英国约1/4的土地授予教会，但是教会所有盎格鲁-撒克逊人出身的主教和修道院长都被撤换，代之以诺曼底人和法兰西出身的人主持宗教事务。罗马教皇格里高利七世曾宣布英格兰为教皇的封地，要求威廉要向教廷称臣，否则就进不了天堂。威廉一世坚定地否决了教皇的这一命令。威廉一世要求教皇在英格兰行使权力之前必须获得王室的许可，未经国王的同意，教皇的一切敕令在英国无效，同时允许教会在不危及自己政治权威的前提下建立教会法庭。威廉一世还直接介入教会内部事物、命名主教和修道院院长。

与盎格鲁-撒克逊时代相比，诺曼人统治下的英国社会一个重大变化是自由人的数量逐渐减少。这主要体现在封建庄园内劳动者身份的变化上。《末日审判书》的调查结果显示，英国当时总人口约150万，其中贵族占总人口4%、自由民占12%、维兰占38%、茅舍农占32%、奴隶占9%、散居户占2%、市民占3%。维兰不是完全的农奴，它含有"农村居民"的意思，因此，它既包括农奴，又包括依附农民，甚至也包括一些半自由的和自由的农民。直到12世纪，英国的维兰才成为农奴，他们生活在农村公社中，耕种一份（30英亩）土地，为领主服劳役，耕种领主的自营地，通常每周为领主服役3—4天。在农忙季节，还要额外为领主耕种。他们还要向领主交纳一部分实物和货币，并要负担卖牲税、结婚税、遗产税（领主在农奴死后向其家属夺取一头最好的牲畜）。另外，《末日审判书》表明，诺曼征服使所有的盎格鲁-撒克逊人都变成了和维兰同等水平的人。[1]边地农一般拥有少量的土地，茅舍

---

① [美]罗伯茨，[美]比松. 英国史 上 史前—1714年[M]. 北京：商务印书馆，2013：90.

农拥有的土地更少，他们都是缺少土地的贫苦农民，没有牲畜，都是依附农民，其中一部分在12世纪逐渐与维兰合流。《末日审判书》里的奴隶没有份地，在地主庄园里负担各种繁重的劳动，到十二、十三世纪，奴隶的地位与维兰近似。盎格鲁-撒克逊时期，奴隶占英国人口近10%，接下来的一个世纪里，奴隶几乎完全不存在了。诺曼人发现，与奴隶相比，盘剥农奴会得到更多的利益。实际上，到1200年，拉丁文中的"奴隶"一词和"维兰"一词可以交换使用。英国的农民变成了农奴。[①]到12世纪前半期，英国最后确立了封建庄园制度。在庄园中，领主和农奴之间的关系是不平等的。农奴为了获得微薄收入，得到领主的保护，一天中绝大部分时间都要在领主的土地上耕种或者向其领主履行义务，甚至农奴自己的一部分农产品也要被领主征用。农奴被法律束缚在土地上，未经领主同意不得离开庄园。在英国，农奴与领主之间的任何争端都要在领主主持的庄园法庭上审理。

三、金雀花王朝（安茹王朝）

1087年11月，"征服者"威廉一世去世。临终前，他将诺曼底传给长子罗伯特，由其继承诺曼底公爵位，把英国王冠留给了他的次子威廉·鲁弗斯，即威廉二世（1087—1100年在位）。威廉·鲁弗斯因其肤色红润，故得绰号"鲁弗斯"（意为"红色的"）。威廉二世是一位精明能干的统治者。他对内镇压了英格兰的两次叛乱，对外入侵苏格兰，迫使苏格兰国王马尔科姆三世臣服。同时，威廉二世又是一位残忍粗暴的君主。他公然蔑视神职人员，无视传统道德。1093年，威廉二世任命安塞姆为坎特伯雷大主教。出于对教会土地的贪恋，他竭力拖延任命新主教以填补主教的空缺，并与大主教安塞姆就主教叙任权问题产生冲突。1097年，安塞姆被流放，其财产也被没收。自此，教会与国家之间的权力争夺在很长时期内困扰着英国。

1100年，威廉二世在一次狩猎中受伤不治而亡。威廉二世无嗣，御前会议于是拥立他的弟弟亨利为英格兰国王，即亨利一世（1100—1135年在

---

① ［美］罗伯茨，［美］比松. 英国史上 史前—1714年［M］. 北京：商务印书馆，2013：91.

位)。亨利一世生于约克郡的塞尔比,是征服者威廉一世的幼子,自幼受过良好教育。为赢得贵族的支持,亨利一世发布英国历史上第一个自由大宪章,谴责其兄威廉二世的暴政,承诺维护贵族的一切封建权利和特权。为了使他的特惠具备更大权威,亨利将宪章的抄本存放在各郡修道院,一切臣民可以查阅,保存限制及指引政府的永久性规则。大卫·休谟记载了这部著名宪章的具体内容:"他在此承诺,但凡主教或修道院长去世,他绝不会在空缺时期将教区或修道院的收入据为己有,一定纤介不取,全部交给继任者。他绝不会攫取教区的收益,或者为金钱而买卖圣职。他首先对教会作了这些重要让步,然后又安抚俗人,承诺拨乱反正。他承诺,任何伯爵、男爵、军事封臣一旦去世,继承人就可以获得其领地,绝不会再像前朝一样恣意侵渔。他恢复了未成年人的监护人,让指定的监护人承担信托责任。他承诺,不经过全体贵族协商,就不会处置女继承人的婚姻问题。如果任何男爵想要嫁女儿、妹妹、侄女或女性亲戚,只需要咨询国王即可。国王既不会为自己的许可收费,也不会拒绝许可,除非他有意与国王的敌人联姻。他保证男爵和军事封臣有权自由遗赠其金钱和个人产业。如果未立遗嘱,产业就自动转移给继承人。他宣布放弃了征收铸币税的权力,不再随心所欲地征收贵族自有庄园税。他表示要减轻罚款,大赦天下,免除拖欠王室的债务,他授予男爵的封臣与男爵相同的特权,他确认爱德华国王的法律有效。这部著名宪章的主要条款内容大致如此。"[①]令亨利一世国王想不到的是,百年之后,男爵们受到此古老传统的启发,以其宪章为蓝本,迫使后来的约翰国王签署了《大宪章》。

亨利一世还在他的加冕章程中承诺遵守忏悔者爱德华和威廉一世的法律,停止向贵族和教会勒索钱财。亨利一世甚至将威廉二世放逐的坎特伯雷大主教安塞姆召回,并与威塞克斯王室有血亲关系的苏格兰公主伊迪斯·玛蒂尔达结婚。亨利一世巩固王位后于1106年率兵入侵诺曼底,在坦什布赖战役中击败并俘获罗伯特二世,英国人认为这是对诺曼人征服英格兰的黑斯廷斯

---

① [英]大卫·休谟. 英国史 Ⅰ 罗马—不列颠到金雀花王朝[M]. 长春:吉林出版集团有限责任公司,2012:200.

第三章 法裔国王

战役的报复，诺曼底因此处于亨利一世的统治之下。为保卫诺曼底，亨利一世长期居留在诺曼底，并两次击败法国国王，巩固了自己对诺曼底的占领。

在征服诺曼底之后，亨利一世又对英国中央政府行政机构进行了改革。在国内大力促进国家行政和司法体制的建设。亨利一世从大议会中选出一部分官员组成"御前会议"，这一机构日益成为英国的中央管理机关。"御前会议"成员中会选出一名官员担任"首席政法官"，授权他以国王的名义行事。还会从"御前会议"成员中选出大臣，主要负责政府的法律和秘书工作。司库的权力也扩大了。税务案件的讨论要在名为"国库"的"御前会议"特别会议上进行。"国库"的工作人员向法庭提供咨询，起草国库的令状，并审计政府收入账目。亨利一世为了筹集更多款项，允许贵族们缴纳兵役免除税（盾牌金）来代替服骑士兵役。王室法庭的司法权限也扩大到地方。亨利一世通过增设巡回法庭，派遣巡回法官的办法，增加了王室法庭的业务，并在一定程度上削弱了郡和百人队法庭，从而逐渐将地方法庭变成王室法庭。法庭和司法管辖权的多样性使得王室干预司法成为可能。

亨利时期，英国开始吸收同化诺曼人。他娶苏格兰国王之女玛蒂尔达·邓凯尔德为后。王后的母亲是西萨克斯王族后裔，他为取悦诺曼人，将王后的名字由盎格鲁-撒克逊的埃迪斯改为法国的玛蒂尔达。这桩婚事标志着亨利想笼络英国和诺曼底两地的臣民。亨利着意增强在法国的地位，与强大的安茹王朝结盟。亨利之子威廉娶安茹伯爵之女为妻。1127年，威廉的孪生姊妹玛蒂尔达（神圣罗马帝国皇帝亨利五世的遗孀）再嫁杰弗里。[①] 1135年，亨利一世去世。亨利一世生前指定的继承人是他的女儿玛蒂尔达，而且在没有征得贵族们同意的情况下，把女儿嫁给法国安茹伯爵之子（即后来的安茹伯爵若弗罗瓦四世）杰弗里，这引起贵族们的不满。因此当亨利一世去世后，贵族们推选亨利的侄子布鲁伊斯的斯蒂芬（1135—1154年在位）为国王。由此围绕继承人问题，整个英格兰陷入长达20年的内乱。直到1153年斯蒂芬国王被迫签订《沃林福德条约》，条约规定玛蒂尔达的儿子安茹伯爵亨

---

① ［英］伍德沃德. 英国简史［M］. 王世训, 译. 上海：上海外语教育出版社, 1990：28.

利继斯蒂芬之后继承英格兰王位。第二年斯蒂芬去世，亨利继位，史称"亨利二世"。自此，统治英国近百年的诺曼王朝被安茹王朝取代。因为亨利二世的父亲安茹伯爵喜欢用金雀花装饰自己的帽子，所以安茹王朝又称为金雀花王朝。

四、亨利二世的改革

亨利二世（1154—1189年在位）是英格兰安茹王朝创立者。他生于法国曼恩的勒芒，是法国安茹伯爵若弗罗瓦四世和英王亨利一世之女玛蒂尔达之子。1150年，亨利成为诺曼底公爵。1151年，他继承安茹伯爵（兼领曼恩和图赖讷），次年他与阿基坦公爵女继承人埃莉诺结婚，获得普瓦图、阿基坦、加斯科涅等广阔领地。这些领地就构成金雀花王朝徽章上的那三只狮子。1153年，亨利率军再次远征英格兰，迫使英王斯蒂芬承认他为英王位继承人，次年斯蒂芬死后，登上王位，开始安茹王朝（又称金雀花王朝）的统治。因其领地横跨英吉利海峡两岸（在法国的领地约占法国领土的一半），故有"安茹帝国"之称。

亨利二世继位时只有21岁，但已表现出一代明主的雄才大略。他收回了斯蒂芬统治期间授予教会和贵族们的土地，下令拆除了上千座未经王室许可建立的贵族城堡。1157年，他迫使苏格兰国王马尔科姆四世交还诺森伯兰、坎伯兰和威斯特摩兰，并迫使威廉一世（狮子）臣服。他还向威尔士扩张势力，逼迫其王公称臣，并出兵征服爱尔兰东南部地区，爱尔兰自此成为英国的藩属。亨利二世出兵爱尔兰得到了罗马教廷的帮助。"爱尔兰人以前已经通过不列颠传教团接受了不完善的基督教教义。他们遵循第一批教师的指导，不知敬奉罗马教廷。在教皇看来，这就是他们皈依不彻底的铁证。因此，1156年，教皇阿德里安颁布教谕，授权亨利国王在大地上扩展圣教范围、增加圣徒和天国选民的数目。他表示，征服爱尔兰的计划出于同样虔诚的理由，视之为过去祈求使徒护佑生效的确凿证据，确立了一个不容置疑的原则——一切基督教王国都从属于圣彼得法座。他懂得自己的职责是播撒福音种子、收获末日永福。他劝告国王入侵爱尔兰，根除土著的恶

第三章 法裔国王

行和恶德,强迫他们每户向罗马教廷缴纳一便士年贡。他授予亨利君临爱尔兰岛的绝对权力和权威,命令所有居民把亨利作为他们的君主来服从。"①虽然,亨利轻取爱尔兰,但是其未加经营就返回英国处理其他的事务。大卫·休谟给出了为何英格兰君主不经营英格兰的原因,他说:"那时工商业不振,君主在被征服的国家维持一支常备军是不切实际的:极端野蛮贫困的爱尔兰更无力支持军费。唯一可以保持征服战果的权宜之计就是大量移民,把征服的土地分给他们,把所有政权和权威赋予他们,从而把原住民化为新民族。以前的北欧入侵者、最近的诺曼底公爵就用这种政策巩固了统治,建立了王国、江山稳固、传之子孙。但爱尔兰的状况对英国人没有什么吸引力,只有少数走投无路的人才会投奔那里。他们不但没有开化土著,自己反而被土著同化,抛弃本国习俗,堕落到他们的水准。为数不多的英国移民被怀有敌意的多数土著包围,不得不授予其首领兵法部勒的武断权力。简而言之,无论英国殖民点还是爱尔兰部落,都没有法律和公义的容身之地。在新来的冒险家赞助下,王权领地得以建立,获得了独立的权威。土著从未完全臣服,始终仇恨征服者,冤冤相报无已时。因此,四百年来,爱尔兰仍然是无法接近的蛮荒之地。直到伊丽莎白一朝末年,爱尔兰才被完全征服。直到女王的继承者,征服爱尔兰才有望给英国带来利益。"②

亨利二世还着手对英格兰进行全方位的改革,以恢复国家秩序和国王权威。为了获得更多财政收入,亨利二世缩短了封臣为国王服役的期限,宣布只要贵族们缴纳"盾牌钱",就可免除兵役40天。亨利二世则用这笔钱款招募骑士,长期服役,由国王亲自统帅,这样国王就建立了一支训练有素的常备军,减少了对封建领主军事力量的依赖,加强了王权。同时,这一做法也使骑士们一定程度上摆脱了沉重的军事义务,转而去从事工商业和农牧业。

---

① [英]大卫·休谟. 英国史 卷2[M]. 刘仲敬, 译. 长春: 吉林出版集团有限责任公司, 2016: 322-323.

② [英]大卫·休谟. 英国史 卷2[M]. 刘仲敬, 译. 长春: 吉林出版集团有限责任公司, 2016: 326.

其中很多人后来逐渐演变成资产阶级化的新贵族，在日后的英国资产阶级革命中扮演了重要角色。亨利二世还对所有未参加第二次十字军东征的人开征收入税和个人财产税（萨拉丁什一税）。亨利二世颁布《武装法令》，规定凡符合财产条件的自由人均有义务持有与其身份相符合的武器，必要时为国王服役出征。这样国王可确保拥有一支全国性民兵以应对大贵族的反叛和人民的起义。

在司法改革方面，亨利二世创立了英国普通法这一独特的法律体系。为了加强王室法庭的司法权威，亨利二世增派许多巡回法庭到全国各地审理案件。王室法庭和巡回法庭法官在办案时，除依据国王诏书敕令外，主要是依据日耳曼人的习惯法和地方习惯。凡是他们认为正确、合理，并与国王的立法不相抵触的习惯和惯例，便被确认为判决的依据。久而久之，就形成"遵循先例"的司法原则，普通法就是在此条件下于不同时期判例的基础上发展起来，具备司法连贯性特征，并在一定的司法共同体内普遍适用的各种原则、规则的总称。这种判例法之所以又叫普通法，就是因为它已不同于以往的地方习惯，它是由王室法庭颁布，通行于全国的法律。

为了削弱地方郡守或男爵的权力和审判权，亨利二世还扩大了王室法庭的审理权限。原来王室法庭只能审理王室领地中的诉讼，各领地的诉讼则由领地法庭审理。亨利二世做出改革，允许自由人在支付一定费用后，就可以得到王室令状，从而可以越过领主法庭，直接向王室法庭申诉。王室法官不仅可以审理刑事案件也可以审理民事案件，王室法庭甚至有权推翻领主法庭的判决。

为了提高王室法庭的威信，亨利还大力推行陪审团制度。陪审团制度来源于法兰克王国的宣誓调查法。宣誓调查法是早期封建的法兰克王国国王为了解其统治情况而建立的一种询问制度。起初这个制度更多是用在行政领域，后来才被用于司法领域，由法官或行政长官挑选出知道案件真相的诚实可信的若干人经过宣誓后陈述案件的真相，并作为裁决案件的依据。法兰克王国分裂后，宣誓调查法被诺曼人建立的诺曼底公国所继承并得以发展。1066年诺曼底公爵征服英国，宣誓调查法也被引入不列颠，并逐渐被引入司法领域，为后来英国陪审制度的建立铺平了道路。

亨利二世在位期间，宣誓调查法代替了盎格鲁-撒克逊时期的"神明裁判法"，从之前依靠神意决定是否有罪转变为依靠宣誓后提供的证词决定是否有罪。所谓"神明裁判法"是指法庭的被告和相关证人在作证时，必须要证明自己证词的真实性。如何证明呢，这就需要求之于超自然的现象去决定被告是否有罪。各种各样的神明裁判法都是基于这种观念：上帝会揭示被告是否有罪。比如把被告扔到水里，沉入水底又能自己浮起来安全上岸的被告才算无罪。再比如在财产诉讼中，广泛运用的是"决斗法"，诉讼双方可以亲自下场也可以派人进行比武决斗，谁的武力值高，就意味着谁获得神的庇佑。这种荒唐的"神明裁判法"一直盛行于英格兰。1166年，亨利二世颁布《克拉伦登敕令》，要求郡法庭开庭时，在每个百人会议中要选择12名宣誓之人负责控告他们所在百户区的抢劫、谋杀和偷窃等罪行。这一犯罪控告人主体被称为"十二宣誓人"或指控陪审团（现代大陪审团的起源）。相比于"神明裁判法"，陪审团制度更可能提供较为理性和公正的判决。在后来的几个世纪里，陪审团审判成为实现英国公民自由的重要保障。陪审团制度一直延续至今，成为英、美国家司法制度的核心。强调"遵循先例"法律和陪审团审判的做法为后世奠定了法律至上的立场，这一立场甚至是国王也不能无视。

亨利一世死后，因发生王位争夺战争，国内混乱，斯蒂芬国王为了获得教会对王室的支持，向教会做出重大让步，教会势力有所扩大，特别是教会法庭篡夺了世俗法庭的很多司法权，教会法庭审判权范围已经覆盖所有涉及神职人员的案件，王权和教权的矛盾加剧。亨利二世继位后，力图重新控制教会。1164年，他在克拉伦登召开世俗贵族和高级教士会议，强行通过16条法规，把亨利一世时代世俗法庭与教会法庭之间关系原则以立法的形式法律化，这就是著名的《克拉伦登约章》。约章中限制了教会法庭的权力和教皇在英格兰的权威。如规定国王有权干预高级教职的选举；教俗之间关于土地、债务等方面的争端由世俗法庭审理；教会不得革除国家官吏的教籍等。其中争议最多的是关于犯重罪已受教会法庭处罚的教士亦须受世俗法庭的审判,以及教士只有经国王同意才能向教皇上诉这两条规定。《克拉伦登约章》遭到以坎特伯雷大主教贝克特为首的教会势力反对。贝克特原来是坎特伯雷大教堂的执事长,亨利二世即位后,被任命为掌玺大臣,积极支持国王的改革政策。1162年,在亨利二世帮助下贝克特成为坎特伯雷大主教。不过,亨利二世对教会审判权的限制最终使贝克特从国王的盟友变为教会利益的坚定拥护者。为了避免法庭指控,贝克特逃离英格兰,得到法国国王路易七世庇护。此间,亨利二世为亨利王子举行王位继承加冕礼时只能邀请约克大主教来主持。在教皇威胁将亨利二世逐出教会和对英格兰实行教皇禁令之后,教俗两派不得不和解。1170年,贝克特返回英格兰,但是他认为亨利二世为王子进行加冕礼侵犯了坎特伯雷大主教的特权,遂把所有参加加冕礼的教会人员开除教籍,这一做法激怒了亨利二世。12月29日,贝克特在坎特伯雷大教堂被国王的四名骑士刺杀,这起谋杀案震惊了基督教世界。1173年,教皇封贝克特为"圣徒",这相当于公开羞辱亨利二世。教皇对亨利二世进行惩罚,要求亨利二世必须提供200个骑兵去保卫耶路撒冷,并新建立3所修道院。1174年,亨利二世以忏悔者的身份拜访贝克特的陵墓表示赎罪,还向教会承诺要进行征服爱尔兰的圣战。大卫·休谟记载说:"阿尔伯特和西奥丁两位教皇使节负责审理贝克特大主教遇害一案驾临诺曼底,接二连三地送来威胁信件,要亨利刻不容缓地出庭。……亨利幸运地达成妥协。他在圣徒遗物前发誓,非但没有下令或希望谋害大主教,而且得到消息时悲痛欲绝。但是,他保证为此赎罪,具体措施如下:国王承诺宽恕所有因拥护大主教而被流放的人,归还他们的土地。归还坎特伯雷教区自古相沿的所有财产。国王应每年付给圣殿骑士团一笔经费,足够两百名骑士前往圣地:国王应在明年圣诞节参加十字军。如果教皇要求,应赴巴勒斯坦或西班牙参加三年圣战。国王不得执行损害教会特权的习俗,不得阻碍神职人员就教会事务向教皇申诉。神职人员保证离境申诉神职人员的安全,除非他们试图反对王权。亨利签署这些让步后,获得了教皇使节的赦免。"[1]

---

[1] [英]大卫·休谟. 英国史 卷2[M]. 刘仲敬,译. 长春:吉林出版集团有限责任公司,2016:327.

亨利二世随后终止了对教会法庭的改革，并废止了《克拉伦登约章》中的一些条款。尽管如此，从长远来看，亨利二世对教会法庭的改革取得了一定成效。

相比于他统治英格兰所取得的成就，亨利二世对自己家族的管理却糟糕至极。亨利二世在治国理政方面大刀阔斧，在情场上勇猛无敌，尤其宠爱年轻的戴斯蒙德，接连生了三个儿子，结果惹恼了原配夫人埃莉诺和他的四个儿子。到了亨利二世晚年，埃莉诺不断挑唆贵族们反叛自己的丈夫，四个儿子也先后反叛自己的父亲，1189年，众叛亲离的亨利二世在"我对这世界再无眷恋"的哀叹中去世。

五、大宪章

亨利二世去世后，他的第三子理查继位，即"狮心王"理查一世。在所有英国国王之中，理查一世是最少有英国品性的人。[①]英勇善战的理查一世把主要精力都放在筹钱进行对外作战上，对于治理英格兰基本没有兴趣。在理查一世在位的10年中，只有6个月住在英格兰。1190年，理查一世率军参加第三次十字军东侵，沿途攻占墨西拿和塞浦路斯等地。抵达地中海东岸后，他又在艾尔苏夫击败埃及苏丹萨拉丁（1174—1193年在位），占领阿克。1192年，理查一世进攻耶路撒冷，正当双方僵持不下时，其弟约翰反叛的消息传来，他只能与萨拉丁签订三年停战协定后撤兵。在理查一世向东征伐的过程中，先后和神圣罗马帝国皇帝亨利六世和拜占庭帝国结下仇怨。同年12月理查一世在归国途中，在奥地利被巴奔贝格家族的利奥波德五世俘虏，并被移交给神圣罗马帝国皇帝亨利六世，他被迫同意支付15万马克赎金才回到英格兰，而当时英格兰王室一年的收入也才7万英镑。"英国政府能够征集到这批赎金，见证了英国财富的充裕和行政管理的有效性。……他们征收赎金的做法是：从每个骑士采邑中征收20先令的免服兵役税，从每百亩的土地上征收2先令的犁头税，在每个英国人的动产上征收25%的税。免服兵役税是用来支

[①] ［美］罗伯茨，［美］比松. 英国史 上 史前—1714年［M］. 北京：商务印书馆，2013：136.

付替代亲自服骑士役所需的金钱，交纳免服兵役税变得很寻常，因为封地所创造的骑士费用是骑士服役的1/2，或者甚至是1/6。犁头税是一种土地税，它替代了过去的丹麦金。对个人财产征收少量的税收是安茹王朝的发明。这种税的首次征收是在1166年，用来保卫神圣的土地。政府在理查长期离开的情况下，能够有效地进行统治，并能立即征收到赎回理查所需的金钱，这归功于亨利二世著名的行政改革。"[1]

1194年2月，回到英格兰的理查一世很快平定叛乱，但他并没有处死自己的弟弟，反而以德报怨，赦免了约翰。1199年，在与法王腓力二世交战时，不幸战死，年仅42岁。临终前，他要求将遗体分为三份，心脏、头、身体分别埋葬，其中身体埋在其父亨利二世脚下，以示忏悔。

理查一世自身没有后代，有资格继承王位的就只有理查一世三弟杰弗里的遗腹子布列塔尼的阿蒂尔和四弟约翰亲王。金雀花王朝欧洲领地的贵族公开拥护阿蒂尔的继承权，只是阿蒂尔当时只有12岁，从小生长在自己的布列塔尼领地，深受法兰西文化影响，对英格兰没有什么感情。而约翰却得到坎特伯雷大主教休伯特·沃尔特、号称无双骑士的威廉·马歇尔以及大法官杰弗里·菲茨的拥立，约翰最终继位，即约翰一世。约翰是亨利二世的第五个儿子，属于老来得子。亨利二世将英格兰和法国的领地分别分封给了约翰的四位兄长，到约翰出生后已经无地可封，因此约翰又被称为"无地王"。

"无地王"约翰所继承的是一个强盛富裕的咄咄逼人、羽翼渐丰的"金雀花帝国"。亨利二世和查理一世在英格兰的统治相对稳定，英格兰国王名义上是英格兰、威尔士和整个法兰西的合法统治者，对外金雀花王朝的兵锋已经进逼巴黎，让他们的封主法国国王惶恐不安。然而，金雀花帝国内部也存在两大隐患：一是桀骜不驯的贵族。亨利二世为了弱化教权而强化习惯法的影响以及地方法庭的权力；理查一世热衷于十字军东征而不务内政，让贵族代行治理权——这两大因素导致英格兰王权对封建领主的控制有所减弱。虽然一系列军事上的胜利巩固了英王的权力，但由于亨利二世对地方判决和

---

[1] ［美］罗伯茨，［美］比松. 英国史 上 史前—1714年［M］. 北京：商务印书馆，2013：137.

普通法的强化，桀骜不驯的地方贵族视他们的国王为司法权力的守护者，而非拥有者。这一君臣关系的变化，让封建领主对国王的效忠和税收义务不存在宗教和道德上的意义。第二个隐患是日趋频繁的对外战争让贵族们日渐不满。理查一世领导的第三次十字军东征耗费了王国近20万英镑，这大概是当时英格兰王国十年国民收入的总和。十字军东征途中，查理一世和法王腓力二世因为瓜分战利品问题产生矛盾，腓力二世退出东征并教唆英格兰贵族叛乱，且出兵讨伐英格兰的法国领地。理查一世不得不花费近20万英镑用于平乱及对法战争。理查一世从中东返回英格兰的途中被神圣罗马帝国皇帝俘虏，又不得不支出15万马克作为赎金。如此一来，从东征到英法战争的总开支近55万英镑都需要他的英格兰贵族们支付。

"无地王"约翰被称为英格兰史上"最糟糕的国王"。继位前，他先后反叛自己的父亲和兄长，继位后又谋杀了同为王位继承者的侄子亚瑟。他精于权术，迷恋权威，但也残忍、贪婪，多疑，反复无常，几乎所有人对他都敬而远之。最重要的是，志大才疏的约翰不幸地遇到了中世纪两个最有权势的人物：法国国王腓力二世腓力·奥古斯都和教皇英诺森三世。

约翰即位后很快就与法王腓力二世矛盾激化，起因是约翰娶了一位已经订婚的法国少女昂古莱姆的伊莎贝拉，以伊莎贝拉的名义要求拥有拉马希，和那里的男爵们争吵起来。①伊莎贝拉被抛弃的未婚夫于是请求法国国王腓力二世为自己伸张正义。作为约翰的领主，法国国王传唤约翰接受审判。约翰拒绝出庭，腓力二世因此宣布没收约翰在法国的所有领地。1202年约翰俘虏200名男爵以及反对他继承王位的布列塔尼公爵阿蒂尔，这最终激怒了法王腓力二世，双方兵戎相见。约翰的军事才能实在是无法和他的哥哥"狮心王"查理一世相比，在战场上节节败退，约翰让22名囚犯活活饿死，而且当约翰喝醉酒且愤怒的时候，他亲手杀害了年轻的阿蒂尔，把他的尸体扔到塞纳河中。阿蒂尔的遇害使约翰丧失了卢瓦尔河流域和布列塔尼所拥有的拥护力量。第二年，他的懒政使他失去了诺曼底。腓力二世于1204年征服了诺曼

---

① ［美］罗伯茨，［美］比松. 英国史 上 史前—1714年［M］. 北京：商务印书馆，2013：139.

底，1205年占领了安茹的最后一个城堡，1206年夺取了布列塔尼。1204年，约翰逃往英国，此刻他仅控制了阿基坦的一部分。[①]金雀花王朝在欧洲大陆上的领土丧失殆尽，先后失去诺曼底和安茹。

连年战争和战败导致约翰国王的威信大大受损，与英格兰贵族间的关系也愈加紧张。为了维持战事，约翰王加大了对市民和贵族的盘剥，他把贵族们的继承税上涨100倍，兵役免除税（盾牌钱）提高16倍。以盾牌钱为例，每个骑士要想免除兵役，要向约翰缴纳3英镑。这笔钱在13世纪可不是小数目。当时英格兰和苏格兰骑士的总身价也就20英镑。当时一头牛的价格才7先令，一只羊只有10便士，当时伦敦附近约500英亩的庄园一年总收入也不过5英镑。由此可见约翰的贪婪。约翰国王还不断开征新税，令贵族们苦不堪言。

与此同时，愚蠢的约翰国王又开始挑战教皇英诺森三世的权威。在坎特伯雷大主教休伯特·沃尔特去世之后，约翰一世和坎特伯雷的僧侣们向教皇推举了两位继任候选人，但都被教皇英诺森三世否决。教皇心目中的候选人是斯蒂芬·兰顿。1206年约翰拒绝承认兰顿为坎特伯雷大主教，还没收了坎特伯雷所在地的税收。1208年，英诺森三世对英格兰下达禁止令，禁止英格兰举行圣事以及宗教活动。约翰则以迫害神职人员和没收教会财产作为报复。1209年英诺森三世将约翰一世革除教籍。教会的一系列禁令鼓动了约翰一世的敌人，尤其是国内不满的贵族们和法国的腓力二世。5年之中，教会变得一片沉寂，教堂门庭封闭，因为约翰掠夺了他们的财产。当腓力二世准备在教皇许可下入侵英格兰时，约翰一世不得不向英诺森三世屈服。1213年，约翰国王承认教皇为英格兰的领主，接受兰顿为大主教并归还没收的教会财产。作为回报，英诺森三世表示支持约翰国王出兵进攻法王腓力二世。1214年，约翰与神圣罗马帝国皇帝和弗兰德尔伯爵结成反法同盟，对法开战。但在布汶战役中被法军击溃，约翰一世被迫同法王腓力二世签订为期六年的停战协议，并承诺将安茹和诺曼底归还给法国。英格兰贵族的忍耐终于达到极限。

约翰在位期间正值英国农业、手工业和商业显著发展，城市纷纷兴起，

---

① ［美］罗伯茨，［美］比松. 英国史 上 史前—1714年［M］. 北京：商务印书馆，2013：139.

第三章 法裔国王

市场日益繁荣，英国的封建经济和社会关系都发生明显的变化，商品货币关系不断发展。亨利二世军事改革之后，一些中小贵族特别是骑士脱离军役，投身农业，依靠雇佣劳动为市场进行生产。有些富裕的自由农民也逐渐走上为市场而生产的道路，其中部分人甚至还取得骑士的称号。与市场经济有联系的社会阶级都希望有强大的王权，扩大统一市场，减少关卡和税务。而教俗封建大贵族基于维护自己的利益，竭力维护封建特权，反对王权的强化。可见，约翰在国内的所作所为引起了英格兰各阶级和阶层的痛恨，他不仅触犯了大贵族的特权，而且也损害了中小贵族、市民和富裕市民的利益。面对一个滥用王权、破坏封建平衡的无能国王，贵族们为了自己的利益，准备挑战约翰一世。贵族们拒绝服从约翰的征税要求。他们把亨利一世的宪章作为先例，要求约翰一世签署一份新的宪章，列出他的封建职责，并要求他遵守这些职责。坎特伯雷大主教兰顿站在贵族们一边，认为约翰国王和英国教会对罗马教皇过于屈从。1215年春天，愤怒的贵族们集结起来，武装讨伐国王。

考虑到英格兰人固有的种族性，他们时常陷入两种危险：一个是由于中央政府的软弱而导致的混乱危险，一个是专制统治导致的危险。因此，英格兰有必要发展出一套强大的君主制度，它既要能够控制贵族和平民，但同时又能够避免陷入纯粹的独裁统治。英格兰自被征服并实现一统之后，诺曼国王和安茹国王中的最强者最终实现了这个目标。但理查一世和约翰一世的统治却使之再次陷入危险。君主原则代表着命令，而贵族们持之以恒的抵制则代表着地方自治及对暴政的抑制——尽管两者实际上都出于自私。英格兰后来的历史在很大程度上就相当于钟摆，从一边摆到另一边。就如研究《大宪章》的第一权威麦基奇尼所言，"早期英国历史的主要情节集中于努力寻找一种强大的君主制度，并对这个强大的力量加以制约"。早期的诺曼国王和安茹国王赢得了秩序之战。亨利二世是个独裁统治者，但并非暴君。不过，自他死后，在理查一世和约翰一世的统治下，斗争的目的已从建立秩序转移到保卫自由上——这始于1173年贵族的反叛。这些贵族努力保卫他们的特权，为了自由而战——尽管是无意识的。不过，他们还未能取得胜利，因为不管怎样，亨利二世还是克服了困难并保住了教会和民众的拥护。在1215年，整个形势完全不同了。①

面对贵族们的反叛，约翰国王一方面召集国会，讨论和解和推行改革的可能性；同时又在法国领地招募雇佣兵。他还给教皇英诺森三世写信，表示愿意参加第四次十字军东征来"继承狮心王的伟业"，以此换取教廷的政治庇护。然而，约翰国王还没有收到教皇的回信，叛军就攻占伦敦及周边地区，对约翰及其手下盘踞的温莎城堡形成包围之势。面对近乎十倍于己的叛军，约翰只能选择求和，准备接受叛军可能提出的任何要求。1215年6月15日，在今伦敦以西约32千米处的兰尼米德，约翰同意了贵族们的要求，名为《大宪章》的和平停战宣言终于签署。贵族们把数千份事先抄写好的《大宪章》副本快马加鞭送到英格兰各主要城镇的法院和市政厅，在所有贵族和市民面前当众宣读。

大宪章共六十三条，用拉丁文写成，多数条款维护贵族和教士的权利，限制国王的权力。大宪章是封建贵族强加于国王的封建文件，它的主要内容就是迫使王权向封建贵族做出让步。约翰滥用监护权、救济权和兵役免除税（盾牌钱）的行为被终结，大宪章的第63条规定，未经由贵族、教士和骑士组成的大议会同意，王国不得征收特别税——这就是后来声称无代表不征税的来源。第39条规定逮捕自由人是非法的，"除非由同等级的合法判决或根据国家的法律，对任何自由人不得逮捕、监禁、没收财产、剥夺受法律保护之权、放逐，或加以任何损害；国王亦不能对之侵犯或逼迫"。宪章还规定国王要保证不侵犯教会的权利和自由，不干涉教会的选举，不剥夺教会的土地。大宪章还有涉及承认伦敦和其他自治城市原有的自由和风俗习惯，统一国内度量衡，保障商业自由等内容。如果国王不遵守《大宪章》的话，大宪章第61条规定，在教俗大封建主中选出25位贵族代表组成的委员会将确保国王遵守这项协议。如果国王在40天内不改正错误，该委员会将有权采取一切手段予以制裁，包括没收国王城堡、土地和财产等，甚至明确申明，如果国

---

① ［美］詹姆斯·特拉斯洛·亚当斯. 缔造大英帝国 从史前时代到北美十三州独立［M］. 桂林：广西师范大学出版社，2019：68-69.

第三章 法裔国王

王违反规定，封建主有以武力进行反抗的权利。

《大宪章》是英格兰历史上影响力最大同时又是最为人所误解的文献之一。《大宪章》实际上是一个协议，国王承诺纠正其治理中的不当之处，并做出具体担保。在所有民族中，英格兰人是最不善于花言巧语和抽象概括的。贵族们觉得长期以来他们的权利或是他们在具体权利意义上而非抽象意义上所谓的"自由"，受到越来越多的干涉。他们反对征收过高的税赋及其他类似的情况，如法律案件从他们自己的法庭中持续地被移交给国王法庭。而且，他们还明白了其他两件事情：一是在与约翰的战争中，他们必须取得教会和自由民的支持；二是他们不能在英格兰建立一种像欧洲大陆那样的老式封建制度。从威廉一世到亨利二世，这些国王在集权化、创建秩序上，其实都做得很好。《大宪章》所包含的只是为改善上述三个阶层的境况而做出的具体举措。事实上，只有那些熟知当时社会和法律状况的人才能够真正理解《大宪章》。①

因此，从短期看，大宪章的直接影响并不明显，其主要内容都是针对具体问题，很多宪章条文很快就过时了，约翰国王也并不真心会去遵守。但从长远看，《大宪章》所确定的基本原则变得越来越有意义。在约翰国王之后，大宪章被贵族们重新颁发多达40次。宪章的签署表明，持不同政见的贵族可以联合起来与国王进行和平谈判并达成协议。后来，平民也可以使用同样的方法，在通过国王所希望的法律之前，要求国王满足他们的要求。《大宪章》所确立的基本原则构成了英国宪政发展的两个原则：国王并非凌驾于所有法律之上，而是受其王国法律的限制；如果国王通过单方面行动违背契约关系，那么他的臣民保留强迫他遵守法律的权利。可以说，《大宪章》是英国建立宪法政治这一长远历史进程的开端。

《大宪章》是约翰国王在武力之下被迫签署的，约翰一世从一开始也不愿接受《大宪章》的约束。就在贵族离开伦敦各自返回封地之后，约翰一世立即宣布废弃《大宪章》，教皇英诺森三世也训斥《大宪章》为"以武力及

---

① ［美］詹姆斯·特拉斯洛·亚当斯. 缔造大英帝国 从史前时代到北美十三州独立［M］. 桂林：广西师范大学出版社，2019：69-70.

恐惧，强加于国王的无耻条款"。在教皇的支持下，1215年10月约翰出兵平叛，英国内战爆发。英格兰北方的贵族们宣布废黜约翰王位，拥立法王腓力二世的儿子路易（后来的路易八世），很快法国侵略军占领伦敦。1216年，约翰因暴饮暴食与酗酒而猝死，这使得英国免于一场全面的内战。

六、亨利三世与《牛津条例》

约翰一世去世后，其子亨利继承王位，史称"亨利三世"。他统治英格兰长达56年（1216—1272年在位）。亨利三世继位时只有9岁，以威廉·马歇尔和大法官休伯特·德伯格为摄政官，成立御前会议，处理朝政。贵族们利用国王年幼，先后于1216年、1217年和1225年三次以亨利的名义发布《大宪章》，并按照《大宪章》的原则治理英国，并同仇敌忾地把法军赶出英格兰。1227年，20岁的亨利开始亲政，正式统治英国。

亨利三世是一名虔诚的基督教徒，性格和善，但治国才能却很平庸。关键时刻既缺乏判断力，又冒失冲动；既怯懦无能，又野心勃勃，不切实际。在他统治的五十多年里，亨利三世没能处理好与本地贵族和教会的关系，引发了贵族叛乱，不得不与贵族们签订《牛津条例》。此基础上，引发英国政府形势发生深刻变化——议会开始出现。

亨利三世亲政后，一改以前向御前会议咨询国事的习惯，重用法裔贵族以抗衡英格兰贵族，越来越独断专行。亨利三世于1216年和1217年两次修改了《大宪章》，修改后的《大宪章》赋予了国王更多权力，"只有王政厅才有权准许征收附加税"这一内容也被删除。在机缘巧合之下将会成为英格兰贵族的领袖和亨利三世首要敌人的西蒙·德·孟德尔，就是个来自诺曼底的外国人，他同时还是英格兰的莱斯特伯爵。[①]1232年，亨利三世任命法国普瓦图的皮特·德·罗切斯取代休伯特·德伯格为摄政官。他自己娶了法国普罗旺斯的埃莉诺为王后，埃莉诺又先后为其八个叔叔和许多亲戚在英国谋取了职位。大批法国贵族涌入英国，亨利三世越来越疏远他的英国臣民，这引起

---

① ［美］詹姆斯·特拉斯洛·亚当斯. 缔造大英帝国 从史前时代到北美十三州独立［M］. 桂林：广西师范大学出版社，2019：72.

第三章 法裔国王

英国大贵族的愤恨。

作为虔诚的教徒，亨利三世非常崇拜1161年被封为圣徒的盎格鲁-撒克逊国王爱德华，处处以爱德华国王为楷模。亨利聘请法国建筑师重修了威斯敏斯特大教堂，将其作为爱德华国王的纪念堂，并将他大儿子命名为爱德华。亨利三世对罗马教皇格里高利九世的指令也是唯唯诺诺，言听计从。亨利三世不断供给教皇大批钱财，以至于英国教会五分之一的收入被指定用于罗马教廷。而且，教皇经常派其他国家的教士来英国，哪怕其中很多人从未去过英国，也能从英国教会领取丰厚收入，这不仅使英国人民不堪重负，更使英国教会人员怀恨在心。

1254年，教皇英诺森四世计划将西西里岛的王位授予亨利三世的次子艾德蒙，亨利三世则信誓旦旦地向教皇承诺，不仅自己出资占领西西里岛，还答应帮助教皇偿还其与神圣罗马帝国交战所欠下的高昂的债务，这一债务相当于金雀花王朝几年的财政收入。当时，埃德蒙只是一个尚在襁褓中的婴儿，而西西里是由神圣罗马帝国控制，亨利三世需要远征西西里才有可能取得王位。亨利三世不顾贵族们的劝谏，不顾当时英格兰正处于三年灾荒时期，强行增税，要求贵族们缴纳他们三分之一的收入，作为军费。亨利三世的无理要求，最终激起贵族们的武力反抗。

1258年4月，贵族们发动政变，"自己的剑放在国王大厅的门口，然后来到国王面前向他致敬"，要求亨利三世放弃征税要求，进行政治改革，更好地遵守《大宪章》。政变的领导者是西蒙·德·孟福尔。孟福尔是来自法兰西的贵族，原来是亨利三世的宠臣，曾参加十字军东征，也跟随国王征战法国，为亨利三世收复失地。后来，孟福尔与亨利三世出现矛盾，据说是亨利三世不满孟福尔未经自己同意就娶了自己妻子的妹妹。1258年6月，反对派贵族们在牛津召开所谓的"狂暴议会"，强迫国王同意制定法令，内容包括：成立一个15人的贵族理事会，国王必须依照理事会的建议治理国家，没有理事会的同意，国王不得私自任命首席大法官、秘书长和财政大臣。"议会"（原来的"大会议"）每年举行三次会议，商讨国家大事。"议会"则由上述15名大贵族和选出的12名大贵族组成。未经议会同意，国王不得任意没收土地及分配土地,国王亦不得擅自对外宣战。这一法令被称为《牛津条例》,王权进一步受到限制,初步形成寡头统治。

亨利三世被迫接受《牛津条例》,遣散了自己的法国亲信。可不久,反对派贵族内部发生分裂:以格洛斯特伯爵理查为首的一派坚决主张实行寡头统治;以孟福尔为首的一派主张与骑士和市民建立联盟。1261年,亨利三世利用贵族内部的纠纷,对两派的要求一概拒绝,并在教皇和法国路易九世的支持下悍然取消《牛津条例》。孟福尔之前虽站在贵族一边但得不到信任,同时也被国王所憎恨,他转向了更为广大的一方——老百姓,并提出要周全地考虑老百姓的诉求。[1]亨利三世罢免了贵族们提名的最高法官,孟福尔也被驱逐出国。孟福尔岂能善罢甘休。在一些贵族的支持下,1263年孟福尔重返英国,1264年,孟福尔成为由贵族、城镇市民和郡县骑士所组成的军队首领。同年,居中调停的法王路易九世乐于见到这种情况,完全没有着手解决这个问题,因此"调解"无果,英国的内战终于爆发。同年5月,孟福尔在英国南部的刘易斯战役中击败国王军队,俘虏了亨利三世和他的儿子爱德华。此后孟福尔挟天子以令诸侯,全面掌控英国政局。1265年,孟福尔召开英国历史上第一次议会,此前这种议会是只有国王才有资格召集的。此次议会的参加者除了贵族、高级教士和每郡两位骑士外,各自由市还可以选派两位市民代表参加议会。这表明,贵族与市民阶层开始联合对付国王,市民阶层开始登上英国的政治舞台。史家詹姆斯·特拉斯洛·亚当斯认为,1265年的议会已经完全超越了它的那个时代。[2]

这一时期,亨利三世大权旁落,成为权臣手中的傀儡。可惜好景不长,为了争权夺利,孟福尔的战友吉尔伯特伯爵转投国王阵营,在他的协助下,爱德华王子趁机逃脱。爱德华王子很快集合起一只忠于他的军队。1265年8月,王室军队和孟福尔的军队在伊夫沙姆展开决战,结果王室军队大胜,孟福尔被

---

[1] [美]詹姆斯·特拉斯洛·亚当斯. 缔造大英帝国 从史前时代到北美十三州独立[M]. 桂林:广西师范大学出版社,2019:74.

[2] [美]詹姆斯·特拉斯洛·亚当斯. 缔造大英帝国 从史前时代到北美十三州独立[M]. 桂林:广西师范大学出版社,2019:74.

杀，尸体被肢解。在爱德华的努力下，亨利三世夺回王权。尽管如此，爱德华继承并发扬了孟福尔的议会理念。1272年，亨利三世去世。爱德华王子即位，即爱德华一世（1272—1307年在位），金雀花王朝在历经约翰和亨利两朝混乱之后，终于又有一位勇武的君主登上王位。

　　孟福尔的尸体被教会人士掩埋，其墓地后来成为圣地。对于孟福尔的能力及其是否公正无私，人们存在不同的看法，但是孟福尔对英格兰的贡献则是无可置疑的。孟福尔的死标志着他领导的英国第一次议会革命以失败告终，孟福尔也被认为是英国现代议会制的创始人之一。和《大宪章》命运不同，《牛津条例》后来被废除了，但是，牛津改革运动并未完全失败，它对英国历史发展产生了深远影响。如果说《大宪章》运动开启了限制王权的进程，揭开了英格兰宪政序幕的话，那么《牛津条例》则又是一个重要分水岭，意味着王权和议会的权力和关系有了清晰界定，即议会是国家的最高权力机构，拥有立法权和最高决策权，政府的主要大臣是向议会负责而不是国王。英国的议会制度最终在爱德华一世统治时期（1271—1307年）确立下来。

第四章　中世纪的英国

一、十字军东征

在诺曼人征服的影响下，英国与中世纪的欧洲文明紧密地联系在一起。12世纪与13世纪，罗马天主教在西方获得前所未有的权威与影响力。基督教将西欧各国通过文化纽带紧密地联系起来。为了虔诚的基督教信仰，西欧的君主们开始进行十字军东征。

十字军东征是西欧教俗封建主对东部地中海沿岸国家进行的侵略战争。由于这次战争是在"十字架反对弯月"的旗帜下进行的，出征的基督徒以十字架为标记，所以被称为"十字军"。十字军东征最初的目的是改变穆斯林的信仰，重新征服被穆斯林占领的圣地耶路撒冷。

十字军东征的发起有着深刻的历史背景。一方面，它是这一时期西欧人宗教狂热的一种反映，另一方面，它又是西欧封建主转移内部危机，攫取近东财富的掠夺行动。中世纪后期，西欧城市逐渐兴起，商品经济日益发展，西欧封建主对商品和货币的需求日益增多，然而，固定的封建地租已经无法满足封建主对奢侈生活的需求。另外，随着世袭领地制度的确立，为了防止领地被分割，西欧大多实行长子继承制，幼子们因不能继承领地而成为无地的骑士贵族，他们终日过着匪徒般的寄生生活。西欧封建主为了克服日益严重的社会危机，攫取东方的土地和财富，策划了对富庶的近东地区的殖民战争。

巴勒斯坦是耶稣生活和殉道的地方，耶稣就埋葬在耶路撒冷，此地被基督教徒视为圣地。公元638年，耶路撒冷虽然被阿拉伯帝国的穆斯林占领，但是，穆斯林对基督徒比较宽容，双方能够和平共处。一直到11世纪中叶为止，西方基督徒前往圣地进行朝觐的活动一直未曾中断。1071年，塞尔柱突厥人占领耶路撒冷。他们建立的国家比较脆弱，政治分裂混乱，对叙利亚和巴勒斯坦的基督徒以及前去朝圣的西欧人骚扰较多。当时有一些从耶路撒冷返回西欧的基督徒打扮成受迫害逃回的受难者，骑马四处游说，大肆张扬伊斯兰教徒对圣地和基督徒的蹂躏，鼓吹组织讨伐异教徒的十字军去收复圣地，煽动起汹涌的宗教狂热。另外，随着西方基督徒到耶路撒冷朝圣的人越来越多，朝圣贸易也越来越兴旺。在罗马教廷看来，耶路撒冷的地位几乎要超过罗马，谁控制朝圣贸易谁就可以得到巨额的收入。另外，一些拥有极大权势的传教士，例如，隐士比德也在极力劝说西欧的俗界相信十字军东征是上帝的意旨，他还将一封详述基督教徒被迫害情形并恳求援助的信，转交给教皇乌尔班二世（1088年）。①

东侵的组织者是天主教会，参加者有骑士、商人、农民等不同的社会群体。十字军东征始于1096年，断断续续进行了两个世纪，先后进行八次大规模的侵略战争。1096—1099年，在第一次十字军东征中，西欧各国封建骑士武装数万人向东方出发，攻占耶路撒冷和地中海东部沿岸地区，在那里按照西欧模式建立起一些小封建国家。之后进行的数次十字军东征都没有像这次东征一样取得如此辉煌的成就。1147—1149年，在第二次十字军东征中，西欧的贵族与基督徒未能收复因穆斯林重新占领而失去的土地。1189—1192年，第三次十字军东征由英格兰的理查一世、神圣罗马帝国皇帝腓特烈一世以及法王腓力·奥古斯都领导，此次东征的目标是希望从埃及和叙利亚的苏丹萨拉丁手中夺回耶路撒冷。其间，英王理查德虽然成功包围阿里克，但并未能攻占耶路撒冷，后因担心英格兰国内可能发生叛乱而撤军，在途经神圣罗马帝国时，理查一世国王被俘，最终以巨额赎金才得以脱身。在随后进行的几次十字军东征中，并非所有的东征都是针对土耳其人。第四次东征时（1202—1204年），十字军在威尼斯商人的唆使下不去进攻伊斯兰教徒，而是改变路线去攻打拜占庭帝国。攻陷君士坦丁堡后，大肆抢劫珍宝，破坏文物，又征服拜占庭的大部分领土，建立了所谓"拉丁帝国"（1204—1261年）。拜占庭帝国遭受自己基督徒兄弟的致命打击，从此一蹶不振。第四次十字军东征充分暴露其具有侵略和掠夺的性质。

十字军东征促使西欧的基督教信仰和骑士精神相结合，兴起了医院骑士团、圣殿骑士团、条顿骑士团等几个亦修士亦骑士的团体，这些骑士修道

---

① ［美］威尔·杜兰特. 世界文明史 信仰的时代 下［M］. 台北：台湾幼狮文化，译. 天地出版社，2017：570.

团体从事医疗救护、护卫圣地的事业，逐渐成为强大的宗教力量。13世纪以后，条顿骑士团将活动的重心从东方的圣地转移到北方的波罗的海地区，开展军事移民活动。随着十字军东征为信仰而战的目标逐渐变得模糊，它在西欧的吸引力与影响力也逐渐丧失。

1291年，十字军在西亚最后一个据点阿里克落入土耳其人手中，天主教巩固基督教王国和巩固君士坦丁堡统治的希望化为泡影。尽管十字军东征失败了，但它对西欧和英国的影响却极其深远。第一，西欧的十字军东征并未突破穆斯林控制的东西方贸易的陆路通道，因陆路贸易不便，这就迫使欧洲不得不寻求通往东方的海上航路。英国在欧洲新海路发现之后由于其独特的地理位置享有优越的贸易地位，欧洲的贸易中心也逐渐由地中海向大西洋转移。第二，英国贵族们热衷参与十字军东征，使他们长时间远离英国权力中心，从而使王室的权力大大增强。第三，在十字军东征的影响下，货币流动不断加快，促进了西欧城市和商业的发展。第四，在与穆斯林连绵不断的战争中，西欧在军事上借鉴了穆斯林的防御与围攻战术。第五，十字军东征最为重要的影响是，它促进了西欧各国民族认同感的形成，对许多英国人来说，因为远离故土，他们更加重视自己的民族身份。

二、僧侣和修士

在中世纪西欧社会中，人首先不是作为个体而存在，而是作为群体而存在。西欧中世纪的社会群体划分并不复杂，英国盎格鲁-撒克逊时代的修道士艾尔弗里克把当时的社会划分为三个群体，即劳作的人、祈祷的人和作战的人，其中劳作的人是指为人们提供生存所需之人，主要是指从事个体劳作的人；祈祷的人是指为人们求助上帝之人，主要指教职人员，例如西欧的僧侣和修士；作战的人是指为人们护卫城镇和家园之人，主要是指骑士。对中世纪的世界来说，祈祷的人和作战的人或劳作的人一样，是西欧中世纪社会不可分割的一部分。12世纪是西欧修道院的黄金时代；13世纪，西欧的托钵僧团得以发展。

修道院也被称为隐修院，是天主教和东正教修道士出家修道聚居的地方，可分为男、女两种修道院。修道院的兴起始于公元2世纪、3世纪，由隐避旷野、独自修行的教徒聚居一处发展而来，后成为有严格规章的修道院。隐修方式包括两种：一是每位修道士各自独居一小室，互不往来；另一种是院内修道士共同修道和劳作。修道院有大小之分，大修道院各自相对独立，经济上自给，通常下辖数个小修道院。一般都是封建庄园，拥有大量土地和农奴，住院围以高墙，与外界隔绝。院内有大小教堂和其他设施，经营农业和工商业，拥有武装，开办学校，收藏图书等，成为政治经济文化的一种特殊势力。

修道院的兴起与修道运动有着密切关系。公元3世纪后半叶，修道运动最初是虔诚的基督徒面对罗马世界中普遍存在的堕落现象而采取的一种洁身自好的应对方式，它的本义是维护基督教道德的严谨性和纯洁性。诺曼人征服英国几乎没有改变英国修士们的修道院生活，来自法国的修士们延续了英国前辈的修道院生活。在12世纪的英格兰，修道院呈现快速发展之势。1100年，英国共有88座修道院。一个世纪之后，英国修道院的数量增加到近400座。1066年，英国六分之一的土地归修道院所有，当约翰国王（1216年）去世时，英国四分之一到三分之一的土地归修道院所有。随着修道院土地财富的不断增加，修道院僧侣与修士们的修道理想逐渐被过度的财富所玷污，于是兴起对修道院的改革运动。

在修道院改革中，西多会对英国的修道院产生深远影响。西多会又称白衣修士会、伯尔纳会，是天主教隐修会之一。1098年由本笃会修士、法国人罗伯特（莫莱斯姆的）创立于法国第戎附近的西多，故名西多会。该会主张严守本笃会会规，倡导修道士以垦荒劳动为生，故有"重整本笃会"之称。西多会主张个人清贫，终身吃素，要求修士每日凌晨即起身祈祷。他们拒绝接受庄园主或农奴的馈赠，主张恢复早期本笃会严格而朴素的生活，居室中不生火取暖，即使在北欧严寒的冬日也是如此。饭食仅限于黑面包、清水及少量蔬菜，除去绝对需要的情况以外，禁止任意谈话。[①]西多会要求修道院

---

① ［美］C. W. 霍莱斯特. 欧洲中世纪简史［M］. 陶松寿，译. 北京：商务印书馆，1988：193.

只能保留自耕地，在西多会的努力下，手工业在修士生活中重新取得重要地位。西多会的创立者之一英国的史蒂芬·哈丁撰写了著名的西多会会规《爱的法律》。12世纪早期，西多会在英国的萨里和约克郡得以发展，这里的修士们坚持朴素主义和禁欲主义隐修原则，在与世隔绝的土地上建立修道院，耕种庄稼，饲养牲畜。

13世纪，在修道院改革的背景下，西欧出现了名为托钵僧团的新宗教僧团，他们希望通过服务社会以避免之前修道院团体存在的缺陷。托钵僧团又名乞食僧团，是13世纪上半叶在教皇扶植下成立的天主教僧侣组织。最早的托钵修会由方济各会和多明我会成员组成。方济各会于1210年由圣弗朗西斯创立，强调修士应该通过善行为穷人和病人服务。多明我会于1216年由西班牙学者圣多明我创立，主要传播福音、镇压异端。入会的修士须发神贫愿，无私产，以劳动所得或慈善捐赠为生。托钵僧团标榜清贫，不置院产，以托钵乞食为生，他们周游各地，宣传清贫福音，要人民安于贫苦。托钵僧团渗入社会各阶层，从事传教活动，他们不将自己关在与世隔绝的修道院中，将修道的目的放在改变罪人的宗教信仰之上。托钵僧团的修士们往往通过遵守一种共同规则和完全拒绝世俗财产来维护他们的精神价值。中世纪最有名的两个托钵僧团分别是方济各会与道明会。1221年，道明会传入英国。1224年，方济各会传入英国。道明会与方济各会修士们的宗教奉献精神和朴素的生活方式广受英国民众欢迎。1274年，第二次里昂公会议确定天主教只有四大托钵修会，即方济各会、多明我会、奥斯定会和加尔默罗会。随着托钵僧团修士权力不断增加，僧侣团体组织日益松散，托钵僧侣们开始无视那些僧团借以立世的贫穷和顺从的誓言。

三、学术与文学

大学的兴起是中世纪文化的巨大成就之一。中世纪早期，基督教会垄断欧洲的教育。这一时期，人们唯一能接受教育的场所是修道院和教会举办的学校，前者称修道院学校，后者叫大教堂学校。这些学校主要教授《圣经》、七艺。其管理者是教会和修道院的教士，教师通常是低级教士。11世纪起，随着西欧城市的大量兴起、商品经济和国际贸易的发展以及西欧市民阶级的成长和王权的加强，教会垄断教育的局面被打破，大量世俗的城市学校兴起。人们开始渴望知识、热爱科学，此时社会尤其需要精通城市经济管理和为王权辩护的精通古代罗马法的人才。12世纪，英国的教会开始建立学校，学校也开始研究法律、逻辑、古典文学等知识，这些都在一定程度上促进英国教育的发展。13世纪，教会成为西欧知识复兴的重要推动力，进而促进了西欧大学的兴起。此时的大学还没有固定场所，教学和集会一般是在学生宿舍、教堂或修道院里进行。随着欧洲各国王权的加强，大学最终失去自治特权，成为替世俗政权培养高级人才的教育机构。欧洲中世纪大学的出现打破了教会对教育的垄断，促进了科学知识的复兴和城市经济的发展，为文艺复兴和宗教改革时代的到来准备了条件。

"大学"一词本指"行会"，指学生和教师的组织，是求学者与教学者互助合作的组织，14世纪初开始成为高等学府的专称并沿用至今。与城市其他行会相比，大学的性质基本相同。教师和学生为了管理他们的学术事务而组成一个行会，这种行会就是中世纪的大学。就英国而言，最为著名的两所大学是牛津大学与剑桥大学。牛津大学是英国最古老的高等学校之一。1167年，英王亨利二世和坎特伯雷大主教贝克特的争吵导致英国学生离开法国巴黎大学，在牛津城仿行巴黎大学模式建立牛津大学。1209年，一批牛津大学学者为躲避殴斗，从牛津城逃到剑桥镇，剑桥大学由此发端。1218年剑桥大学身份得到王室确认。1225年和1254年，剑桥大学和牛津大学先后获得教育垄断权，一直到19世纪，整整六百年，牛津和剑桥都是英国仅有的大学。

中世纪英国的艺术淋漓尽致地表现在教堂建筑之中。英格兰现有的16座大教堂（包括坎特伯雷、林肯、达勒姆、切斯特和格洛斯特等）就是中世纪英国艺术集中展现之所。英国教堂建筑体现了罗马式艺术向哥特式艺术转变的特征。罗马式艺术是10—12世纪西欧的一种艺术风格，表现为修道院、教堂和城堡均建在高岗上，意在防范。城堡森严，墙体厚重、柱子粗大、窗户窄小，内部较暗，外观沉重、庄严。教堂为圆形拱顶，半圆形拱门，外部墙壁门楣、门廊等处布满雕刻，内部饰有壁画和浮雕，细密画亦有较高的发展。英国达勒姆大教堂的建筑师们首次采用了独创的十字横肋穹顶技术，克服了罗马式艺术中多余而笨拙的筒形穹顶建筑方式，从而开辟了通向精细、纤巧的哥特式艺术之路。

1066年，黑斯廷斯战役后，诺曼人开始移民到英格兰、威尔士及爱尔兰的部分地区。诺曼人的渗入慢慢影响了英格兰的社会面貌。其中，诺曼工匠将流行的法国建筑艺术带入英国，并发展出英国特有的建筑艺术风格。诺曼式的建筑艺术是一种罗马式风格的改进，主要表现为具有巨大的装饰图案、半圆形拱门和扁平扶壁。

哥特式艺术是12世纪中叶至16世纪盛行于西欧、中欧和部分东欧地区的一种艺术风格。哥特式建筑起源于巴黎，以约1137年重建的圣但尼修道院教堂为标志，以后传到英国。其教堂建筑的特征是：高大精致的尖塔、交叉肋拱结构、修长的立柱、拱形大门、彩色玻璃镶嵌的花窗、曲身的雕像和复杂的装饰，造成一种升向天空的感觉。

在亨利二世统治时期，哥特式建筑传到英国，并很快发展出英国独有的哥特式艺术风格，主要分为以下三种形式：第一种是早期英国哥特式（约1180—1280年），主要表现为陡峭的倾斜屋顶、尖刀形窗户和尖拱。早期英国哥特式建筑是诺曼建筑向哥特建筑转化的一个过渡阶段，交叉拱、扶壁、尖券、玫瑰窗都已形成，但装饰比较简单淳朴，窗墙比较小、建筑形体比较敦实厚重，室内不用束柱，依然使用诺曼式的粗柱，柱身多为圆柱或楞柱，仅在柱头处稍作装饰；第二种是装饰哥特式（约1280—1380年），表现为教堂建筑有着更宽的窗户和装饰尖顶；第三种是垂直哥特式（约1380—1530年），表现为方形塔楼和扁平尖拱。

英国独有的新建筑艺术风格还反映在城堡建筑之上，表现为城堡有更坚固的防御工事，有圆形的塔和弧形的墙。这一特色深受由英国十字军东征从近东带回的艺术风格的影响。中世纪晚期，英国庄园宅邸的艺术风格几乎没有什么变化，庄园宅邸仍然以大会堂建筑为主。

中世纪后期西方文明的复兴应该归功于那些保存和复制古典手稿的僧侣抄写员。西方中世纪的编年体史书起源于基督教会，早期的编年史家大多是生活在修道院的修士。13—14世纪产生自圣奥尔本斯修道院的编年史，被认为代表了中世纪教会修史的最高水平，堪称中世纪文化发展的最高峰。圣奥尔本斯修道院是英格兰最为显要的修道院之一，在英格兰的政治、经济、社会生活中占据举足轻重的地位。圣奥尔本斯修道院的编年史由多位修士接力完成，最初的开创者是温多弗的罗杰。罗杰编年史以上帝创造世间万物开篇，结束于1235年的记事。罗杰开始著书立说的时候，正值英格兰国王理查一世统治时期（1189—1199年）。经历过国王约翰的统治，1235年是国王亨利三世在位的第19年。在将近半个世纪的时间里，罗杰记录了三代国王统治的历史。罗杰在《历史之花》中详细记述了亨利三世时期的历史。[1]罗杰在编年史的行文中经常采用"花朵"一词形容美好的事物，他撰写的编年史蕴含的丰富史料为后世研究中世纪英格兰历史留下充分的佐证。威尔士主教蒙茅斯的杰弗里（1150年）写成了一本大部头著作《不列颠君王史》，在这本文学书中，深具凯尔特色彩的亚瑟王传奇被建构了起来。在凯尔特传说中他描绘了中世纪的骑士精神。12世纪，大主教兰夫朗和安塞尔姆是中世纪重要的经院哲学家。索尔兹伯里的约翰是中世纪最重要的柏拉图主义者。牛津大学的第一任校长、林肯的主教格罗塞斯特是中世纪重要的数学家、物理学家和神学家，著有《科学概要》。格罗塞斯特的学生罗吉尔（罗杰）·培根修士是中世纪英国最杰出的科学家和哲学家，他在科学和数学研究中提倡归纳和实验的方法。培根的代表作《大著作》是一部名副其实的知识百科全书。他精通数学、光学、天文、地理及语言学，撰写了不少相关的学术论文。培根十分重视实验科学，断言只有实验科学才能解决自然之谜。他亲自做了许多观察和实验，提出不少有价值的论述和大胆的猜测，推动了自然科学的发展。亨利·德布拉克顿（1268年，常常被称为"英国法律之父"）是英国中世纪杰出的法学家，他的《英格兰法律和习俗》被认为是中世纪英格兰法律最好的诠释。

---

[1] 蔺志强. 在专制与宪政之间 亨利三世时代的英国王权运作[M]. 广州：中山大学出版社，2016：34.

四、城镇的崛起

随着西欧城市的发展,城镇居民逐渐有了自己的权利诉求。由市民、工匠等组成的城镇在英国的经济和社会中扮演越来越重要的角色。

中世纪早期,西欧封闭的庄园经济完全取代了城镇生活。11世纪与12世纪,西欧的城镇开始复苏,并促进了西欧商业经济的发展。诺曼征服后,英国社会进入相对稳定时期,英国的封建法、习惯法和教会法以及强大的王权成为英国社会秩序稳定的基础。十字军东征刺激了英国的商业活动,到1300年,英国城镇的数量翻了一番,数量达到200个。

城市与封建主义的关系并非相互隔离、相互对抗,而是相互作用。封建主义的领主制可以延伸到城市。城市兴起于封建主义的体系之中,需要从封建主手里获取政治权力,即自治权与自由权。获得自治权的城市有权利设立管理机构实行自治。英国有相当多的城市兴起于国王的领地,由于英国王权比较强大,这些城市大多不享有自治权,只享有部分自由权,诸如城市居民的人身自由,城市居民进行工商业活动的自由等。自从征服者威廉以来,英国的每个城镇都要服从于当地领主控制,城镇居民都受庄园法庭和郡守的管辖。后来,城镇市民们从国王或领主那里获得特许状。特许状一般由国王或者城市原本所辖的封建领主颁发,主要内容是承认城市的自治权力和工商特权,明确市民的权利和义务。大部分特许状允许城市有制定法律、建立城市机关、拥有商业行会等权力,确认市民人身自由,并赋予市民享有使用城市土地、管理市场、从事商业活动、加入行会组织等权利。获得特许状的自由城镇有权拥有财产、收税、开庭等权力,并能通过选举市长和议员来取代王室的官员。城镇也可以像其他封建领主一样与国王直接打交道。由于新兴中产阶级在自治市镇拥有丰厚的财富,英国国王筹集资金最快的方式之一就是向自治市镇授予特许状。自治市镇的公民拥有选举权以及其他的合法权利,他们也能参与政府管理。

商业行会与手工业行会在中世纪也得以发展。城市商业公会主要由商人组成,组织行会的目的是管理贸易、保护商贩、避免过度竞争。在商业行会的保护之下，商人们必须以公平的价格向消费者出售商品，行会也会保护行会内的商人免受不正当竞争的伤害。商业行会的经济政策建立了开放的市场和自由竞争的市场环境，这些政策有效地避免了商品价格因人为原因过于剧烈的波动，中间商和投机者也会受到行会法的严格限制。城镇居民也建立了手工业行会，从而规范手工业行业的准入门槛和监督手工业制品的质量。手工业行会通常包括行业师傅和学徒，学徒往往要学艺七年才能成为手工艺师傅。到了15世纪，随着学艺费用变得越来越昂贵，许多学徒因无力支付学费而无法成为师傅，无法成为新的作坊主。行会存在初期，对于保护城市手工业、传授手工业技术和经验、规范产品质量、推动城市建设，发挥了重要作用，但是行会力求维持简单再生产，不能适应市场不断扩大的需求。14世纪以后，社会经济的发展开始要求突破行会的限制。

中世纪西欧城市生活的复兴对西欧产生重要影响。第一，西欧的财富不再仅局限在土地上，资本流动变得越来越重要。第二，个体农奴获得解放，变身为市民在城镇里谋取生路。第三，在英国新兴的下议院中，城镇市民代表有了话语权。第四，市民与国王联手反对他们的共同竞争对手——地主贵族。第五，对于商业革命、文艺复兴和宗教改革等外来的新思想，城镇市民成为第一批接受者和支持者。

五、国王和议会

14世纪和15世纪是英国历史发展重要的过渡时期。议会的兴起给教会和封建制度带来巨大挑战。尤其是14世纪，人们一直努力寻找的封建主义的替代品——议会，正逐渐融入英国人的生活之中。英王亨利三世去世后的一个世纪里，英国的司法体系更趋完善，更加专业化。

爱德华一世（1272—1307年在位）被认为是盎格鲁-撒克逊时代以来第一位英国人自己的国王。他生于威斯敏斯特，是亨利三世的长子。爱德华一世拥有卓越的政治素养与军事才能。爱德华一世在三十九岁因为父亲的驾崩而被推上王位，很少有王子如他那样在治国方面接受如此彻底的教育。他是一位有经验的领袖与武艺精湛的将领，曾经为父亲扛起重担，与西蒙·德·蒙福尔特搏斗。他与西蒙有很多同样的看法,后来却杀了西蒙。①他在1265年的伊夫舍姆战役中击毙贵族首领孟福尔,成为王国的实际统治者。

爱德华一世骨架匀称、身躯伟岸,头与肩的高度均超过常人。他的头发浓密,由童年时期的黄色转变成成年的黑色,年纪大时则白发苍苍,这暗示着一生中有节奏的过程。他英姿焕发、五官端正,但左眼帘低垂,而这也是他父亲的特色。他说话有点结巴,却也口若悬河,而且他的肢体语言甚多。手臂结实而肌肉有如剑士;长腿能够紧扣马镫,为他赢得"长胫客"的绰号。多米尼加教派的编年史家尼古拉·特里维特记录下以上这些特点,并且告诉我们爱德华一世喜好战争比武,特别是放鹰狩猎。他在追逐公鹿的时候,不会将他的猎物交给猎犬,甚至不会用狩猎的矛代劳,总是纵马狂奔,亲自将野兽砍倒在地。②

亨利三世统治时期持续不断的政局动荡让爱德华一世认识到:"国王必须在法律之下并通过法律来统治国家。"爱德华国王视大贵族为王室的直接对手和人民的压迫者,目的在于公平施政、严格执法,以便刻不容缓地保护王国低等级、压缩大贵族赖以取威定霸的武断权力。爱德华秉政的基本原则是:除了特殊情况外,他坚持《大宪章》授予大贵族的特权也同样适用于贵族的附庸和臣属。他使王权成为正义的源泉、反抗一切压迫的避难所,受到贵族和平民一致的尊重。国王在威斯敏斯特召集国会,不仅通过了一些有益的条例,还注意监督所有地方官和法官严格执法,罢免玩忽职守、贪污腐败的法官,准备充分的执法力量,消灭一切盗贼匪帮,压制贵族权力或公共权威不露形迹的掠夺。国王施政严格,王国不久就面目一新,秩序与正义取代了暴力和压迫。③

---

① [英]温斯顿·丘吉尔. 丘吉尔论民主国家 大不列颠的诞生[M]. 上海:上海三联书店,2017:225.

② [英]温斯顿·丘吉尔. 丘吉尔论民主国家 大不列颠的诞生[M]. 上海:上海三联书店,2017:225.

③ [英]大卫·休谟. 英国史 卷2[M]. 刘仲敬,译. 长春:吉林出版集团有限责任公司,2016:530.

爱德华一世颁行了大量的成文法律，进行了广泛的司法改革，被誉为"英国的查士丁尼"。在他统治的35年里，召开过50多次议会，所颁布法规的数量高于16世纪以前的任何君主，这为其赢得极高声誉。1275年颁布的《威斯敏斯特第一例》旨在保障教会财产免遭国王和贵族侵犯，规定自由选举郡长等官职。这一条例还修改了刑法和诉讼程序，明确规定刑事案件必须实行陪审制度。1278年颁布的《格罗斯特法》确立了质问令状制度，建立新的巡回法庭，在全国调查侵犯王室权益的罪行，将贵族法庭的部分权限移交给王室法庭。1285年颁布的《威斯敏斯特第二条例》，又称为《限嗣继承条例》，包括50个条款，内容涉猎广泛，主要包括三方面：1. 土地的继承和让渡，凡属不许出售或不许以任何方式转让给家族以外的土地（多与封建称号有关），只能由直系卑亲属继承，不得由尊亲属或旁系亲属继承，也不得自由转让，但可用以清偿经法院判决应予履行的债务；2. 扩大侵权索偿诉讼的范围，允许类似于侵权行为的受害人根据法院的扩大解释向大法官申领起诉令状，以侵权索偿起诉，称为"类推侵权之诉"；3. 将原有的刑事巡回审判制扩大适用于民事诉讼，由王国巡回法官到各郡就地审理，必要时才在威斯敏斯特王室法院审理，以加速民事案件的处理，便利当事人和陪审法官。1289年通过的《封地买卖法》后收于《威斯敏斯特第三条例》，于1290年颁布。该法突破原来的限制，允许非直属封臣自由转让自己的土地，但同时限定，买受人或受让人取得土地后不是效忠于出让人，而是效忠于出让人的领主，即受让人是从出让人的领主处而非出让人本人那里保有地产。这在事实上取消了次级分封，巩固了以国王为首的封建分封体系。《威斯敏斯特第二条例》和《威斯敏斯特第三条例》是对封建领主权力的一次沉重打击，因为封建领主再也不能以任何形式自由地进行分封。从此以后，在所有与土地继承有关的诉讼中，法庭都必须遵从最初授予人（国王）的意愿。这也标志着英国封建制度的衰落，国王和领主的附庸关系开始向地主和佃户的雇佣关系转变。

在爱德华一世的司法建设之下，英国贵族司法管辖权在下降，王室法庭审理案件数量在不断增加，而且在职能上更加专业化。王室法庭有三种，即审理税务案件的财政法庭、民事案件的普通诉讼法庭，以及审理王室案件或刑事案件的最高法庭（王座法庭）。1275年，关税首次成为英国王室收入的一部分，另外，"中间费和手续费"（每吨葡萄酒和每磅货物征收两先令的进口税）也成为英王的重要收入来源。不过，1290年，爱德华一世把所有犹太人驱离英国，使英国王室失去一笔可观的收入来源。

"征服者"威廉将第一批犹太人带到英国。威廉试图通过引进犹太人来扩大金融市场，改善当时英格兰落后的经济状况，同时也为他进一步军事扩张筹划资金。诺曼王朝（1066—1154年）统治时期及亨利二世统治时代（1154—1189年），英国犹太人生存的政治和社会环境相对自由和稳定。这期间，犹太人主要以放高利贷为主业，促进英格兰从易物经济向金融经济的转变。历代英国国王一般都比较重视对犹太商业和金融活动的保护。西欧十字军东征运动波及英国后，犹太人遭遇到越来越多的敌视，宗教冲突愈演愈烈。英国国王与犹太人的特殊关系逐渐瓦解。国王对犹太人的剥削转为残酷的压榨，犹太人逐渐不堪重负。1275年，爱德华一世响应教皇格里高利十世关于消灭高利贷的号召，在王国内禁止犹太人放高利贷，并强迫犹太人从事手工业、农业和商业生产，以转变他们的经济职能和生活方式。1290年，爱德华一世采取极端手段，彻底根除犹太问题——将所有犹太人驱逐出英国。[①]

爱德华一世是一位虔诚基督徒，与教皇保持着友好关系，但是与其父不同，爱德华一世没有对罗马教廷过于屈从。由于教会是英国最大的土地拥有者，而且教会的财产都不会以归还、没收或监护等任何形式重新收归国王所有，1279年，爱德华一世颁布《永久管业条例》。永久管业指的是教会等组织机构（而非个人）拥有的地产。在中世纪的英格兰，封建领主在一些关键节点，例如继承产业、受封产业、成年礼或因叛国而被剥夺财产时要向国王交税。但如果某产业属于教会，那么就永远不需要缴纳这些赋税。有些领主为了逃税，就将土地名义上转给教会。1215年的《大宪章》就提及要禁止这种逃税行为。约翰国王在《大宪章》签署之后不久就去世了，而他的儿子亨

---

① [英]大卫·休谟. 英国史 卷2[M]. 刘仲敬, 译. 长春: 吉林出版集团有限责任公司, 2016: 531-532.

利三世因为特别虔诚，没有严格执行这些禁令。爱德华一世为了阻止土地不断落入教会之手，保障政府税收，颁布《永久管业条例》。条例规定，任何土地除非得到国王批准，否则不得转给教会所有。爱德华还要求神职人员缴纳高额所得税，以支付英国进行十字军东征的部分费用。教皇卜尼法斯八世于1296年2月颁布著名的教谕《教士不纳俗税》。

教皇教谕规定，"没有教皇授权，国王不能向任何神职人员或教会财产征税，如果有神职人员非法交税，那么他将被停职，如果是主教将被免职。非法征税的统治者会被开除教籍，他们的国家禁止一切宗教活动。"英国坎特伯雷大主教温切尔西遵照教谕，要求英国神职人员拒绝向国王缴纳税款。作为报复，爱德华国王宣布英国神职人员不合法并且没收他们的财产。

爱德华统治时期议会终于定型。议会的英文形式是Parliament，其词根是法语Parler，意为"谈话"。自13世纪中叶起这个词开始在英格兰被广泛地使用，但是，当时该词的含义并非完全指一种固定的机构，而是一种机会，指国王和贵族在大议事会上交谈或谈判。这时的御前大议事会在组成上与诺曼底征服初期的"王堂"差不多：国王、主教、修道院院长、伯爵、大男爵。所不同的是，13世纪的大议事会增加了官僚的成分，即那些既不是男爵也不是直属封臣的国王的宫廷会议成员，男爵们在《牛津条例》中要求每年召开三次这样的大议事会，而且，经过漫长的发展和演变，13世纪称之为Parliament的会议，其作用已是多方面的：政治的、司法的、立法的和财政的。爱德华在写给教皇的信中甚至说，议会向国王提供法律劝导，没有这样的劝导，国王无法做出影响王国发展的事。在法律方面，议会的重要性在于它是英格兰的最高法庭，可处理一切重要的或困难的案事，一般的诉讼也能通过申请而交付议会处理。这是13世纪前的议会最重要的活动内容。但是，在爱德华一世时期，因爱德华常常寻求议会的同意以实施其成文律，议会在立法方面开始变得更有意义。正是由于议会所具有的财政职责，才使它从过去的具有贵族议政性质的设置转变为一个具有代议性质的机构。①

---

① 钱乘旦，许洁明. 英国通史［M］. 上海：上海社会科学院出版社，2017：69-70.

第四章　中世纪的英国

爱德华一世是英国首位意图实现英国人民联合的国王，他暂时成功征服了威尔士和苏格兰。1277年，爱德华一世开始对威尔士的征服。1283年，他镇压威尔士的反叛，处死最后一名威尔士亲王卢埃林。1284年，爱德华一世把威尔士亲王的爵位授予在威尔士出生的儿子爱德华，后来的爱德华继承王位，即爱德华二世。此后，此头衔只授予英王位继承人。同时爱德华一世在威尔士推行英国的行政系统。1284年颁布《威尔士法规》，在威尔士推行英格兰法律。"威尔士全体贵族都臣服于征服者。英国法律，以及郡长、法官都在威尔士领地建立起来，但民族仇恨熄灭和彻底融合还需要很长时间。"[①]直到1536年，威尔士才完全融入英国。爱德华一世因此被称为"威尔士的征服者"。

爱德华一世对苏格兰的征服较为坎坷。在亚历山大三世的统治下，苏格兰社会安定繁荣。1286年，亚历山大三世因坐骑坠落悬崖而意外去世，因没有合法男性继承人，苏格兰王室唯一的血胤就是挪威国王埃里克和苏格兰公主玛格丽特的女儿玛格丽特，玛格丽特被确立为苏格兰女王。五位摄政大臣：圣安德鲁斯主教、格拉斯哥主教、法夫伯爵、巴肯伯爵、苏格兰总管詹姆斯共同和平执掌王国庶政。襁褓中的公主由外祖父爱德华和父亲埃里克亲自保护，王位似乎坚若磐石。[②]但是，苏格兰大小贵族为了争夺王位而陷于内战。爱德华一世被请来做他们的仲裁人。爱德华刚刚武力征服威尔士，又策划让玛格丽特嫁给长子爱德华，借此统一不列颠岛，永绝内乱外患。苏格兰国会接受英国建议，甚至同意幼主在爱德华的宫廷接受教育。但是，他们担心苏格兰的自由和独立。特别规定：只有在双方地位对等的条件下，他们才能将自己托付给雄才大略的英国国王。双方同意：苏格兰自古相传的法律、自由、习俗一因其旧。万一爱德华和玛格丽特无嗣而死，苏格兰王位就传给第二顺位继承人，苏格兰王国仍然自由独立。苏格兰王室的军事封臣虽然效

---

① [英]大卫·休谟. 英国史 卷2 [M]. 刘仲敬, 译. 长春：吉林出版集团有限责任公司, 2016：535.

② [英]大卫·休谟. 英国史 卷2 [M]. 刘仲敬, 译. 长春：吉林出版集团有限责任公司, 2016：538.

忠联合王国君主，但没有义务离开苏格兰。教会、大学、修道院虽然举行选举，但没有义务放弃原来的宪章。苏格兰国会应该在苏格兰王国境内召集，处理苏格兰事务。爱德华必须遵守所有这些条款，如有违约，甘愿罚款十万马克给教皇用于圣战。爱德华接受了保证苏格兰未来独立的条款，只附加了一个条件"保留他原有的权利"。但这个皆大欢喜、友好亲善的计划没有成功，挪威公主前往苏格兰途中突然去世，王国前途暗淡。挪威的玛格丽特去世，被亨利二世俘虏过的苏格兰国王威廉的后裔就完全中断。王位继承权传给威廉的弟弟、亨丁顿伯爵大卫的后裔，但大卫的男性后裔也已经中断，继承权传给女性后裔，亨丁顿伯爵有三个女儿：玛格丽特嫁给加洛威的阿兰勋爵；伊萨贝拉嫁给安楠岱尔的罗伯特·布鲁斯勋爵；阿达玛嫁给黑斯汀斯的亨利勋爵。玛格丽特居长，留下一个女儿德维加尔达，嫁给约翰·巴利奥尔，生下同名的儿子约翰·巴里奥尔。[①]

1292年，爱德华最终做出裁决，选择约翰·巴利奥尔为苏格兰国王。但巴里奥尔不过是爱德华一世的傀儡，苏格兰国王在即位的次日就向英格兰国王爱德华一世行效忠礼并尊其为苏格兰的最高宗主。爱德华一世本以为已经控制苏格兰，可在1294年，爱德华一世与法国开战之时，巴里奥尔却不听爱德华一世的号令，反而与法国结盟，试图摆脱英格兰的控制。爱德华闻讯大怒，出兵讨伐苏格兰。1296年，苏格兰国王约翰·巴利奥尔争取独立的抗争被镇压，巴利奥尔沦为阶下囚，被囚禁在伦敦塔内，后被爱德华一世驱逐出英国。面对英国的侵略，苏格兰人把希望寄托在两位民族英雄身上：第一位是护国主威廉·华莱士，他在斯特林桥（1297年）战役中击败英国的萨里伯爵，还一度出兵英格兰北部。爱德华一世闻讯从法国赶回，在福尔柯克（1298年）击败苏格兰人，1305年处死了苏格兰独立运动的领导人华莱士。导演梅尔·吉布森的电影《勇敢的心》取材于这段真实的历史，电影的主角就是威廉·华莱士。影片以13—14世纪英格兰的宫廷政治为背景，以战争为核心，讲述了苏格兰起义领袖威廉·华莱士与英格兰统治者不屈不挠斗争的

[①] ［英］大卫·休谟. 英国史 卷2[M]. 刘仲敬，译. 长春：吉林出版集团有限责任公司，2016：538-539.

第四章 中世纪的英国

故事；第二位英雄是罗伯特·布鲁斯（后来的苏格兰国王罗伯特一世）。苏格兰人在他的率领下继续斗争。1307年，年过七旬的爱德华一世再次北上，在苏格兰边界布鲁夫去世，其征服苏格兰的计划最终搁置。后来，爱德华一世被安葬在威斯敏斯特大教堂内的一座纯黑大理石陵墓中，墓碑上刻着："爱德华一世，苏格兰之锤，坚守忠诚"。

爱德华一世之子爱德华二世（1307—1327年在位）意志薄弱，举止轻浮。他生于威尔士的卡纳芬城堡。1301年，爱德华被封为威尔士亲王，开创英王位继承人受此封号之先例。1308年爱德华二世娶法王腓力四世之女伊莎贝拉（法兰西的）为妻。爱德华二世信任和依赖身边的亲信和情人加斯科涅的骑士皮尔斯·加弗斯顿。加弗斯顿的父亲是一个有身份的加斯科涅骑士，侍奉先王颇有勋绩。先王酬其忠勤，安排他儿子做威尔士亲王的内侍。年轻的加弗斯顿为人和蔼可亲，擅长提供符合王子能力和脾性的消遣。不久，他就借此深得主人宠爱。他天赋独厚，身材俊秀，仪容优美，风度翩翩，举止合宜，无论在战场上还是在上流社会中表现都出类拔萃。他赢得了爱德华王子全心全意的信任和友谊。王子对他几乎言听计从。先王担心这样的后果，将加弗斯顿逐出王国，临终时还要求王子承诺绝不再将他召回。但先王去世后，爱德华二世立刻召回加弗斯顿，甚至不等他抵达宫廷，就将整个康沃尔伯爵领封给他。国王将宗室封邑赐给加弗斯顿，意犹未尽，每天都赐给他新的荣誉和财富，还把自己的侄女、格洛斯特伯爵的妹妹嫁给他。[①]这引起英国贵族的强烈不满。

兰开斯特伯爵托马斯是国王的堂弟、英格兰宗室之首，自己广有领地，不久又娶林肯家族的女继承人，领有不下六个伯爵领及其相应的封地。那个时代，司法和权力通常附属于领地产权，因此上述领地的一切相应权力都归于伯爵。加弗斯顿对国王的影响超过了兰开斯特伯爵，而伯爵的性情狂暴而好斗，对幸臣深恶痛绝。兰开斯特不久就成了贵族党派的首领，以打击傲慢

[①] [英] 大卫·休谟. 英国史 卷2 [M]. 刘仲敬, 译. 长春：吉林出版集团有限责任公司，2016：599.

的外邦人为宗旨。结盟的贵族共同立誓，一定要驱逐加弗斯顿。[①]在1309年到1310年的议会中，由兰开斯特伯爵托马斯领导的贵族们试图重新确立他们的影响力。他们成立一个由21名贵族组成的委员会以控制王室对政府人员的任命。1311年，贵族委员会发布法令，限制王权，迫使爱德华二世放逐了加弗斯顿。1312年，爱德华又将加弗斯顿召回，恢复其皇室地位，并企图废止《1311年法令》。愤怒的贵族们最终处决加弗斯顿。1314年，爱德华二世率军出征苏格兰，苏格兰人在罗伯特·布鲁斯的领导下，在班诺克本击败英格兰军队，苏格兰重获独立。英格兰耻辱性的失败导致爱德华二世权威被削弱殆尽，权力落入兰开斯特伯爵托马斯之手。此时，爱德华二世又有了两个新的宠臣：德希彭斯父子——这引起贵族们的不满。1321年，国会宣布放逐德希彭斯父子，遭到爱德华二世的抵制，双方遂兵戎相见。1322年，兰开斯特伯爵托马斯战败被处死。1325年，王后伊莎贝拉难以忍受爱德华二世的同性恋，出走法国，1326年9月偕同情夫莫蒂默攻入英格兰，轻松战胜爱德华二世。1327年，爱德华二世被废黜并囚于伯克利城堡，其子阿基坦公爵爱德华继位，即爱德华三世。9月，被废黜的爱德华二世被处死。

在爱德华三世统治初期，国家真正的权力掌握在他的母亲伊莎贝拉和情人莫蒂默手中。1330年，爱德华三世以反叛罪处死莫蒂默，迫使其母亲退出政坛后亲政。在位期间，爱德华三世致力于提高国王威信和进行对外战争。由于爱德华三世从未威胁过英国贵族们的特权，贵族们乐于唯英王马首是瞻。在苏格兰，爱德华支持爱德华·巴利奥尔取代大卫·布鲁斯的统治。1333年，爱德华三世在哈利顿山战役中击败苏格兰国王大卫二世。此后，英格兰暂时统治苏格兰，直到1341年，大卫·布鲁斯才将英国人赶出苏格兰。此时，爱德华三世在位期间，开启英法百年战争。爱德华三世与法国断断续续地进行将近二十五年的战争。至1377年他去世时，安茹王朝在法的大部分领地已损失殆尽。

---

① ［英］大卫·休谟. 英国史 卷2［M］. 刘仲敬，译. 长春：吉林出版集团有限责任公司，2016：599-600.

六、议会的崛起

随着英国封建制度的逐渐瓦解,议会成为英国政治生活的重要基础,君主、贵族和平民在议会中形成英国的政治共同体。亨利三世和爱德华三兄弟的统治对英国的议会发展尤为重要。

"议会"一词是指国王和某些受邀的王室官员或有影响力的贵族在政策和税收问题上为国王提供建议所召开的会议。它的起源可以追溯到撒克逊时期的贤人会议和诺曼御前会议,这些会议的成员仅限于大贵族和神职人员。在亨利一世和亨利二世时期,陪审团制、代表制和选举制原则在英国逐渐形成。约翰国王签署"自由大宪章",王权向封建贵族做出重大让步。亨利三世统治期间,大贵族制定的《牛津条例》(1258年)把国王置于大封建主的控制之下,西蒙·德·孟福尔的议会(1265年)主张与骑士和市民建立联盟,参加会议的代表除了教俗大封建主外,每郡派出骑士代表2人,每个城市派出市民代表2人。《牛津条例》与孟福尔召开的议会显示出议会制度的重要价值,在议会中,骑士和市民(平民)与国王的官员和贵族一同商议国是。

议会中最有影响力的当属大贵族,他们按照等级,接受国王单独召集。爱德华一世统治时期,英国议会制度正式确立下来。1295年,爱德华召开议会,为国库筹措经费,这次议会除了有教会封建主和世俗贵族参加之外,还有骑士和市民的代表参加,由每个郡的地方议会选出骑士2名,大城市推选2名市民出席议会,因为这次议会的组成和职能成为后世的楷模,故史称"模范议会"。到14世纪中叶,较低级的贵族、骑士与市民组成下议院。高级神职人员与大贵族联合组成上议院。国王可以通过议会向臣民通报王室政策和财政需要。臣民可以利用议会向国王请愿,也可以通过议会弹劾撤换不受欢迎的王室官员。议会也是英国的最高法庭。14世纪和15世纪,议会每年至少举行1次会议,在此期间,议员们在议会中彼此互换信息,表达不满,分享利益。议会满足了国内各阶级的需要,但是农民和城市平民阶级被排除在权力核心之外,他们在议会中没有代表,那时的议会在本质上是为英国上层剥削阶级利益服务的。

到13世纪末，议会已经是英国的一个固定机构，但议会的权力和职能仍然很模糊，直到14世纪议会的权力才得到加强和扩大。议会权力的增大是以牺牲王室特权为前提的，议会利用英国国王对税收的需求进而限制国王的权力。例如，当爱德华一世与法国交战，陷入财政困境时，他被迫同意批准《宪章》（1297年），该宪章援引《大宪章》，规定未经议会同意，国王不能征收直接的非封建税。1340年，议会利用爱德华三世对金钱的需求，控制了英王征收间接税的权力。实际上，英法百年战争中英王习惯性的金钱需求，加速了英国议会的影响力。1376年，议会首次使用弹劾手段来对付国王的官员，下议院先行提出控诉，上议院进行审判。从上诉权开始，议会逐渐主张立法的权力。国王仍然可以否决这些法令或通过王室法令制定法律，而不受议会的约束。然而，到14世纪末，议会在财政和立法方面的影响力显著增长。

七、英法百年战争

在超过一个世纪（1337—1453年）的时间里，英法战争在法国的土地上展开。这场战争最终从封建王朝之间的纷争演变成了一场民族战争。虽然英国最终没能征服法国，但百年战争对英国产生重要的影响。

百年战争产生的原因错综复杂，包含国家间政治、经济、社会、国际关系等各种因素。

百年战争主要源于英法围绕英国在法国占有的领地所产生的纠纷。1154年，安茹伯爵的儿子亨利继承英格兰王位，安茹家族在法国的领地也自然转归到英王名下。当时的安茹家族在法兰西享有广阔领地，其面积是法兰西国王所控制面积的5—6倍。法王作为安茹伯爵名义上的封主自然是嫉恨在心。到了"无地王"约翰时期，英国国内动荡，实力大减，英王在法国的领地也逐渐被法王所蚕食和兼并。英法两国矛盾不断加深。到爱德华三世时期，英国在法国的领地就只剩下加斯科尼地区。14世纪初，法国君主试图把英国人彻底从法国西南部赶走，以加强王权，英国当然不愿退出，并欲夺回祖先的领地。于是加斯科尼地区成为两国争夺的焦点。加斯科尼位于现代法国西南部，工商业非常繁荣，英国对外出口的纺织品和货物都要先运到加斯科尼,然后转运到法国其他地区。1058年,阿基坦公爵威廉八世吞并加斯科尼。12世纪,阿基坦公爵的称号连同加斯科尼因亨利二世享有的继承权而转移到英格兰的金雀花王朝手中。对于民族独立意识正在成长的英王爱德华一世及其继承人来说,加斯科尼的重要性不仅在于其经济上的贡献,更重要的是这涉及一个国家的主权。腓力四世及其继任者三番五次试图夺取加斯科尼。1337年,爱德华三世确信只有通过战争才能阻止法国对加斯科尼的吞并。

英法争夺工商业发达富庶的弗兰德斯也是战争爆发的重要原因。弗兰德斯的归属与英法两国利害攸关,英格兰与弗兰德斯的经济相互依赖。中世纪后期,弗兰德斯是羊毛贸易中心。英国羊毛主要供应弗兰德斯,而大部分羊毛制品(呢绒)也是返销英国。由于羊毛原料出口商和毛呢制成品进口商都要向英王缴税,因此,某种程度上,英国的经济命脉和皇家国库的正常运转在很大程度上依赖弗兰德斯的羊毛贸易。然而,弗兰德斯的实际统治者是法王分封的贵族,这些贵族出于独享弗兰德斯财富的私心,越来越听命于法国国王,这就直接威胁到英王利益。于是,爱德华三世就联合亲英的弗兰德斯市民共同反对腓力六世和亲法贵族。1325—1326年,弗兰德斯城市爆发公社起义反对弗兰德斯贵族的统治。1328年,法王应弗兰德斯贵族们之请,出兵镇压起义并趁机加强了对弗兰德斯地区的控制。1336年,英国禁止向弗兰德斯出口羊毛。依靠羊毛原料进行生产的弗兰德斯市民推选代表与英国缔结商约,承认爱德华三世为法国国王和弗兰德斯的君主,公开反对法国。

法国的王位继承问题成为引发百年战争的导火线。1328年,法国卡佩王朝国王查理四世(美男子)死后无嗣,王位转给瓦洛亚家族的腓力六世之手。查理四世为腓力四世之子,腓力四世的外孙、英王爱德华三世以其外甥身份觊觎法国王位,以期夺回英国在大陆上的领地,然而法国贵族则以"妇人或其子均不得继承王位"的回答予以拒绝。①法国贵族会议驳回爱德华三世的要求,宣布支持查理四世的侄子瓦卢瓦继承王位,即腓力六世。至此,法国的卡佩王朝结束,瓦卢瓦王朝开始。1337年爱德华三世自称法国国王,腓

---

① 齐涛. 世界史纲[M]. 济南:泰山出版社,2012:263.

力六世则宣布收回英国在法境内的全部领地，英法百年战争爆发。

百年战争大体分为三个阶段：

第一阶段，1337—1360年，法军在此期间屡战屡败。1337年爱德华三世大举入侵法国。1340年，英军在斯吕斯海战中打败法军，控制英吉利海峡，夺得制海权，法军难以渡海入侵英国。1346年8月，在克雷西战役中，英国人凭借高超的战术与训练有素的弓箭手消灭了法国骑兵。英国军队随后占领加莱港，英军又取得陆上的优势。第二年，英军又在本土打败苏格兰的入侵，取得内维尔十字战役的胜利，擒获亲法的苏格兰王大卫二世。1356年夏天，在普瓦提埃战役中，英军击溃法国军队，俘虏法王约翰二世和一千多名骑士。1360年，两王缔结《布勒丁尼和约》，根据和约，英王得到阿基坦、庞蒂克和加莱，承诺释放约翰国王，条件是法国要向英王缴纳50万英镑的赎金。

第二阶段，1369—1380年，法军收回大部分失地，英军只占有沿海少数据点。1364年，法王约翰死于伦敦，查理五世继位（1364—1380年在位）。他整顿税制，重整军备，用雇佣兵取代部分骑士民团，并建立野战炮兵和新的舰队，准备再战。这一时期，英国国内黑死病肆虐，爱德华三世的长子"黑王子"爱德华在阿基坦实施暴政，爱德华三世逐渐衰老；而在查理五世的治理下，法国逐渐恢复元气。1367年，英法双方介入西班牙卡斯提尔王国王位继承问题，黑太子爱德华在纳胡拉战胜法军，可不久，爱德华支持的西班牙佩德罗一世却被亲法的恩里克二世推翻。之后，查理五世凭借出色的指挥才能和训练有素的军队，运用突袭和游击战术不断攻击英军，相继取得蒙铁尔战役等多场战役的胜利，英军不得不退守沿海地区。1396年双方缔结二十年停战协定，除了波尔多、巴约纳、布雷斯特、瑟堡、加莱五个海港和波尔多与巴约纳间的部分地区，英王在欧洲大陆的版图全部被法国占领。

第三阶段，1414—1453年，英军虽然一度占领了北部半个法国，但终被法国军民所驱逐，最后只占据加莱港一地。亨利五世（1413—1422年在位）于1413年登上英国王位。此时，法王查理六世（1380—1422年在位）精神失常，王权衰落、内讧迭起，法国士气低落，勃艮第党和奥尔良党之间出现严

第四章 中世纪的英国

重分裂。1415年，亨利五世与勃艮第人结盟，率领军队在法国登陆，大举进攻法国。亨利五世在阿金库尔附近的树林里与法国军队正面交锋。夜幕降临之前，法国军队被彻底击败。两年后亨利五世又占领诺曼底。1420年5月21日，英国人与勃艮第党勾结，把不平等的《特鲁瓦条约》强加给法国。根据条约，废除法国太子的继承权，英王亨利五世成为法国摄政王，有权承继查理六世死后的法国王位。英法联合为共戴一王的国家，法国沦为英法联合王国的一部分。亨利五世将迎娶查理六世的女儿凯瑟琳，英国保留在法国征服的一切土地。1421年，法军与巴肯伯爵约翰·斯图亚特率领的苏格兰援军联手，在博热打败英军，杀死亨利五世的弟弟，王位继承人克拉伦斯公爵。1422年，年仅35岁的亨利五世去世，留下一岁的儿子继位，即亨利六世，兼领法国国王。在亨利死后几个月，法国的查理六世去世。1429年，英国人围攻奥尔良。奥尔良是通往法国南方的重要门户，保卫奥尔良成为保卫法国的关键。对法国来说，争夺王位的战争已转变为民族解放战争。此时，年轻的农家女孩圣女贞德拯救了法国。在她领导下，1430年4月29日晚8时，骑着白马的贞德，在锦旗的簇拥下进入奥尔良，全城军民燃着火炬来欢迎她。5月8日，被英军包围209天的奥尔良终于解放。奥尔良战役的胜利扭转了法国在整个战争中的危难局面，从此战争朝着有利于法国的方向发展，贞德威名远扬，荣获了"奥尔良姑娘"的尊号。1429年7月，法国王太子查理在布尔热即位，称查理七世。1430年，贞德被勃艮第人俘虏，并出卖给英国人。面对酷刑，贞德宁死不屈，她说："为了法兰西，我视死如归！"1431年，贞德被法国神职人员以女巫罪实施火刑。5月29日上午，贞德在卢昂城下被活活烧死，她的骨灰被投到塞纳河中。贞德死时还不满20岁。1455年，教皇推翻原有判决，宣布贞德无罪，1920年贞德被封为圣徒。英国人的残暴激起法国军民的愤怒，他们连续打击英军，不断收复北方失地，英国的失败已成定局，勃艮第人不得不解除与英国的同盟关系。随着勃艮第人的倒戈，战局急转直下，巴黎、鲁昂和圭亚那相继被法军攻克。1453年百年战争结束时，只有加莱还在英国人手中。

　　法国赢得百年战争的胜利促使法国完成民族统一，更为日后在欧洲大陆扩张打下基础。英国虽然最终输掉这场战争，失去了几乎所有的欧洲领地，这对英国来说却是"因祸得福"。百年战争之后，英国对欧洲大陆推行"大陆均势"政策，英国得以避免将过多的精力牵扯进欧洲大陆事务，而将更多的注意力转向解决国内问题和进行海外商业扩张，为日后成为全球最大殖民帝国奠定了基础。同时，在百年战争中，英国议会通过与国王谈判迫使国王做出许多实质性让步。英国封建领主的利益不断被压缩，市民和商人阶层的财富和声望在不断增加。

八、理查二世与革命

英王理查二世是安茹王朝最后一位国王，他的统治历程极其曲折，先后经历摄政、寡头统治、暴政以及退位等惨痛经历。理查二世生于法国波尔多，是爱德华三世之孙，爱德华（黑太子）最小的儿子。其父及兄长昂古莱姆的爱德华先后早于祖父爱德华三世去世，1377年当爱德华三世逝世后，年仅10岁的理查继承王位，其叔父兰开斯特公爵约翰（冈特的）摄政，掌握实权。

关于理查二世，英国史学家拉斐尔·霍林谢德写道："相貌不凡，并且受人爱戴。如果不受周围之恶言邪行影响而改变，他本性至善……但他现已挥霍无度，野心勃勃，并且沉迷于声色之乐。"他喜爱读书，并曾资助乔叟与弗鲁瓦萨尔。在大叛乱时，他亦显示过勇气、镇静与明决之行动；但自那次危机元气大伤后，他又陷入另一个损伤元气的危机——奢侈中，而将政府交在那批浪费公帑之大臣手中。结果，格洛斯特的托马斯公爵（理查二世最小的叔叔），阿伦德尔的理查伯爵与爱德华三世的孙儿亨利组织一个强大的反对党予以对抗。这一派人主宰着1388年的"残酷国会（无情的议会）"，后者曾弹劾并绞死了国王左右的10位助手。[①]理查二世在位期间，王室近臣和贵族之间的矛盾不断激化。1388年，以格洛斯特公爵托马斯为首的"弹劾派"贵族，趁着兰开斯特公爵约翰不在国内的机会，召集"无情的议会"，

---

① ［美］威尔·杜兰特. 世界文明史 宗教改革 上［M］. 北京：华夏出版社，2010：57.

以叛国罪名，处死理查二世的宠臣：王室法庭首席法官罗伯特·特雷西里安和伦敦市长尼古拉斯·布雷姆勃。

1389年，理查二世亲政后，不断纠集势力削弱大贵族的权势。1396年，理查二世再娶法国国王查理六世的女儿伊莎贝拉，希望与法国巩固和平关系；但她仅是7岁女孩，国王只有与所宠爱的男女厮混。这位新皇后随身带着一批法国扈从到伦敦，而这些人也带来了法国的风习，或许引入了绝对君权的观念。当1397年议会呈文指责宫廷之奢华时，理查二世竟傲然答复说，此乃国会管辖以外之问题。他同时要求查知作此诉愿的议员姓名，怯懦无用的议会竟然会屈从，而以死刑判处这位提议者，反而是国王予以赦免。[①]1396年，理查二世与法王查理六世签订二十年停战协定，结束了百年战争的第二阶段。1398年间，理查二世对弹劾派贵族展开报复。理查二世处决了阿伦德尔伯爵、谋杀格洛斯特公爵托马斯并流放了兰开斯特公爵约翰（冈特的）之子亨利（博林布罗克的，即后来的亨利四世）。1399年5月，理查二世出征爱尔兰，平息叛乱。1399年，当他的叔叔冈特的约翰去世时，理查二世禁止合法继承人博林布罗克的亨利继承遗产，他没收了根特公爵的财产。这一行为最终激怒所有的大贵族，他们认识到王权的强大已经威胁到私有财产的安全，于是一场罢黜国王的阴谋慢慢酝酿。1399年7月，博林布罗克的亨利不顾流放，在约克郡登陆，乘机攻入英格兰；几周之内，他就赢得大量支持者。理查二世一回国就被逮捕，议会指控其犯有33项罪名，并迫使他退位。博林布罗克的亨利继承王位，即亨利四世。安茹王朝终结，兰开斯特王朝开启。于1154年由亨利二世开始的金雀花王朝便如此结束；而后于1461年迄至亨利六世而告终的兰开斯特王朝也如此产生。理查二世以33岁之英年死在庞蒂弗拉克特的监狱中（1400年）。其死一说可能由于牢里的严寒所致，而霍林谢德与莎士比亚则认为大概遭到新王的手下杀害。[②]

---

① ［美］威尔·杜兰特. 世界文明史 宗教改革 上［M］. 北京：华夏出版社，2010：58.

② ［美］威尔·杜兰特. 世界文明史 宗教改革 上［M］. 北京：华夏出版社，2010：58.

九、14世纪英国社会和经济

14世纪的英国社会和经济发生诸多变化。英国的毛纺业迅速扩张，英语的地位逐渐超过拉丁语和法语，反教皇情绪稳步上升。

14世纪上半叶，英国农业繁荣、人口增长、毛织品出口增长。黑死病之后，英国人口减少，农业萧条，养羊业发展起来，英国的毛纺织业迅速发展。英国政府通过对羊毛征收出口关税为英法百年战争提供资金。1363年，国王授予加莱特殊的贸易垄断地位，加莱成为英国羊毛出口的唯一城镇。纺织业成为英国的第一大产业。

黑死病对英国产生重大影响。黑死病是一种流行性淋巴腺鼠疫，因患者皮肤呈现有黑斑而得名。14世纪初黑死病蔓延于欧洲，中期达到高潮，并一直延续至15世纪。黑死病造成欧洲人口锐减，大约占当时欧洲总人口的四分之一到三分之一。1350年，法国国王腓力六世亦死于黑死病。1348—1349年，黑死病开始袭击英格兰，英国近三分之一的人口死于黑死病，黑死病使英法百年战争停止了两年时间。受疫情冲击，英国国内秩序混乱不堪，一些人因此认为瘟疫是上帝的怒火，他们试图做苦修来安抚愤怒的上帝，或者为瘟疫寻找替罪羊。英国人口的大量减少造成劳动力数量减少和劳动力成本增加。为了限制工资增长，1351年，地主们迫使议会制定《劳工法案》，冻结工资和物价。

1377年和1380年，政府征收人头税激起农民对特权阶级的强烈不满。《劳工法案》又限制农民工资的增长，连绵不断的英法百年战争更使农民不堪重负。1381年5月，农民起义在肯特郡和埃塞克斯郡等地爆发，起义者捣毁庄园和教堂，夺取粮食和财物，烧毁各种文契。随后，在瓦特·泰勒等的率领下进抵坎特伯雷。6月13日起义军攻入伦敦城，袭击贵族宅邸，散发其财物，处死了大法官、坎特伯雷大主教西门（萨德伯里的）和财务大臣罗伯特·黑尔斯等人，并要求与国王谈判。6月14日，英王理查二世先与埃塞克斯郡的农民谈判，15日又与泰勒率领的肯特郡起义者谈判。在谈判过程中，伦敦市长威廉·沃尔沃斯在英王授意下突然刺死泰勒，理查二世也假意应允起义者关于废除农奴制和《劳工法案》、没收教会土地分给农民和大赦起义者的要求。起义者随即回乡，但在途中遭镇压，至9月各地起义均被平息。英国的农民起义没有达到预想目的，国王的诺言也未兑现；然而，农民起义使得人们开始关注农民的困境。

约翰·威克里夫（1328—1384年）对教会的政治权力和物质财富进行了第一次正面攻击。威克里夫是英国宗教改革家，欧洲宗教改革运动的先行者。他生于约克郡，在牛津大学巴利奥尔学院学习，1372年获神学博士学位，曾任牛津大学神学教授，拉特沃思教区长。1375年在英王与教皇就缴纳教廷贡赋和授予神职问题发生争执时，他被爱德华三世委派赴布鲁日与教皇代表谈判，谈判以失败告终。于是，威克里夫撰文反对教皇权力至上，认为罗马教廷无权从英国征收贡赋及授予英国教士以神职，他要求建立脱离教廷控制并隶属于英王的民族教会，没收教会财产，分给世俗贵族。威克里夫主张简化宗教仪式，用英语代替拉丁语作礼拜，《圣经》的权威高于教会，教徒应听命于基督而不是教皇，为此，他把《圣经》从拉丁文译成英文。威克里夫的学说符合市民和骑士的利益。他的支持者被称为"威克里夫派"（罗拉德派），并一度受到王室保护。但威克里夫的学说遭到教皇和坎特伯雷大主教的谴责。1415年，康斯坦茨公会议宣布他为"异端"，并下令将其遗骸从墓中掘出焚扬丢至史威福溪中。虽然威克里夫死后仍遭到这样的对待，但是老汤姆福勒在他的教会历史里写道：他的骨灰流至亚芬河，又流至塞芬河，然后流入海峡，流入汪洋大海。就这样象征威克里夫之教义的骨灰，如今已散布至各地。

百年战争激起的反法和反教皇情绪加速了英语的传播。克雷西战役之后的三年，英国语法学校的老师们开始用英语授课。1362年，英国法庭上几乎都用英语进行辩护。1363年，英国议会议长开始用英语发表议会开幕演说。威克里夫用英语翻译了《圣经》。约翰·高尔（1330—1408年？）用英语撰写诗歌。中世纪英国最重要的诗人威廉·朗兰（《农夫皮尔斯》）和杰弗里·乔叟（《坎特伯雷故事集》）开始抨击中世纪的教会与宗教，直指现实社会与人的内心世界。

第五章 兰开斯特与约克王朝

第五章 兰开斯特与约克王朝

15世纪的英国充满暴力、阴谋，国内社会道德败坏，内战频发，政治处决时有发生。不过，15世纪的英国教育取得巨大进步，外贸日趋繁荣，议会的职能也得以加强。

1399年，兰开斯特家族博林布罗克的亨利发动贵族政变，废黜理查二世，在议会的拥戴下，自立为国王，即亨利四世（1399—1413年在位），兰开斯特王朝由此开启。亨利对王权的篡夺导致英国长达一个世纪的继承权争议。在位期间，亨利四世将大部分精力耗费在捍卫王权之上。富有政治经验的亨利四世小心谨慎地平衡着教会、贵族和议会之间的关系，只有当王权遭受威胁时，他才会采取严厉措施。

亨利四世认为，迷信是辅佐政治权威的必要工具。他决定千方百计向教士示好。要博取教会的青睐，最有效的办法莫过于满足他们报复对手的愿望。他操纵国会通过了一条制裁异端的法律。法律规定：如果异端分子故态复萌，拒绝弃绝自己的观点，就由主教或主教的代表移交给世俗武力，由世俗法官判决，在众人面前烧死。[①]1401年，亨利四世通过议会颁布"火焚异教徒"（主要是罗拉德派教徒或威克里夫派教徒）法令，法令规定凡被教会法庭宣判的顽固异教徒，应被焚死；所有异端书籍，均应销毁。伦敦圣奥斯惹学院院长威廉·萨垂在坎特伯雷教士会议上被定罪。上议院批准判决，国王颁布执行令状。这是英格兰王国第一例异端案，从此之后，这样可怕的场面越来越多，人民早已司空见惯。[②]

虽然英国议会试图控制亨利四世及其臣属，但是亨利国王极为谨慎，从未屈服于议会的控制。当议会拒绝拨付国王所需钱款时，亨利四世便向伦敦的商人借钱来支付军事开支。下议院意识到自己的重要性，开始行使先辈不曾享有的权利。亨利在位第一年，他们促成了一项法律：即使君主的生命

[①] ［英］大卫·休谟. 英国史 卷3［M］. 刘仲敬，译. 长春：吉林出版集团有限责任公司，2016：782.

[②] ［英］大卫·休谟. 英国史 卷3［M］. 刘仲敬，译. 长春：吉林出版集团有限责任公司，2016：782.

和王国的安危面临危险,任何法官也不得借口谕旨,批准任何不义的裁决。亨利在位第二年,下议院坚持惯例:请愿书得不到答复,就不批准任何补助金。亨利在位第五年,王室内廷四臣,包括国王的忏悔师,开罪于下议院,下议院要求国王罢免他们。亨利虽然回复:四臣并无罪迹,但为了让议员满意,还是接受了他们的要求。亨利在位第六年,下议院批准了国王的补助金,同时自己任命司库,监督拨款用于指定的目的,要求他们把财务账目交给下议院。亨利在位第八年,他们一致同意提出政府及内廷三十条重要规章,甚至强迫全体枢密、法官、内廷侍臣宣誓遵守规章。史事纪要显示,这一时期的国会和发言人享有不寻常的自由权利,但下议院的巨大权威只是获益于当前形势,转瞬即逝,在以后的国会中,发言人依据惯例,继续向国王直言极谏。而国王业已平定内乱,直截了当地回答,他不想引进革新,会充分运用王室特权。但总的说来,政府更清楚地意识到权力的边界,亨利比历代先王更循规蹈矩。[①]

英格兰改朝换代,引起了威尔士的叛乱。1400年起,威尔士贵族欧文·格林德伍和诺森伯兰伯爵珀西父子相继发动叛乱,国内动荡不安。1403年,他们试图以马奇伯爵取代亨利。亨利四世在什鲁斯伯里附近伏击珀西的军队,将其击败,诺森伯兰伯爵的儿子被杀。亨利四世的长子亨利(莎士比亚的"哈尔王子")平息了威尔士叛乱。1408年,皇家军队镇压了第二次珀西叛乱,诺森伯兰伯爵被杀。亨利四世君主得国不正,篡乱君统,居然凭借勇武、审慎、技巧,驯服人民于轭下,君临傲慢的贵族,实际权力超过了缺乏这些素质的合法君主。[②]

最有能力给亨利四世制造麻烦的邻国莫过于苏格兰,苏格兰国王罗伯特三世资质庸弱。当时苏格兰形势比英格兰更为动荡,罗伯特的弟弟奥尔班尼公爵更有能力,执掌政务。他不满足现有的权威,居心叵测,意图灭绝国王

---

① [英]大卫·休谟. 英国史 卷3[M]. 刘仲敬, 译. 长春:吉林出版集团有限责任公司, 2016:791-792.

② [英]大卫·休谟. 英国史 卷3[M]. 刘仲敬, 译. 吉林出版集团有限责任公司, 2016:789.

的嫡裔，以小宗僭据王统，公爵将王室嫡长子大卫投入监狱，饿死在那里。大卫的弟弟詹姆斯成为僭主与王冕之间的唯一障碍，罗伯特国王知道儿子处境危险，送他登舟赴法兰西，托付给友邦保护，不幸船只被英国人掳获，九岁的詹姆斯王子被送往伦敦。虽然当时两国已经休战，但亨利拒绝释放王子。罗伯特不久就去世了，政权落入奥尔班尼公爵之手。亨利清楚手中人质的重要性，只要王子在英国人手中，奥尔班尼公爵就会依附英国，如果他轻举妄动，正统继承人复辟，篡位者必定惨遭报复。国王虽然把詹姆斯扣留在英国宫廷中，说明自己多少缺乏慷慨恢宏的气概，但还是作了丰厚的补偿。詹姆斯在英国受到良好的教育，因此，他后来登基时才能多多少少改变祖国粗率野蛮的风俗。[①]

亨利四世晚年身体疲惫不堪，疾病缠身，从1409年起，由亨利王子代理国事。他排除异己，卷入法国内战，这迫使亨利四世于1412年再度亲政。1413年，亨利四世病逝，亨利王子继位，即亨利五世。

亨利五世（1413—1422年在位）登基后，并不像其父那样谨慎小心，他数次镇压国内叛乱，大大加强了王权。在亨利五世看来，异教徒罗拉德派要比威尔士和苏格兰的叛乱更危险。1414年，亨利五世镇压罗拉德派的密谋，将罗拉德派的新领袖约翰·奥尔德卡斯尔爵士关进监狱，后来约翰·奥尔德卡斯尔爵士被宣判为异教徒，处以火刑。

亨利五世的脸形椭圆，鼻子挺直，脸色红润，黑发平顺，双眼炯炯有神，未受到挑衅时柔顺如鸽，但愤怒时有如雄狮；他的身躯修长，然而骨骼匀称，体格强壮而手脚灵活。他的性情温和，有骑士风度，并且公正。在宿仇与争斗使得英格兰疲惫不堪、渴望统一与盛名之际，他登上了王位。他领导国家远离内部的不和而到国外进行征服，有着领导所有西欧国家拥护十字军的梦想。[②]1415年，亨利五世重新发动英法百年战争。他率军在诺曼底登

---

① ［英］大卫·休谟. 英国史 卷3［M］. 刘仲敬，译. 吉林出版集团有限责任公司，2016：789-790.

② ［英］温斯顿·丘吉尔. 丘吉尔论民主国家 大不列颠的诞生［M］. 上海：上海三联书店，2017：312.

陆，攻占阿夫勒尔，取得阿金库尔战役大捷。阿金库尔战役是英格兰曾经打过的陆战方面排名最前的英勇一役。[1]1416年，神圣罗马帝国皇帝西格斯蒙德巡视伦敦，努力促成亨利与法兰西国王的和约。但是接下来又发生旷日持久且所费不菲的军事攻势与围城，这些战事远非这个岛屿的资源能够负担，因而使英格兰崇尚军事的热情逐渐冷却下来。1417年，有一次越过英吉利海峡的大型长征，英格兰在长期的艰困围城之后攻下了卡昂，而法兰西在诺曼底的每个据点在接下来的几年中逐一被征服。[2]1420年5月，亨利五世迫使法王查理六世接受《特鲁瓦条约》，该条约确认在理查六世死后，他为法国王位继承人，在未死期间则是法国摄政王，英格兰国王借法兰西人的会议着手政务，并且保留所有的古代习俗，诺曼底的主权全属于他，在他登上法兰西王座时，诺曼底会与法兰西重新结为一体。亨利五世被赐以"英格兰国王与法兰西继承人"的封号，为了完成并且巩固这些成果，同意迎娶查理六世之女卡特琳（瓦卢瓦的）为妻。亨利五世对法战争的胜利标志着英国在百年战争中的胜利达到最高潮，为英国赢得巨大的军事荣耀。亨利五世被称作"英格兰最伟大的君主"。英国历史学家威廉·斯塔布斯这样评价亨利五世，他说："再没有哪位统治天下的君主能够赢得当代作家如此一致的赞美。他信教甚笃，生活纯洁、为人温和、度量很大、用心良苦、慈悲为怀、讲求真实、知道廉耻；言语谨慎、深谋远虑、精于判断、表现谦恭、行为慷慨。他是一位杰出的战士、干练的外交家、能组织与领导所有部队的指挥官，又是英格兰海军的重建者，是军事、国际与海事法的创立者。他是一位真正的英格兰人，拥有金雀花王朝历代祖先的所有伟大，而毫无他们的过失。"1422年8月31日，亨利五世因患痢疾在法国万塞讷去世。

亨利六世（1422—1461年和1470—1471年在位）是英王亨利五世与王后卡特琳（瓦卢瓦的）的独子。他是兰开斯特王朝最后一位君主。他未满周岁

---

[1]　[英]温斯顿·丘吉尔. 丘吉尔论民主国家 大不列颠的诞生[M]. 上海：上海三联书店，2017：315.

[2]　[英]温斯顿·丘吉尔. 丘吉尔论民主国家 大不列颠的诞生[M]. 上海：上海三联书店，2017：318.

继位，没有继承其父充沛的精力和难得的天赋，却遗传了其祖父法王查理六世的疯狂，患有精神疾病。曾充任亨利六世忏悔神父的约翰·布莱克曼这样描述亨利六世：亨利的勤俭美德不亚于一个托钵僧；他高雅脱俗，笃信基督，慷慨大度。他总是穿一双圆头鞋或者圆头靴，像个农民；穿一件长袍，包一块头巾像个小市民。

在亨利六世统治前期，由他的两个叔叔萨默塞特公爵埃德蒙·博福特和格洛斯特公爵汉弗莱摄政，两人代替亨利六世指挥英国对法国的战争。1431年，根据《特鲁瓦条约》，亨利六世在巴黎加冕为法国国王。

资质平庸且患有精神疾病的亨利六世根本无法有效治理国家，王权衰落，各贵族派别争权夺利，内乱不断。在亨利六世统治时期，英国在法国的领地及亨利五世所赢得的版图几乎丧失殆尽。1445年，亨利六世娶了安茹的玛格丽特，玛格丽特王后野心勃勃，试图掌控国家权力，而亨利六世除了关心宗教和喜欢读书之外，完全没有表现出作为国王所应有的能力。1450年，肯特郡的杰克·凯德发动叛乱，以此表达贵族和自耕农的不满。他向亨利提出一系列要求，比如能够自由地选举骑士进入议会等，这些要求被称为"肯特贫民窟投诉"。除了杰克·凯德，惊慌失措的政府赦免了叛军，他最终被捕并被杀害。尽管叛乱最终失败，凯德也被杀害，却开启了混乱的玫瑰战争时期。[①]1453年，亨利六世精神病发作，约克公爵理查代理国事。1455年，亨利六世病情好转，他重新起用理查的政敌萨默塞特公爵埃德蒙·博福特，这导致兰开斯特家族与约克家族之间关系日趋紧张，英国政治派系之争爆发。

一、玫瑰战争（1455—1485年）

英法百年战争（1453年）结束后，由于贵族的内讧与国王的软弱无能，英国两个拥有私人军队的大家族——地处英国东南部的约克家族与执掌王权的兰开斯特家族在接下来的30年里为争夺王位而相互争斗，英国陷入一场内战。约克家族以白玫瑰为象征，兰开斯特家族以红玫瑰为象征（尽管兰开斯

---

① ［美］詹姆斯·特拉斯洛·亚当斯. 缔造大英帝国 从史前时代到北美十三州独立[M]. 桂林：广西师范大学出版社，2019：140.

特家族的象征直到战争结束之后才被启用)。当时并未以"玫瑰战争"称呼这场战争,直到16世纪,莎士比亚在历史剧《亨利六世》中以两朵玫瑰指代交战的双方,这一称谓才流传下来。莎士比亚《亨利六世》中用一个非常令人难忘的场景来象征两个家族的对立:约克公爵摘了一朵白玫瑰作为其家族的象征,萨默塞特伯爵摘了一朵红玫瑰作为其家族的标志。根据这个场景,瓦尔特·司各特爵士把这期间发生的一系列战争称为"玫瑰战争",但那个场景是个虚构的场景。[①] 经过玫瑰战争,英国的贵族势力被大大削弱。

导致玫瑰战争的起因不在于两个家族在国家治理方面有什么分歧,而在于亨利六世的懦弱和无能。英国国内法律和秩序的崩溃、英国在法国的耻辱性失败、不受欢迎的玛格丽特王后以及飞扬跋扈的亨利六世的宠臣萨默塞特公爵埃德蒙·博福特,这使得贵族阶层对英国王室更加不满。

直到1453年,亨利六世都无子嗣,此时最有资格继承王位的是爱德华三世的孙子约克公爵理查德,当时约克公爵是仅次于国王的最大贵族。1453年,亨利六世和玛格丽特王后生下一子即兰开斯特的爱德华,这使得王位继承问题变得更加复杂。国王的精神病经常会复发,丧失行为能力,英国议会上议院便任命约克公爵为护国公,代理国事。约克公爵把亨利六世囚禁在萨默塞特的伦敦塔中。1455年,亨利六世病情好转,在玛格丽特王后的帮助下,将约克公爵及其支持者驱逐出权力中心,重新启用从监狱中释放的约克公爵的老对手萨默塞特公爵埃德蒙·博福特,政治上强势的玛格丽特王后成为兰开斯特派系的实际领袖。遭受挫败的约克公爵最终决定诉诸武力,兰开斯特家族与约克家族之间的玫瑰战争爆发。

约克身边的贵族们都同意诉诸武力,带了三千人马向南行军;与此同时,诺福克公爵率领数千名约克派人士出现,索尔兹伯里与托马斯·斯坦利爵士也另外率领了几千人助阵。所有兵力朝向伦敦移动,以圣奥尔本斯为集合地点。国王、王后、萨默塞特、朝廷与兰开斯特党,以及为数不到三千人

---

① [美]罗伯茨,[美]比松. 英国史 上 史前—1714年[M]. 北京:商务印书馆,2013:232.

的兵力，向沃特福德移动，前往迎战。①

玫瑰战争大多由小规模战争组成，贵族及其私人雇佣兵构成王朝争斗的主体。除短暂的间歇时期，约克家族几乎控制整个战争时期的英国政府，约克公爵理查的儿子爱德华四世成为约克家族的三个国王中的首位国王。

1455年，打着"清君侧"旗号的约克公爵在第一次圣奥尔本斯战役中击败亨利六世的军队，玫瑰战争从此开始。萨默塞特公爵埃德蒙·博福特战死。"萨默塞特与克利福德的尸体暴露在街上好几个时辰，没有人敢去埋葬他们，约克派大获全胜，他们现在将国王控制在手中。"②国王中箭被俘虏，亨利六世只好允许约克公爵理查重新宣誓效忠于他，约克公爵重新担任摄政王，约克家族和兰开斯特家族暂时和解。但很快，双方矛盾又起，导火线是亨利六世和玛格丽特的儿子兰开斯特的爱德华还是约克公爵将继承王位，玛格丽特王后拒绝接受任何剥夺她儿子继承权的方案。1459年，兰开斯特家族在路孚德桥战役中大败约克家族，公爵逃到爱尔兰，他的儿子、约克的继承人爱德华（后来的爱德华四世）及索尔兹伯里伯爵及其子沃里克伯爵逃至加莱。1460年，加莱的约克派军队卷土重来，沃里克伯爵理查·内维尔带领军队，在北安普敦战役击败王室军队，俘虏了亨利六世。"亨利六世掘壕固守，用新的大炮防卫着他的阵线，但是当约克派进攻时，指挥侧翼的格雷·鲁司文勋爵弃国王于不顾，并且帮助约克派越过壕沟。王室部队惊慌逃窜，国王亨利六世留在营帐中'孤单地坐着'。"③约克公爵这次没有选择和解，要求取代亨利六世成为国王。格列高利的《编年史》说："约克公爵用武力与实力将国王亨利六世留置在威斯敏斯特宫，直到国王因为怕死而将王

---

① ［英］温斯顿·丘吉尔. 丘吉尔论民主国家 大不列颠的诞生［M］. 上海：上海三联书店，2017：342.

② ［英］温斯顿·丘吉尔. 丘吉尔论民主国家 大不列颠的诞生［M］. 上海：上海三联书店，2017：343.

③ ［英］温斯顿·丘吉尔. 丘吉尔论民主国家 大不列颠的诞生［M］. 上海：上海三联书店，2017：344.

权授给他，因为一个只有少许智力的人只知道怕死。"①这一要求被玛格丽特王后和议会拒绝。

1460年12月，玛格丽特率领的兰开斯特军队在法国支持下，在韦克菲尔德战役中击溃仓促应战的约克军队，"兰开斯特派挟着优势兵力出其不意地突袭约克派，许多人当时正在搜索粮草，结果受到惊吓而溃败，遭到屠杀。数百人遭到杀戮，但是首领们首当其冲，没有任何人被饶恕。约克公爵被杀，他的儿子拉特兰伯爵当时十七岁，正在逃命，但是新的克利福德勋爵记起了圣奥尔本斯之役，便兴冲冲地将他给杀了，同时大呼'凭着上帝的血，你的父亲杀了我的父亲，所以我将杀掉你与你所有的亲属'，此后这就成了战争规则。老索尔兹伯里伯爵在夜晚被捕，被白金汉公爵的私生子埃克塞特勋爵斩首。"②三位约克贵族的头颅挂在约克的城门及城墙上示众，约克公爵的首级还被戴上一顶纸质王冠以示羞辱。

1461年，大获全胜的王军在伦敦周围的赫特福德郡和米德塞克斯疯狂的劫掠造成民怨沸腾，约克公爵的长子爱德华趁机进入伦敦，自立为国王，即爱德华四世，并得到议会认可。1461年3月4日更在威斯敏斯特以史无前例的诸多仪式昭告天下；仪式完成后，他宣布另外一方犯了叛国罪，将对他们施以惩罚。③随后，爱德华四世和其表兄沃里克伯爵率军北上，在约克附近的陶顿与兰开斯特军队展开决战。陶顿战役是玫瑰战争中规模最大的一次战役，据估计双方参战人员达到4—8万人，其中超过2万人在战役中（和之后）被屠杀，创造英格兰历史上单日死亡人数的最高纪录，被称为"英国土地上最血腥的战斗"。结果王军大败，兰开斯特家族几乎灭亡，要么被杀，要么投降，亨利六世和王后逃到苏格兰，在那里生活了10年。兰开斯特贵族与骑士的许多精英横卧沙场，所有的俘虏一律处死。爱德华到达约克镇的时候，所

---

① ［英］温斯顿·丘吉尔. 丘吉尔论民主国家 大不列颠的诞生［M］. 上海：上海三联书店，2017：345.

② ［英］温斯顿·丘吉尔. 丘吉尔论民主国家 大不列颠的诞生［M］. 上海：上海三联书店，2017：345.

③ ［英］温斯顿·丘吉尔. 丘吉尔论民主国家 大不列颠的诞生［M］. 上海：上海三联书店，2017：348.

第五章　兰开斯特与约克王朝

做的第一件事便是将父亲的头颅与被玛格丽特杀害的其他人的头颅移走,以那些贵族的人头代替,悬起来示众。1461年6月28日,他在威斯敏斯特加冕成为国王,约克派似乎大获全胜。接下来便是褫夺公权与没收整批的财产。议会在1461年11月通过了一项公权褫夺法,这项法令超过了以前所有的严酷法令,横扫一切,一举肃清一百三十三位著名人士;不仅王位,连英格兰三分之一的产业都易手了。[①]兰开斯特王朝62年的统治结束了。

在很大程度上,爱德华四世的王位应该归功于他的侄子沃里克伯爵。1464年爱德华不顾沃里克伯爵的反对,秘密与来住的一个并不高贵家族的里弗斯伯爵理查·伍德维尔之女伊丽莎白·伍德维尔成婚,并重用伍德维尔家族成员,爱德华对她的父亲及五个兄弟、七个姐妹都给予了特权,疏远了沃里克伯爵。[②]1467年,爱德华四世与法王的政敌勃艮第公爵联合,并于次年将其妹玛格丽特嫁与勃艮第公爵查理(大胆的),沃里克伯爵极为不满,转而反对爱德华四世。1469年,沃里克伯爵与法王路易十一支持的兰开斯特派势力在埃奇科特打败约克党军队,扣押了国王。忠于国王的军队很快前来解救,沃里克伯爵被迫逃离英国。1470年,沃里克伯爵联合玛格丽特王后出兵入侵英格兰,向伦敦进军,成功救出亨利六世,爱德华四世逃往弗兰德斯,亨利六世复位。1471年,爱德华四世在勃艮第公爵的帮助下重回英格兰,并在巴内特战役中击溃兰开斯特军队,沃里克伯爵战死。一个月后,爱德华在图克斯伯里打败玛格丽特女王的军队,王后被俘,她儿子兰开斯特王朝的王位继承人爱德华王子被杀。5月14日,亨利六世在伦敦塔中被谋杀。至此,兰开斯特家族的统治彻底终结。

对于玫瑰战争,绝大部分普通老百姓是冷眼旁观的,甚至伦敦也保持中立。战争掠夺和破坏了很多财产,但普通民众很少因此丧命,甚至商贸也基本一如既往。不过,对于贵族而言就完全不一样了。贵族阶层,这些早已对

---

① [英]温斯顿·丘吉尔. 丘吉尔论民主国家 大不列颠的诞生[M]. 上海:上海三联书店,2017:350.

② [美]罗伯茨,[美]比松. 英国史 上 史前—1714年[M]. 北京:商务印书馆,2013:235.

国家毫无益处且只会带来伤害的群体，其中的一大部分由此陨落。他们自私自利，并阻碍了王权的巩固。不过幸运的是，王朝更替并不是由民众所导致的血腥革命来完成的，而是由统治者内部精神错乱式的自相残杀来完成——尽管这个更替还远未能够彻底完成。[①]

爱德华四世上位后，重振王权。他通过国王谘议会、王室总管、秘书处和宫廷来强化权力，在谘议会里，他更多地启用骑士、法官、军官和律师，而较少地启用那些权贵。而谘议会就成为一个由可信任的人所组成的机构，他们依赖国王，对其提建议并执行他的命令，使中世纪失去的一些司法权力得到恢复，从14世纪开始，谘议会就授予星室法庭司法权，现在的不同之处是强势的国王将该法庭用在镇压暴力，通过罚款或监督的方式。然而在日常管理中比谘议会更重要的是王室，尤其是王室总管，爱德华四世通过王室总管管理他的王室土地，从而就不用经过中世纪度支部的麻烦程序。爱德华四世还延伸了秘书的作用，秘书通常都是谘议会里的一个成员，处理各种信件，并寄发盖有国王御玺的公文。然而，爱德华四世很清楚一个政府不应仅限于星室法庭依照公文颁布的法令和命令。他追求的是自己及宫廷的崇高地位，并以此来加强官方支配下的王权。[②]

1483年，爱德华四世患病而死，其12岁的长子继位，史称爱德华五世。爱德华四世的弟弟格洛斯特公爵理查被任命为护国公，享摄政权。没想到，格洛斯特公爵理查野心勃勃，觊觎王权已久。他迅速行动，铲除了爱德华四世遗孀伊丽莎白·伍德维尔的家族势力，将未加冕的爱德华五世和其弟理查囚禁在伦敦塔中。理查谎称爱德华五世为非婚生子，而自己才是王位的合法继承人。7月6日，理查加冕为国王，是为理查三世（1483—1485年在位）。此后不久，两位王子在伦敦塔中被谋杀。

理查三世自立为王引起国内局势动荡。1483年，白金汉公爵密谋由里奇

[①] [美]詹姆斯·特拉斯洛·亚当斯. 缔造大英帝国 从史前时代到北美十三州独立[M]. 桂林：广西师范大学出版社，2019：141.

[②] [美]罗伯茨，[美]比松. 英国史 上 史前—1714年[M]. 北京：商务印书馆，2013：239.

蒙伯爵亨利·都铎（即后来的亨利七世）取代理查三世，因为亨利·都铎的父亲是亨利六世的同母异父兄弟。但计划失败，白金汉公爵被处决，其余的阴谋者被流放。1485年8月，在法国国王路易十一的支持下，亲兰开斯特家族的里奇蒙伯爵亨利·都铎率军从法国进攻英格兰。亨利和理查的军队在博斯沃思战场相遇，理查三世亲自上阵杀敌，果敢勇猛。然而，因属下几名大贵族临阵倒戈，尤其是史坦利勋爵的倒戈使战局急转直下，理查三世战败被杀。亨利·都铎继位，即亨利七世。至此，约克王朝终结，都铎王朝开启。亨利通过迎娶爱德华四世的女儿约克的伊丽莎白统一了两个王族，把红玫瑰和白玫瑰这两个对立的符号合并到红白都铎玫瑰的徽章中，玫瑰战争就此结束。

玫瑰战争中，贵族们遭受重大伤亡，许多贵族领袖都因玫瑰战争而死。战争也削弱了贵族权力，耗尽了贵族财富。与此同时，玫瑰战争使国王和市民更加紧密地团结在一起，共同反对他们的对手——封建贵族。

二、15世纪的英格兰

15世纪，英国一系列王朝战争在一定程度上掩盖了其他方面的发展。这一时期，是英国由中世纪向文艺复兴过渡的时期。这一时期王朝政治的败坏与衰退对其他方面的影响并没有想象中的那么大。

在经济方面，15世纪英国羊毛的出口量下降，毛料的生产和出口增加，英国开始寻找新的海外市场，参与海外贸易的商船数量不断增加。与此同时，英国的贸易组织如商业公司也开始蓬勃发展。在爱德华四世统治期间，英国皇室投入巨额金钱以促进英国商业的发展。随着商业的不断发展，城市商人和乡绅的数量不断增加，他们在英国政府中的影响力也不断扩大。其中，乡绅逐渐成为食利阶层，他们不再耕种土地，将土地租给新兴的小农场主和自耕农阶层——这个阶层后来被称为英格兰的"脊梁"。在这个世纪，英国的商人们也在尽力摆脱商业公会的限制，他们在国内和国际贸易中不断寻求国王的支持。

15世纪英国教育也有很大发展，新建了约200所文法学校，其中包括亨利六世于1440年建立的伊顿公学。亨利六世还创建了剑桥大学的国王学院，其妻创办了女王学院。另外，剑桥另外六所学院也在15世纪建立起来的。在伦敦，13世纪建立的著名的律师学院此时成为英国著名的法律培训中心。

学术的复兴在英国要比在欧洲大陆来得晚，部分原因在于英国玫瑰战争导致王朝内部混乱，出现无政府状态。1477年，在爱德华四世的资助下，威廉·卡克斯顿在英国建立第一家印刷厂。与意大利文艺复兴时期的世俗主义相反，15世纪的英国人仍然以阅读涉及道德或半宗教主题的作品为主。

在诗歌方面，15世纪英国最为著名的作家当属杰弗里·乔叟，其代表作为《坎特伯雷故事集》。他的作品一方面反封建、反教会，另一方面又对刚刚产生的资本主义的金钱利害关系进行了无情揭露。他也是第一位使用英语创作的宫廷作家。他首创的英雄双韵体为以后的英国诗人所广泛采用，被誉为"英国诗歌之父"。乔叟的几个学生在诗歌方面也取得巨大成就，但他们的成就仍不及他们的老师。其中，约翰·利德盖特约于1420年写作《底比斯的故事和特洛伊书》。托马斯·奥克克利夫约于1411年写作《对谈》和《论君主制政府》。

在散文方面，15世纪英国最为著名的散文当属《帕斯顿信札》。《帕斯顿信札》是诺福克的帕斯顿家族三代人信札的集合，记录了帕斯顿家族从一个卑微农夫的发迹到走向辉煌世族的过程，为我们了解"玫瑰战争"前后英国社会历史提供了异常丰富而深刻的历史和社会文献。1469年，托马斯·马罗里爵士写了《亚瑟王之死》。马洛里出生于优渥的英格兰士绅家庭，25岁受封骑士，29岁当选沃里克郡国会议员，之后几度陷入金雀花王朝的政治博弈以及玫瑰战争中，经历多次牢狱颠沛后，他开始专心撰写《亚瑟王之死》。1470年3月，他在伦敦监狱完成手稿，隔年3月身故。在《亚瑟王之死》这本书中，他用英语重述了亚瑟王和圆桌骑士的传奇故事，这本书既是对英国历史上最伟大的君主传奇事迹的记录，也是对当时国内政治衰败的警示，希望当权者能够重新回归亚瑟王朝的霸权地位。

15世纪最为重要的两位法律和政治哲学作家是约翰·福蒂斯库爵士（约1394—1476年）和托马斯·利特尔顿爵士（1407—1481年）。王室法庭首席法官福蒂斯库的《英格兰法礼赞》一书显示了他对英国普通法的精通，这部作品是福蒂斯库晚年的一部作品，这部作品与半个世纪后的马基雅维利的《君主论》有着极为相似之处，它们在一定程度上都是"君王策"，都是关于君主教育的政治理论作品。在《英格兰法礼赞》中，福蒂斯库模拟了一位"大法官"与王子的对话，围绕15个问题，对王子进行了一次系统的英格兰法教育，利特尔顿则是以财产和物权法方面的经典论文而闻名。

在法庭和议会方面，15世纪英国最为显著的特点是人们目无法纪和蔑视权威。这逐渐破坏了英国正义的进程：随着国王失去权力，王室法官也失去权威；治安法官们受到地方领主及其扈从的贿赂和恐吓；人们可以通过购买或贿赂成为陪审员；而郡守们通常不过是地方豪强的代理人。贵族们也试图以议会作为实现他们利益的工具。15世纪的议会是英国的最高法庭。下议院完全成为一个独立实体。1429年的立法通过将投票权限制在财产收入至少40先令的土地所有人身上，从郡县中选举议员成为这些有产者的特权。英国的下议院继续控制税收的权力以及享有向国王请愿的权力。随着中产阶级的数量和实力的不断增强，英国下议院的影响力也在不断扩大。

15世纪，英国国王顾问委员会的成员和权力发生很大变化。亨利五世在位期间，国王只有一小群密友。在亨利六世统治下，国王顾问委员会则由上议院选出的贵族们控制。在爱德华四世统治时期，由于真正的权力掌握在国王和他的顾问（即沃里克伯爵）手中，国王顾问委员会基本上成为执行机构，几乎没有什么影响力。总而言之，15世纪的英国缺乏强有力的"国家治理能力"，而这一能力的加强则由都铎王朝来实现。

三、1066—1485年间苏格兰的历史

直到18世纪的《联合法案（1707年）》，苏格兰才与英格兰正式合并。在此之前，历代英格兰国王都极为关注苏格兰问题。

尽管大多数苏格兰人有着凯尔特的血统和背景，但是苏格兰的政府形式和语言方式却来自英格兰的撒克逊人和诺曼人，而不是来自爱尔兰和威尔士人。在低地地区（东南地区），诺曼贵族建立了封建制度，苏格兰沿用了

英格兰法律。在北部地区，苏格兰高地人从未接受过改良后的英格兰社会制度，直到1745年，他们基本延续了本土部落的法律和习俗。

11世纪初，马尔科姆二世统一苏格兰。1034年，在位近30年的国王马尔科姆二世去世，其外孙邓肯一世继位。1040年，在与麦克白的交战中，邓肯一世被杀，麦克白以王室后裔身份继任苏格兰国王。1057年，麦克白的统治被邓肯一世之子马尔科姆三世推翻。1066年，诺曼人征服英格兰，马尔科姆三世于1072年被迫向英格兰国王威廉一世（征服者）表示效忠，送长子到英王宫为人质。不过，随后他又拒绝臣服，还曾五次入侵英格兰北部。1092年，马尔科姆三世曾出访英格兰，但未能改善两国间的紧张关系。1093年，他最后一次入侵英格兰，在诺森伯里亚的埃伦威克兵败被杀。至1290年，苏格兰国王均为马尔科姆三世的后代。

马尔科姆三世死后，苏格兰经历一段动荡时期，直到大卫一世恢复苏格兰的统治秩序。1136年起，大卫一世长期卷入英格兰的王位继承战争，他支持其外甥女玛蒂尔达（亨利一世之女）对英王斯蒂芬作战。1138年8月，他在斯坦德战役（即旗标战役）中战败。次年，苏格兰与英格兰签订《达勒姆条约》。虽然战败，但是大卫一世仍然保留了自己在英格兰北部的权力。依据《达勒姆条约》，大卫一世获得坎伯兰（坎布里亚）和诺森伯兰（诺森伯里亚）大部分地区。英王斯蒂芬死后，亨利二世即位，开始安茹王朝（又称金雀花王朝）的统治。1149年，英王亨利二世又确认大卫一世对诺森伯兰的领有权。在亨利二世诸子叛乱之中，苏格兰国王威廉一世（狮子）于1173年与法王路易七世联合支持英王亨利二世诸子反对其父。1174年7月，威廉一世领兵侵入英格兰北部的诺森伯兰地区时，在阿尼克附近战败被英军俘虏。同年12月，威廉一世在诺曼底的法莱斯与英格兰签订《法莱斯条约》，他同意率苏格兰僧俗贵族效忠于英王，承认英王对苏格兰的宗主权，并同意让出一批城堡。1189年英王理查一世（狮心王）废止《法莱斯条约》，苏格兰恢复独立地位。之后，苏格兰国王威廉一世（狮子）之子亚历山大二世（1214—1249年在位）和亚历山大二世的儿子亚历山大三世（1249—1286年在位）的统治为苏格兰带来长期的和平与繁荣，尤其是在亚历山大三世统治期间，他基本上排除了英格兰的干涉，国家稳定繁荣，其统治时期被称为"黄金时代"。

亚历山大三世的儿子早夭，王位继承权转归其外孙女、挪威国王埃里克二世之女玛格丽特。此后，苏格兰王位的继承权出现争议，苏格兰陷入夺取王位的动荡之中。英格兰国王爱德华一世宣称他对苏格兰的统治权，并将王位授予约翰·巴利奥尔（1292—1296年在位）。

苏格兰国王约翰对于处在英国宗主国的统治下表示不满。1293年，约翰国王在处理法夫伯爵麦克达夫案件时与英王发生分歧，被爱德华一世召至英格兰质询，两国关系开始恶化。1294年6月，爱德华一世要求苏格兰出兵参加反对法国的加斯科涅战争，但约翰国王却与法国结盟，于1295年双方签订相互支援条约，苏格兰宣布放弃对爱德华一世的效忠，由此开始了三百年的苏格兰与法国的结盟时期。1296年初，苏格兰军队袭击英格兰北部，拒绝承认英格兰的宗主权。爱德华一世即率军入侵，连陷苏格兰数城。邓巴战役后，约翰国王被迫在苏格兰中部东海岸的蒙特罗斯宣布放弃王位，并被当众剥去随身佩戴的武器，备受凌辱。爱德华一世在废黜约翰国王的王位之后专门派遣英格兰政府官员来统治苏格兰。

1297年，苏格兰爱国者、民族英雄、苏格兰独立战争领导人威廉·华莱士揭开了苏格兰独立战争的序幕。他在苏格兰与英军展开游击战，召集由平民和小贵族、小地产所有者组成的军队在斯特林桥打败英军，将英军基本上逐出苏格兰。次年，华莱士被爱德华一世击败，苏格兰人向英国投降。1305年，华莱士被英军俘获并以反叛罪被绞死。

罗伯特·布鲁斯（1306—1329年在位）的祖父系第六代布鲁斯的罗伯特（1210—1295年），曾于1290年与约翰（巴利奥尔的）等人争夺苏格兰的王位继承权。1306年，罗伯特·布鲁斯在斯昆加冕为苏格兰国王，称罗伯特一世。他组建军队准备攻打爱德华一世。然而，爱德华一世国王在出征途中死去。1314年英王爱德华二世带军北上在班诺克本与布鲁斯相遇。布鲁斯赢得这场战役的胜利，把英军基本上驱逐出苏格兰，为赢得民族独立打下基础。1315年4月，苏格兰议会一致同意布鲁斯家族对苏格兰王位的拥有权。1328

年，布鲁斯与英格兰达成《北安普敦条约》，英王承认布鲁斯在苏格兰的王权，放弃对苏格兰的宗主权要求，允许苏格兰脱离英格兰。

14世纪，苏格兰王位的争夺主要发生在约翰·巴利奥尔的儿子爱德华·巴利奥尔和罗伯特·布鲁斯的儿子大卫二世之间。英王爱德华三世支持爱德华·巴利奥尔争夺王位，但是篡夺王权的行动失败，爱德华·巴利奥尔被大卫二世驱逐，逃至英格兰避难。1333年，英格兰爱德华三世在哈里顿山战役中打败苏格兰人，爱德华·巴利奥尔登上苏格兰王位，大卫二世流亡到法国。爱德华·巴利奥尔对爱德华三世国王表示效忠，却遭到苏格兰人的抗议。英法百年战争爆发后，大卫二世于1341年回国复位。在法国的帮助下，苏格兰和英格兰之间的战争断断续续地持续了20年。1346年，大卫二世入侵英格兰，在内维尔十字路口战役中被俘，并一直被囚禁在伦敦。根据1357年的《贝里克条约》，苏格兰以10万英镑赎回大卫二世。他一直统治苏格兰至1371年。

14世纪末，斯图亚特家族与其对手发生一系列争夺王位的斗争。这场斗争与南部英格兰发生的玫瑰战争极为相似。罗伯特二世（1371—1390年在位）继大卫二世之后成为苏格兰国王，并成为苏格兰斯图亚特王朝的开国元勋。他与英格兰的冈特的约翰签订休战协议，开始了他在苏格兰的统治。1385年，苏格兰与法国结盟，理查二世入侵苏格兰。1388年，苏格兰军队在诺森伯兰的奥特本战役中打败英军，阻止了英军入侵。

罗伯特三世（1390—1406年在位）是罗伯特二世的长子。由于身体残疾，罗伯特三世的统治不很稳固，真正的权力掌控在国王的兄弟奥尔巴尼公爵手中。1399年，罗伯特三世将苏格兰的统治权交给其长子罗思赛公爵大卫，但是大卫与奥尔巴尼公爵不和，被后者囚禁在福克兰，最终被活活饿死。罗伯特三世死后，奥尔巴尼公爵成为苏格兰的摄政王。

1406年罗伯特三世将他最小的儿子詹姆士送往法国，以免遭他的兄弟、当权的奥尔巴尼公爵罗伯特暗害，但詹姆士在途中被英格兰军队截获，罗伯特三世闻讯后死去，詹姆士成为名义上的苏格兰国王，称詹姆士一世（1406—1437年在位）。詹姆士一世被英王亨利四世囚禁了近十年。在囚禁期间，詹姆士一世接受了良好教育。1424年，詹姆斯一世从英格兰回到苏格兰，亲政后大力加强王权，镇压反叛贵族。他引入英国成文法并改革苏格兰的司法制度。在经济方面，詹姆士一世颁布法律，限制贵金属外流，促进了苏格兰经济的发展。詹姆士一世在位期间，苏格兰的关税收入和王室土地总收入均成倍增长。在英法百年战争中，苏格兰支持法国。1437年詹姆士一世的改革措施招致苏格兰贵族的怨恨，最终詹姆士一世被罗伯特·格雷厄姆爵士谋杀。

詹姆斯二世（1437—1460年在位）继承苏格兰王位时只有7岁，苏格兰的实权一直控制在一些摄政王手中，直至1449年他才在道格拉斯家族的帮助下掌控王权。随后在斯图亚特家族和道格拉斯家族之间的内战中，斯图亚特家族获胜。在詹姆斯二世统治下，苏格兰再次实现国内和平与繁荣。詹姆士二世对苏格兰的土地所有权和司法管理方面进行重要改革。在对外关系上，詹姆士二世奉行传统的联法反英政策，在英格兰玫瑰战争中支持兰开斯特家族。1460年，詹姆士二世在围攻罗克斯堡时被一门意外爆炸的大炮炸死。

1474年，英王爱德华四世终于发现他支持道格拉斯家族反对斯图亚特家族完全是徒劳之举，英格兰遂与苏格兰达成和平协议。苏格兰詹姆士三世（1460—1488年在位）与英王理查三世休战，从而巩固了他在苏格兰的统治权。然而，随着詹姆士三世权力的日益增长，苏格兰国内的贵族开始反叛，于1488年将其谋杀。詹姆士三世的儿子詹姆斯四世主要与英格兰都铎王朝的两位国王打交道。

第六章　早期都铎王朝和宗教改革

第六章　早期都铎王朝和宗教改革

亨利七世和亨利八世重建并巩固了英国的君主制政体，强大的王权成为英国日益增长的民族自我意识觉醒的重要象征，因为它保证了英格兰的和平与安全，而这恰恰是英格兰在15世纪最缺乏的东西。与此同时，英国高涨的民族主义情感又进一步促进英国宗教的重新觉醒。宗教问题是亨利八世、爱德华六世和玛丽统治时期的重要问题。

一、亨利七世

亨利·都铎面临着恢复国家秩序和强化王权的双重任务。在位期间，亨利的内政和外交政策都取得重要成就，这使亨利七世成为自爱德华一世以来英国最有成就的君主。

亨利七世是英格兰都铎王朝的第一代国王（1485—1509年在位）。他的外祖父属于兰开斯特家族，他的母亲可以追溯到兰开斯特的约翰冈特（爱德华三世的小儿子）。1485年10月，他加冕为国王，建立都铎王朝，英国议会把亨利·都铎视为从暴君手中拯救黎民百姓的第二位约书亚（继摩西之后的犹太国王），并通过法令确认英格兰的王位由亨利·都铎及其子孙世代相传。随后亨利在威斯敏斯特大教堂迎娶了爱德华四世的长女约克的伊丽莎白，亨利七世宣布约克和兰开斯特两大家族合并，从而与约克家族缓和了关系，玫瑰战争结束。

亨利七世大力加强君主专制，改组御前会议，用新成立的枢密院取代受制于贵族的谘议会，削弱旧贵族，铲除地方割据势力。他召开的首次议会就恢复原先的法令，削减贵族的生活费用，从而削弱了贵族豢养私人军队的能力。为了执行上述法令，根据1487年通过的《星室法案》，亨利七世设立星室法庭，用来限制官员和贵族的权力。法案恢复了顾问委员会对贵族的私人军队、生活费、贿赂以及内乱案件的管辖权力。因为该法庭设立在威斯敏斯特王宫中一座屋顶饰有星形图案的大厅中，因此被称为星室法庭。星室法庭的成员由枢密院官员、主教和高级法官组成，直接受亨利七世的控制。星室法庭可以在无陪审团或无《普通法》先例的情况下运作，它严厉地起诉与制裁违法者，违法者再也无法像从前一样通过恐吓或威胁陪审团来影响法庭的判决。英国贵族们不得不屈服于亨利七世强大的王权之下，英国的法律和秩序得以恢复。所以，在亨利七世统治时期，星室法庭颇受英国人民的欢迎。星室法庭也成为英国专制制度强化的重要象征。星室法庭与英国枢密院、英国高等法院构成英国历史上最重要的专制工具。大卫·休谟说，此时英国的封建法在整个体系仍然广泛存在，但已经被改造成压迫的工具。[①]

亨利七世是在血肉横飞的战场上夺得王冠的，他的王位继承存在一定争议。他的继位得到期盼和平的臣民的拥戴，却又被看重血统的贵族称作王位篡夺者，英格兰的敌人则利用觊觎王位的人攻击他的王位继承问题。亨利七世沉着应对，这些王位觊觎者先后被果断镇压。兰伯特·希姆内尔曾冒充沃里克伯爵赢得约克派势力以及勃艮第公爵夫人玛格丽特的支持。1487年，兰伯特·希姆内尔率领一支由爱尔兰人和德国雇佣兵组成的军队登陆英格兰，但很快被亨利七世击溃。作为羞辱，被俘的希姆内尔被派到王室厨房帮厨。弗兰德斯学徒珀金·沃贝克亦声称自己是约克公爵理查（也就是在伦敦塔中被杀的爱德华四世的小儿子沃里克伯爵）。1495年，在勃艮第公爵、德国、苏格兰和法国国王的支持下，沃贝克试图入侵英格兰，但以失败告终。1497年，沃贝克又联合苏格兰国王入侵英格兰，仍以失败告终，沃贝克被俘获。两年后被关押了十四年之久的真正的沃里克伯爵爱德华，也被亨利七世下令绞死。至此，约克家族的男性绝嗣，针对亨利七世王位的威胁基本解除。

亨利七世性格冷漠，缺乏热情，其统治沉闷且乏味。同时，他又极为精明，具有独特的执政智慧，他不贪图宏伟目标，只追求有限的政治目标。亨利七世厉行节俭，对财务账目一丝不苟，被英国人称为"吝啬鬼"。其"吝啬"的原因在于议会掌控征税权，他对财务越"吝啬"，就能越少受议会的牵制。

亨利七世还是一位务实的国王，他坚信国家外部的和平与内部秩序的良性运行有赖于国家的繁荣与安全。为此，他实行了一系列的经济改革政策。

---

① ［英］大卫·休谟. 英国史 3 都铎王朝早期［M］. 刘仲敬, 译. 长春: 吉林出版集团有限责任公司, 2012: 53.

中世纪欧洲封建君主的一个根本弱点在于他们要依靠对自己的封臣征税来获得经济收入。而英国国王征税需要得到议会的同意。亨利七世执政期间，他尽力避免向议会要求增加税收，其在位期间，向议会提出直接征税的数量只有5次。为了增加收入，亨利除了削减开支，厉行节约外，还大力鼓励对外贸易，使其每年的关税收入超过4万英镑。亨利七世还通过继承权，获得里士满伯爵、兰开斯特公爵和约克公爵的大片领地。他曾连续5次下令恢复内战期间被贵族侵夺的王室领地，王室领地面积不断扩大，王室领地的收入也从1485年的2.9万英镑增加到1509年的4.2万英镑，占国王财政总收入的1/3。同时亨利七世以叛国罪的名义审判了1348名贵族，或没收他们的领地，或征收高额罚款，从而充实王室的金库，为他的儿子亨利八世积累了将近200万英镑的巨额财富。

经过玫瑰战争三十多年的自相残杀，旧贵族势力被大大削弱，新兴贵族和资产阶级的力量在战争中迅速增长，并成为都铎王朝新建立的君主专制政体的支柱。亨利七世统治时期，大力奖励工商业发展，通过签订贸易条约和实施贸易垄断，大大提高了英国的贸易总量。1497年，英国与荷兰确定互惠贸易关系。1506年，英国又将与低地国家的布匹贸易全权授权给商业冒险家。亨利七世还禁止羊毛特别是优质羊毛的出口，甚至还禁止半制成品的呢绒出口，以鼓励本国的呢绒业生产，扩大呢绒制成品的出口。1485年，亨利七世颁布的《航海法》，所有进口的法国加斯科涅葡萄酒都必须由英国船只运输，这大大促进英国的航运业发展。这标志着此时的英国贸易已经开始进入排除外商的阶段，保护工商业的重商主义经济政策初步形成，为英国资本主义发展创造了更有利的条件。

在亨利七世统治初期，英国手工业行会就已经衰落。富有的行会师傅极为排外，行会工人不得不逃离城镇以躲避行会的严格束缚，地方手工业行会一心想要垄断本行业，这严重影响了手工业经济的进一步扩张。1504年，亨利七世通过法令，规定行会条例在没有得到地方政府批准之前不具备法律约束力，这项法令加速了英国行会的进一步衰落。此后，英国的手工业行会逐渐被资本主义经济体系所取代。资本主义商人成为生产者和消费者之间的中间人，为生产者提供原材料，并购买他们的制成品，这种资本主义经济体系率先出现在英国的呢绒业中。

亨利七世主要依靠顾问委员会治理国家，顾问委员会成员多为一些能力出众的低等级贵族。在郡一级，亨利七世提升了治安法官的权力，他们有权监督地方税的征收，每年开庭四次，这使他们成为国王在地方上的代理人，从而赢得了担任这些无薪职位的下层绅士的效忠。由于没有常备军，国王的法令只有在地方代理人有效执行的情况下才能贯彻下去，所以治安法官成为国王推行法令的重要依仗。亨利七世在执政期间，很少召开议会，即使召开议会，议会也往往与国王的立场相同，英国议会的下议院通常由王室官员的发言人进行有效的管理。

亨利七世的外交政策始终围绕和平与安全展开。亨利七世继位时，英国人口不到300万，只相当于当时西欧两个大国法国和西班牙的20%和50%，领土面积也远比它们的小。从1400年到1430年，由于黑死病和一些相关的疾病，英格兰的人口大大减少，仅为210万。[①]当时的英格兰没有常备的陆军和海军，所以亨利七世的对外政策原则"不是角逐欧洲霸权而是谋求扩增贸易利益"。在他看来，发动不必要的战争会耗尽国库，严重的甚至会危及自己的王位。因此，亨利七世更多的是通过政治联姻与其他国家进行结盟来谋取利益，亨利七世安排其长子亚瑟与西班牙国王斐迪南的女儿凯瑟琳联姻，这场联姻为英格兰带来一份丰厚的嫁妆，也使英国获得欧洲强国的支持。亚瑟死后，亨利七世又让其另一儿子（后来的亨利八世）与凯瑟琳订婚，以挽救英格兰与西班牙的联盟。1503年，亨利七世将女儿玛格丽特嫁与苏格兰国王詹姆士四世，这为后来两国的合并铺平道路。亨利七世还将小女儿玛丽嫁与神圣罗马帝国皇帝马克西米连一世的孙子卡斯提尔的查理（后来的神圣罗马皇帝查理五世），因此他得以向奥地利借了一大笔金钱并与奥地利结盟。

亨利七世对维护金雀花王朝在欧洲大陆的领地不感兴趣，也不愿意浪费精力和财力夺回这些领地。尽管如此，出于历史原因，英国仍然将法国视

---

① ［美］罗伯茨，［美］比松. 英国史 上 史前—1714年［M］. 北京：商务印书馆，2013：249.

为死敌。亨利七世统治时期，法国已是欧洲大陆强国。1488年1月，法王查理八世大举进攻布列塔尼，严重威胁英国的利益。亨利七世出兵支持布列塔尼反对查理八世。为了遏制法国，亨利七世联合欧洲大陆其他大国共同抗衡法国。根据1489年西班牙与英格兰签订的《梅迪纳德尔坎波条约》中亚瑟与凯瑟琳之间的婚姻条款，西班牙要求英国帮助其对抗法国。神圣罗马帝国皇帝马克西米连一世也与亨利七世结盟共同对抗法国。后来，由于法王对马克西米连等人拉拢贿赂，马克西米连和斐迪南相继倒戈。这样，在布列塔尼只剩下亨利七世孤军奋战，亨利七世被迫从布列塔尼撤军。随后，法王查理八世把布列塔尼并入法国版图。幸而亨利七世获得议会资金的支持，带领大军登陆加莱从而扭转了战局。1492年11月，亨利七世与法国签订《埃塔普勒条约》，条约规定亨利七世同意不干涉法国对布列塔尼的合并，以换取法国745000金克朗补偿金和对其王位的承认。

在苏格兰政策上，直到詹姆士四世入侵英格兰支持假冒者沃贝克，亨利七世才开始关注到苏格兰问题。1499年双方签订了《盎格鲁—苏格兰条约》，两国承诺保证和平，并签署了詹姆士四世和亨利女儿玛格丽特的联姻协议。亨利国王希望：通过两国联姻，消除邻邦一切不睦的根源。[①]

在爱尔兰政策上，因为约克派爱尔兰人支持希内尔和沃贝克，1494年亨利七世派爱德华·波因斯爵士到爱尔兰担任爱尔兰上议院代表，重申英格兰人对该岛的统治权力。波因斯爵士未能有效控制阿尔斯特（爱尔兰北部地区的旧称Ulster），但在帕莱（都柏林附近地区Pale），他促使爱尔兰议会通过法律臣属于英王。自此以后，没有英王的批准，任何爱尔兰法律都不能生效，而所有的英国法律都自动适用于爱尔兰。

圈地是庄园主或者佃农将所有的条状地块都合到一起，在田地周围栽上树篱，以在敞田之外的小块封闭土地上进行耕作的过程。在整个15世纪，个体的佃农通过交换或者是购买条状的田地来巩固自己的财产。这有利于提高农业生产效率，正如被圈起来的田地要比没圈起来的田地地价要高50%所表

---

① ［英］大卫·休谟. 英国史3都铎王朝早期［M］. 刘仲敬, 译. 长春：吉林出版集团有限责任公司，2012：52.

明的一样。都铎王朝时期，英国的圈地运动大规模展开，地主们圈占公地养羊以获取更多的利润。在1485—1500年，北安普敦郡、沃里克郡、牛津郡、白金汉郡和伯克郡将近16000英亩田地被圈了起来，而超过13000英亩的田地变成了牧场。[①]失去土地的农民大多成为无家可归者。这些经济变化反映了英国社会阶层的转变，乡绅、自耕农和商人阶层的发展是以牺牲旧贵族和农民利益为代价的，前者在英国越来越有影响力。亨利一朝最重要的法律是：准许贵族和绅士破坏古代的限定继承法，转让自己的领地。在英格兰，由于这项法律，以及奢靡和风雅时代的开始，贵族的巨大财产慢慢消散，平民的财富日益增加。亨利很可能预知结果，而且乐观其成，因为他一贯的政策是压制大贵族。[②]在英国的政治和社会生活中，类似珀西家族和内维尔家族这样重视血统的大贵族家族逐渐被新兴的乡绅阶层所取代。在1500年，英格兰大约有50个贵族、500个骑士、800个乡绅以及5000个绅士（这里不包括国王，国王拥有约5%的土地和20%以上的教堂）。贵族之下是乡绅，包括英国贵族阶级以下与自耕农阶级以上的所有地主。当时通常将乡绅阶级分为三个等级：骑士、士绅和绅士，但这种分类不是永恒不变的。骑士人数最少，但是却最富裕。在1500年，约有500个骑士，他们每年的收入约为200英镑。他们之下是"士绅"，士绅最初是指骑士除长子以外的儿子，但是此时也适用于那些并不立志成为骑士的大地主。1500年，英国大约有800个士绅，他们的收入是每年80英镑。"绅士"这个名称最初是用来描述士绅除长子以外的儿子和弟弟，但是逐渐也指众多的小地主，大约有3000—5000个。[③]

1509年4月21日，被称为"贤王"的亨利七世在英国的里士满宫去世，死于结核病，享年52岁，埋葬于伦敦威斯敏斯特大教堂东端的亨利七世礼拜堂。大卫·休谟对亨利七世的评价说："大体上，亨利七世当国，内能靖乱

---

① ［美］罗伯茨，［美］比松. 英国史 上 史前—1714年［M］. 北京：商务印书馆，2013：253.

② ［英］大卫·休谟. 英国史 3 都铎王朝早期［M］. 刘仲敬，译. 长春：吉林出版集团有限责任公司，2012：62.

③ ［美］罗伯茨，［美］比松. 英国史 上 史前—1714年［M］. 北京：商务印书馆，2013：250.

安民、外能光大邦国。他结束了长期折磨邦国的内战,维持国内的和平与秩序,压制贵族过去享有的过分权力,赢得若干外邦君主的友谊,获得所有人的重视与尊重。"①

二、亨利八世

在亨利七世的治理下,英格兰君主政体日益稳固、外交地位日益提高。亨利八世(1509—1547年在位)在其父奠定的基础上,进一步强化了王权。

亨利八世生于格林尼治的普拉森舍宫,是亨利七世的次子。他身材魁梧,受过良好教育,精通拉丁文、法文、意大利文,擅长射箭、摔跤和皇家网球,喜欢音乐和文学。同时,亨利八世又极其自负,冷酷无情,对个人欲望毫无节制,举止轻浮。亨利八世登基后,特别倚仗宠臣托马斯·沃尔西。沃尔西出生于萨福克郡伊普斯威奇一屠夫家庭,早年就读于牛津大学马格达伦学院。他可谓白手起家,1509年开始为亨利八世效力,1513年因成功组织对法战争,获得亨利八世的信任。自此以后,他在教会和政府中担任一系列重要职务,包括约克大主教(1514年)、枢机主教和大法官(1515年)以及教皇使臣(1518年)。沃尔西成为亨利八世身边最亲密的顾问,管理英国长达15年,在外交领域取得重要成就。

沃尔西组织并指挥了亨利八世在位期间几乎所有的战争并在外交方面遵循均势原则——与弱国联合对抗强国。自从1494年法国入侵意大利半岛以后,意大利就成为欧洲各大国争斗的中心。法国与西班牙、神圣罗马帝国等争夺意大利。罗马教皇则组织联盟以防止意大利被一国统治。1508年12月10日在法国北部的康布雷,罗马教皇尤里乌二世、神圣罗马帝国皇帝马克西米连一世、法国国王路易十二和阿拉贡国王费尔南多二世结成康布雷联盟,意图削弱威尼斯共和国,并瓜分其领土。之后,法国在意大利势力的强化引起教皇和神圣罗马帝国皇帝的恐惧,1510—1511年,罗马教皇尤里乌二世与威尼斯共和国、西班牙王国和神圣罗马帝国结成反对法国的神圣同盟。英格兰

---

① [英]大卫·休谟. 英国史3 都铎王朝早期[M]. 刘仲敬,译. 长春:吉林出版集团有限责任公司,2012:57.

在1511年参加神圣同盟,恢复对法战争,将法国人赶出了意大利。

亨利八世在登基后一个月内娶了他的寡嫂凯瑟琳(凯瑟琳是卡斯蒂利亚女王伊莎贝尔一世和阿拉贡国王费尔南多二世的女儿),加强了英国与西班牙的联盟关系。1512年,英王亨利八世与西班牙对法国宣战,西班牙军队进入意大利,遭遇惨败。1513年6月,亨利八世以保护教皇为名,亲率25000名英军入侵法国,这是百年战争结束六十年来,英国军队第一次踏足法国领土。此时法军主力正在意大利鏖战,亨利八世的军队长驱直入百余千米,攻克小城特鲁昂,并挫败前来救援的法国骑兵,在吉纳盖特战役中大败法军,生擒法军主将帕里斯和著名的巴亚尔骑士。因法军败退,骑士的踢马刺遗落遍地,此役又被称为踢马刺战役。1513年秋季,亨利八世载誉而归,此后,西班牙国王斐迪南与法王路易十二休战。沃尔西则与法国达成和平协议,亨利八世将妹妹玛丽嫁给法王路易十二,英法两国实现结盟。1515年,法王路易十二去世,弗朗西斯一世继位。1518年,英法之间再次签订和平条约,英国将图尔奈归还法国,法国则付给英国一笔巨额赔偿金。

1519年,西班牙国王卡洛斯一世被选为神圣罗马帝国皇帝,称查理五世。此后欧洲重要的王朝斗争主要发生在法王弗朗西斯一世和神圣罗马帝国皇帝、西班牙国王查理五世之间。1521年起,弗朗西斯一世与查理五世争夺意大利的战争重新爆发。同年,英国与西班牙结盟再次与法国开战,战争持续三年。为了筹措对法战争军费,沃尔西要求征收20%的财产税,这引起民众的不满,沃尔西与英国的议会关系越来越疏远。

1525年2月,神圣罗马帝国皇帝查理五世在帕维亚决定性地击败法军,俘虏法王弗朗索瓦一世。1527年西班牙军队洗劫了罗马,罗马教皇被囚禁。查理五世完全打破了欧洲均势,迫使沃尔西改变立场,寻求与法国的和平。1528年沃尔西站在法国一边对查理五世开战,但次年法王弗朗西斯一世与查理五世单独媾和并签署了《康布雷条约》。英国的亲法外交以失败告终。究其原因,英国民众对法国的敌意依然强烈,而且亲法政策还破坏了英国对荷兰的纺织品出口贸易。

1509年,英国和苏格兰两国关系恶化。1512年,苏格兰与法王路易十二签订同盟条约，对英宣战。1513年，苏格兰国王詹姆士四世入侵英格兰。9月，詹姆士四世在弗洛登山战役中被苏瑞伯爵（诺福克公爵第二）斩杀。詹姆士五世年幼继位，他的母亲，亲英的玛格丽特·都铎和亲法的奥尔巴尼公爵约翰·斯图尔特任摄政，两派之间争权夺利，倾轧不已。1524年，詹姆士五世被苏格兰议会授权亲政。詹姆士五世及其首席顾问枢机主教大卫·比顿是坚定的亲法派。苏格兰与英格兰之间断断续续的边境冲突一直持续到1542年苏格兰军队在南部的索尔韦沼地战役中被英军击败。此次失败对詹姆士五世造成致命打击，詹姆士五世因此丧命，王位由他只有一周大的女儿玛丽·斯图亚特继承。亨利八世试图让玛丽和其子爱德华联姻，但被拒绝，后来苏格兰把玛丽许配给法国王位继承人。

在威尔士，亨利八世取得巨大成功。1536年的《联合法案》将威尔士完全并入英格兰。1543年的第二次法案将英格兰与威尔士的法律和行政程序结合起来。

在爱尔兰，奥尔曼德伯爵和基尔代尔伯爵是爱尔兰真正的实权人物。1533年，基尔代尔伯爵起义，抗议其父死于伦敦塔和亨利八世的反教皇政策。这次叛乱被残酷镇压。1541年，亨利八世成为爱尔兰国王和爱尔兰教会领袖。爱尔兰暂时被英国征服。

三、国王与教会：与罗马的决裂

亨利八世执政早期，当时的枢机主教沃尔西反对宗教改革，竭力维护天主教地位。1521年，亨利八世甚至还专门撰文批判马丁·路德，护卫罗马天主教廷，教皇利奥十世赐封亨利八世"信仰捍卫者"的正式头衔。后来英国和罗马教廷断绝关系后，教皇保罗三世撤回了封赐，但议会法案宣布这一头衔仍然有效，这个称号至今仍被英国君主使用。从威克里夫时代起，英国的宗教改革者就敦促教会改革，旨在控制教会财富的过度增长。然而，英国教会自13世纪以来始终故步自封，拒绝改革。民族主义日益高涨的英格兰民众对效忠于教皇的信徒越来越敌视。英格兰国王和议会则利用这种反教权主义情绪来限制教皇在英格兰的权力。亨利八世试图解除自己与凯瑟琳王后的婚

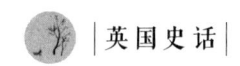

姻，这成为英格兰教会与罗马教皇发生正面冲突的导火线。

1527年，亨利八世与凯瑟琳的婚姻走过18个年头，两人六个子女中只有一个女儿玛丽活了下来。亨利八世一直为都铎王朝缺少男性继承人而忧心忡忡。毫无疑问，缺少男性继承人的问题深深地困扰着亨利。英格兰人民还不曾习惯于一个女性君主，根据英格兰当时流行的尽管是错误的说法，这个国家的法律不允许一个女人成为君主。① 随着凯瑟琳人老色衰，亨利八世看上了王后的侍女安妮·博林。1527年，亨利八世命令沃尔西，想方设法让罗马教皇解除他与凯瑟琳的婚姻。然而，此时罗马教皇受制于神圣罗马帝国皇帝查理五世的威势，查理五世是凯瑟琳的外甥，他当然不会同意亨利八世对其姨母的轻视。沃尔西虽然为亨利八世的离婚案尽心尽力，但是罗马教皇采用拖延战术，一拖就是两年之久。长期对沃尔西统治不满的英国贵族们，现在利用这位大臣在离婚案中谈判的失败促使他倒台。② 亨利八世渐渐对教皇和沃尔西都失去耐心，1529年他解雇沃尔西，亲自处理离婚案。1530年11月沃尔西以叛国罪被捕，死于解往伦敦的途中，托马斯·莫尔接替他的大法官职位。

同年，亨利八世召集议会——"改革议会"，开始进行宗教改革，这标志着英格兰教会与罗马教廷之间关系的决裂。1529—1530年，亨利八世依靠改革派教士托马斯·克兰默和托马斯·克伦威尔（后来的大法官）将其离婚案件放在欧洲大学中进行辩论，求教于欧洲各大学的教会法规学家，迫使英国神职人员承认他是英格兰教会的最高负责人。这件事情做得很成功，以至于两所著名的英国大学、法国的巴黎大学、奥尔良大学、布尔热大学和图卢兹大学得出结论，认为国王与凯瑟琳的婚姻是不正当的；意大利的费拉拉大学、帕多瓦大学、帕维亚大学和波伦那大学得出了同样的结论，尽管教皇发出告示，禁止所有权威神学家声称这位国王的婚姻本质上无效。③ 国王于

---

① ［英］托马斯·马丁·林赛. 宗教改革史 下 瑞士、法国、尼德兰、苏格兰及英格兰的宗教改革［M］. 北京：商务印书馆，2016：323.

② ［英］托马斯·马丁·林赛. 宗教改革史 下 瑞士、法国、尼德兰、苏格兰及英格兰的宗教改革［M］. 北京：商务印书馆，2016：325.

③ ［英］托马斯·马丁·林赛. 宗教改革史 下 瑞士、法国、尼德兰、苏格兰及英格兰的宗教改革［M］. 北京：商务印书馆，2016：326.

第六章　早期都铎王朝和宗教改革

1530年6月12日召开了一次显贵人士会议，并致函教皇，他们请求他满足国王的愿望，指出拖延这桩离婚案的种种不幸，并暗示他们可能不得不自己去解决这个问题。紧接着亨利迫使教士就范。他立刻指控他们全都犯有"蔑视王权罪"，因为他们在本王国内承认了教皇代表的权威。在同一次主教区会议上（1531年），由于受到蔑视王权罪法律的威胁，教士们被迫声明国王是"他们单独的保护者和唯一的至尊的主人，并且就基督的律法的所能允许者而言，是教会和教士的至尊领袖"。1532年的议会有力地帮助了国王，不仅迫使英国教士，而且迫使教皇服从于他的愿望。下院提出一份请愿书诉说因教会法庭活动妨害俗人而产生的各种不满，这份提出一系列要求的请愿书从国王手中传到主教区会议上。结果是主教区会议（1532年5月15日）通过一个叫作"教士的服从"的决定，允诺没有国王的特许和批准，主教区会议不得制定任何新的教会法规，并提出对以前所有的教会法规进行修订，这项工作交给一个由32人组成的委员会负责，其中16人来自议会，16人来自教士，均由国王挑选。该委员会将删去所有不利于国王特权的内容。主教区会议的这个法令实际上宣布英格兰教会既不能在没有国王同意的情况下制定任何指导自己的规章，也不能在国王认为中世纪教会习惯法侵犯国王特权时，根据这些习惯法行事。从这项法令起，英格兰教会再也不能自由行动了。[①]1533年1月，在没有获得教皇许可的情况下，亨利八世秘密与安妮·博林结婚。罗马教皇闻讯，宣布将亨利八世驱逐出教会。1533年，安妮怀孕，亨利八世任命克兰默为坎特伯雷大主教，英国教会法庭随即宣布亨利与凯瑟琳的婚姻无效。同年9月，安妮生下一女伊丽莎白。亨利八世想要一位男性继承人的希望仍未实现。

托马斯·克伦威尔是英格兰的宗教改革家，亨利八世的重臣。他生于伦敦郊区一工场主家庭，早年曾到欧洲大陆谋生，在意大利当过兵，在尼德兰做过商人。约1512年，克伦威尔回到英格兰，后投入沃尔西门下。1520年，克伦威尔任沃尔西的律师。1523年，他进入议会下院。1529年沃尔西失宠后，克伦威尔被

[①]　[英]托马斯·马丁·林赛. 宗教改革史 下 瑞士、法国、尼德兰、苏格兰及英格兰的宗教改革[M]. 北京：商务印书馆，2016：326-329.

亨利八世召入枢密院。1533年克伦威尔顺利解决亨利八世的离婚问题，并使英格兰教会与罗马教廷脱离关系。克伦威尔最出色的工作就是利用议会（而他的老师沃尔西则不信任议会）来实现王室政策。克伦威尔任命国王的官员来管理议会，促使议会通过了137条法令，其中有32条法令与教会有关。这些法令包括《首岁教捐法案》，该法案规定中止英格兰主教上任后第一年向教皇交纳贡金（数额为该年教区收入的三分之一）之旧例；《终止上诉法案》，该法案规定有关遗嘱和婚姻的诉讼案件不得向罗马教廷上诉，确认英格兰国王在教俗事务上拥有最高权力，强调英国是一个帝国，已被全世界承认，英国由一个至高无上的国王统治，国王拥有至高无上的尊严和财产，这标志着英国在司法领域内正式与罗马断绝关系。1534年，克伦威尔促成议会通过《至尊法案》，确立英王为英格兰教会首领的地位，地位仅次于上帝，从而最终完成与罗马教廷的决裂。在1534年的《继承法案》中，议会宣布伊丽莎白为王位继承人，并宣布玛丽·都铎为亨利八世的私生女，剥夺了王后凯瑟琳的女儿玛丽的王位继承权，授权国王要求所有臣民宣誓维护这些条款。但是，1536年的《继承法案》取代1534年法案，宣布亨利八世新娶王后简·西摩所生儿子爱德华·都铎拥有王位继承权。1544年的《继承法案》最终确定亨利八世三个子女的继位顺序：爱德华、玛丽、伊丽莎白。1547年亨利八世去世后，他的三个子女先后继承王位，即爱德华六世、玛丽一世和伊丽莎白一世。

1535年，克伦威尔在亨利八世的授意下掀起解散修道院运动，国王认为修道院拥有过度的财富（拥有英格兰五分之一的土地）。1536年，英国议会解散了376年收入不足200英镑的修道院，后来又解散了一些较大的修道院，被解散的修道院财产转归国王所有。解散修道院与没收修道院的财产实际上是国王借议会之手对私人财产的大规模破坏行为。通过解散修道院，亨利八世将英国的教会领主数量减少一半，将议会上议院由神职人员占主导地位转变为由世俗团体占据主导地位。

解散小型修道院，推行克伦威尔近来颁布的新教教规。这些变化，伴随着否定教皇最高权威的做法，深深得罪了北部的保守民众。各种各样的谣言更加剧了他们的不满。政治的、经济的、地区的以及宗教上的不满和愤恨结合起来,导致了在林肯郡、约克郡以及坎伯兰郡一场大规模暴动。[①]1536年,北方的旧贵族和教会势力利用农民的不满,掀起名为"求恩巡礼"的叛乱。叛乱者自称是"朝圣者",他们以耶稣受难像为旗帜,声称要坚持纯正的基督教信仰,要求取消一切宗教改革,并惩办改革派叛乱者。除了不满亨利八世的宗教政策,他们还不满高昂的地租和税收。他们声称自己是教会和穷人的保护者,他们不反对国王,承认国王是正义、神圣的代表,但国王身边有很多邪恶的大臣,如克伦威尔。他们打着"清君侧"的口号,要把国王从邪恶大臣的影响下解救出来。亨利八世坚决镇压了这次叛乱,参与叛乱的一批北方旧贵族被杀掉或被废掉,并成立由改革派主持的"北方法院"进行统治。1536年,议会还颁布法令,英国国内原有的一切封建特权区必须在国王的名义下治理,实行统一的行政司法制度。从此,英国国内的封建割据基本被消灭。

亨利八世通过关闭修道院获得大量财富。他将没收的修道院土地的一大部分转卖给了他的拥护者,这让一大批新贵族和工商业资产阶级在宗教改革中获得巨大的经济利益。他们大搞圈地,提高地租,越来越多的农民流离失所,成为无家可归者,这造成严重的社会问题。

英格兰的教会和人民突然摆脱中世纪教皇的教会体系在某种程度上有点例外,这种决裂与当时在法兰西和德国发生的运动相去甚远。亨利八世打破教皇在他所统治的国家范围内享有的宗教和世俗的无上权威;他斩断将英格兰教会与被罗马主教所统治的西方教会联合起来的纽带;他在教皇司法权崩溃的基础上建立起可称之为国王的教皇权的体制。[②]

亨利八世晚年备受婚姻问题的困扰。由于安妮没有为其诞下男嗣且与自己的弟弟有私情,1536年亨利八世以通奸罪指控安妮·博林并将其处死。随

---

① [美]罗伯茨,[美]比松. 英国史 上 史前—1714年[M]. 北京:商务印书馆,2013:293.

② [英]托马斯·马丁·林赛. 宗教改革史 下 瑞士、法国、尼德兰、苏格兰及英格兰的宗教改革[M]. 北京:商务印书馆,2016:315.

后，亨利八世迎娶了安妮·博林的女侍官简·西摩。简·西摩为亨利八世生下儿子爱德华后的第二年去世。紧接着，亨利八世与信奉新教的德意志新教诸侯之女安妮结婚，借此与路德宗结盟。当亨利见到安妮时，极其厌恶她丑陋的外表，遂将自己的怒火发泄在大法官克伦威尔身上。一年后两人离婚，克伦威尔因此失宠。亨利的第五任妻子是19岁的凯瑟琳·霍华德（安妮·博林的表妹），但是凯瑟琳婚后却和大臣托马斯·卡尔佩珀发生婚外情，1542年凯瑟琳·霍华德以通奸罪被判处绞刑。1543年，国王与曾结过两次婚的凯瑟琳·帕尔结婚。1547年1月28日，五十七岁的亨利八世病逝于温莎堡的怀特霍尔宫，与第三任妻子珍·西摩合葬在温莎堡的圣乔治教堂。当亨利八世死时，英格兰的形势对他身后的人们而言是困难重重的，宗教革命仅仅完成了一半。

四、爱德华六世和新教徒的反应

在爱德华六世短暂的统治期间（1547—1553年在位），英格兰再次受陷于摄政统治的派系之争。爱德华六世有三位最有影响力的顾问萨默塞特公爵、诺森伯兰公爵和克兰默大主教（爱德华六世的老师），在他们领导下，英国教会开始积极践行新教教义。

爱德华六世是亨利八世与其第三位王后简·西摩之子。他聪颖，但体质孱弱，缺少主见。1547年亨利八世去世后，未满十岁的爱德华六世继位，他是英国首位信奉新教的国王。爱德华六世被社会和经济问题、与苏格兰的战争问题以及财政问题所困扰。亨利八世统治后期开始为其子爱德华六世的统治做准备，曾成立由16人组成的枢密院摄政团，谨慎地保持着保守派和改革派的平衡。相对来说，改革派的权力更大，枢密院推选爱德华六世的舅父爱德华·西摩作为护国公掌握实权，他后来被封为萨默塞特公爵。

萨默塞特公爵是一位温和的宗教改革家，支持新教教义。他坚持国王是国教会首领，英语是礼拜语言，批评圣餐礼，取消了许多宗教迫害法规。1547年11月，爱德华·西摩召集第一届议会，废除了叛逆法和异端法案，但仍规定谁若是企图改变亨利八世遗嘱中所规定的王位继承顺序则为叛逆罪。

第六章 早期都铎王朝和宗教改革

1548年，克默兰大主教主持编写的《公祷书》——《依据英格兰国教会惯例的公众祈祷和行圣礼以及其他仪式和礼仪之书》问世，该书通常也被称为《国王爱德华六世第一公祷书》。1549年英国议会通过第一个《信仰划一法案》，该法案指出英格兰长期以来一直存在着"各种不同形式的公祷……使用萨勒姆、约克、班戈和林肯的"，就引起了诸多不便，因而要求使用这种统一形式的祈祷，并对那些采用其他形式祈祷者实施处罚。①该法案确定《公祷书》为国教会的祈祷书（沿用至今），规定以英文取代拉丁文作为教会的正式语言。随着《国王爱德华六世的第一公祷书》的公布，其在位时期的宗教改革第一阶段趋于结束。②

萨默塞特公爵招致其同僚和曾因教会土地的拍卖而获利的新贵族的愤恨，因为公爵对无地农民过于同情，并提议使农民获益。1549年沃里克伯爵达德利（后来的诺森伯兰公爵）排挤了爱德华·西摩开始执掌大权。几年后，萨默塞特公爵以叛国罪被捕并被处决。达德利是一个典型的机会主义者。他内心倾向于天主教，但为了对付政敌和获取高位，他表面上却支持更激进的新教，并将赌注押在控制王位继承问题上。在达德利的推动下，英格兰的宗教变革更加深入。1552年，经修订的第二部《公祷书》颁行（它通常被称为《国王爱德华六世的第二公祷书》），其吸收大量新教教义和宗教仪式，反对圣餐变体论，重视信仰，简化宗教仪式，原先具有天主教色彩的驱邪仪式和涂油仪式全部被取消，允许教士结婚。这部《国王爱德华的第二公祷书》根据第二个《划一法案》而付诸实施，它第一次既包括了对教士又包括了对俗人的惩罚——惩罚"王国各地大量的人，他们顽固地拒绝到他们所在的堂区教堂去"。③此后，大量的路德派和加尔文派难民从欧洲大陆来到英

---

① [英]托马斯·马丁·林赛. 宗教改革史 下 瑞士、法国、尼德兰、苏格兰及英格兰的宗教改革 [M]. 北京：商务印书馆，2016：357.

② [英]托马斯·马丁·林赛. 宗教改革史 下 瑞士、法国、尼德兰、苏格兰及英格兰的宗教改革 [M]. 北京：商务印书馆，2016：358.

③ [英]托马斯·马丁·林赛. 宗教改革史 下 瑞士、法国、尼德兰、苏格兰及英格兰的宗教改革 [M]. 北京：商务印书馆，2016：364.

格兰。1552年11月，克兰默大主教最终拟成《四十二条信纲》，全面阐发英国教会的信仰原则，从教义上肯定了英国国教的地位。达德利也获取足够的政治资本，被爱德华六世封为诺森伯兰公爵。

当宗教改革在英格兰正以一种对大多数人民来说太快的速度被向前推进时，国王却显得体质虚弱无力。1552年，爱德华六世身体状况恶化，为防止信奉天主教的妹妹玛丽·都铎继承王位，达德利说服爱德华六世同意达德利的儿子迎娶简·格雷（亨利八世的外甥女，具有王位继承权）为妻，并指定简·格雷为王位继承人。垂死的爱德华六世同意了达德利的要求，英国枢密院也认同国王的这一决定。

1553年7月6日，简·格雷夫人在爱德华六世死后仅九天就继位成为英格兰国王。然而新教徒并不欢迎达德利为他们安排的这位新女王。1553年7月19日英国议会废黜了简·格雷的王位，并拥立玛丽·都铎为女王，即玛丽一世。

五、玛丽·都铎和天主教的反应

玛丽一世是英王亨利八世的第一任妻子阿拉贡的凯瑟琳唯一幸存的孩子，是一位虔诚的天主教徒。她主政后的政策主要包括两方面：第一，在英国恢复罗马天主教信仰；第二，与其母亲的祖国西班牙保持紧密的联系。

玛丽一世统治时期，欧洲天主教正处于一场重大改革运动中，这场改革的重要目的在于重振天主教的信仰与实践，收复天主教被新教占领的失地。天主教通过特利腾大公会议（1545—1563年）成功地对天主教会内部进行彻底改革。特利腾大公会议澄清了天主教教义，通过禁书索引取缔异端著作，重新启动惩罚异端的宗教裁判所，重新确认教皇的权威，从而重建了天主教世界的秩序。玛丽女王不顾大法官加德纳勋爵的警告和臣民的强烈反对，坚持嫁给西班牙的腓力二世，因为腓力二世自诩为天主教正统的捍卫者。在得到腓力二世不会将英国拖入对法战争的保证后，英国议会才勉强同意二者的婚姻。玛丽女王与腓力二世的婚姻在1554年引发三次叛乱。其中最为严重的一次叛乱是由托马斯·怀亚特爵士在肯特郡领导的，叛乱最终被镇压。前英女王简·格雷及其丈夫和怀亚特一起被处死。

1553—1555年间,玛丽女王向三届议会施压,要求废除爱德华六世统治时期的宗教立法,恢复天主教在英国的统治地位并通过枢机主教波尔向罗马教皇请愿,希望英格兰能重回天主教会。英格兰议会拒绝了玛丽女王归还被没收的修道院土地的要求。玛丽女王于是采取行政手段强行用天主教高级教士取代新教主教,恢复天主教的礼拜仪式。

1555年,身体虚弱且被丈夫冷落的玛丽女王对新教徒采取高压政策,屠杀其中的激进分子,玛丽女王又得到"血腥玛丽"的绰号。在她统治5年中,包括胡珀主教、拉蒂默主教、雷德利主教和克兰默大主教在内的300多人被处以火刑。玛丽一世血腥的宗教政策反而唤醒了民众对受迫害新教徒的同情,公众舆论开始反对她的统治,新教也愈发在英格兰得到更广泛的传播。

玛丽女王的外交政策如同她的国内政策一样糟糕。1557年,为了维护西班牙利益,玛丽女王发动对法战争,这引起国内民众和贵族们的强烈反对。而且,英国的愚蠢行为还使英国与教皇的关系变得敌对起来,因为教皇保罗四世和法国的亨利二世是盟友。1558年法国占领英国在欧洲的最后一块领地加莱,这使玛丽女王的威信降到最低点。1558年11月17日,玛丽一世去世,结束了她短暂而悲惨的一生,王位传给了同父异母的妹妹伊丽莎白公主。

第七章 伊丽莎白时代的英国

第七章　伊丽莎白时代的英国

伊丽莎白一世被誉为英国历史上最明智、最成功也是最伟大的君主，她统治英国长达45年（1558—1603年在位），这一时期是英格兰历史上的"黄金时代"。她终身未嫁，以身力践"终身嫁给英格兰"的豪言壮志，因此又被称为"童贞女王"。她在宗教和政治上保持适度的克制，将英国臣民的利益与国家政策结合起来，给臣民营造了自由的氛围。在伊丽莎白的统治下，英国国教会稳固，议会充满活力，伊丽莎白不仅受到议会欢迎，而且赢得臣民的忠诚。伊丽莎白生于格林尼治宫，是亨利八世的次女，她的母亲安妮·博林失宠并于1536年被杀。她父母是按照新教教规结婚的，其婚姻不被罗马教廷所承认，因而她曾被议会宣布为亨利八世的私生女而被剥夺王位继承权。伊丽莎白幼年孤独凄凉，但受到严格教育，曾随著名学者阿舍姆学拉丁文和希腊文，精通古典学、历史、数学和诗歌。1553年，她的同父异母姐姐玛丽继位后，其处境愈发险恶。1554年，伊丽莎白被指控与怀亚特叛乱有牵连而被囚于伦敦塔中，后又被软禁在伍德斯托克。1558年玛丽一世死后，伊丽莎白按议会通过的继承法案继位，即伊丽莎白一世。伊丽莎白一世继承了父亲亨利八世专横、胆识和狂妄的个性以及母亲喜好娱乐的本性。她还有一些其父母所没有的品质，即对所要达成目标的危险性有一种本能的直觉，这一天赋总能使她控制住专横的个性，在治理国家时表现为谨慎小心又精明无比，手段温和而不压迫。

一、宗教和解

伊丽莎白执政时期，成功地实现宗教和解。亨利八世和爱德华六世实行的宗教改革使得此前在英国国内占主导地位的天主教被冷落，英国人的宗教信仰出现分裂。伊丽莎白作为新教徒，自然对天主教没有好感，她不会忘记罗马教廷视其为私生女的裁决使其丧失合法的王位继承权。尽管如此，伊丽莎白继位后并没有对天主教徒赶尽杀绝，而是采取宗教包容政策，既没有像弟弟爱德华一样袒护新教徒，也没有像姐姐玛丽那样疯狂镇压新教徒，包容政策弥合了英国的信仰分裂，使新教和天主教在英国达成"宗教和解"，也使英国避免了像法国、西班牙、德国因为宗教问题而导致血腥的内战。伊丽莎白为了缓和天主教和新教两大对立宗教派别间的矛盾和竞争,她最终选择了一个折中方案,即在天主教和新教之间建立一个第三方宗教组织,建立了英国国教圣公会。①

1559年,伊丽莎白一世继位后召开的第一次议会就废除了玛丽女王统治时期的异端法案,通过《至尊法案》,废除了英国民众对罗马教皇的效忠,承认伊丽莎白为英格兰教会的最高首领。这意味着,英格兰所有政府官员和教会神职人员都必须宣誓效忠伊丽莎白一世和英国政府,而不是英国教会。议会随后通过《统一法案》,恢复第二部《公祷书》,重新确立国教教义,并设立高级委员会法庭来执行这些法案。新教学者马修·帕克成为坎特伯雷大主教,许多在玛丽一世时期流亡海外的新教神职人员返回国内替代了天主教高级教士的职位。1562年,克默兰大主教的《四十二条信纲》被修改为《三十九条信纲》,被英国教士会议采用。1571年,英国议会又将《三十九条信纲》定为英国国教教义。伊丽莎白一世通过议会立法的方式完善了自亨利八世起就已建立的英国国教,巩固了民族教会与新教信仰。但考虑到英格兰境内仍有相当数量的天主教信徒,也出于稳固君权、控住教会的需要,伊丽莎白一世又采取宗教宽容政策,在一定程度上容忍天主教的存在,保留一部分天主教的宗教仪式,维持教区主教制度,玛丽一世所任命的主教人选也没有变动。这就在英国形成国教、天主教与加尔文教多元化信仰并存的格局,宗教秩序维持了暂时稳定,并在日后数十年的执政生涯中不断地维持着这样的平衡。

然而,伊丽莎白的宗教和解政策并没有取悦罗马天主教徒和清教徒。双方都努力在宗教和解方案中推广各自的宗教观点。伊丽莎白一世拒绝迫害消极的天主教徒,这让那些激进的天主教徒感到不安,他们认识到英国的天主教事业正在逐渐衰落,许多天主教徒在伊丽莎白时代的宗教和解政策之下选择妥协与安逸。罗马天主教势力曾几次试图推翻甚至暗杀伊丽莎白,这对伊

---

① [美]萨克雷,[美]芬德林. 世界大历史 文艺复兴至16世纪[M]. 北京:新世界出版社,2014:411.

第七章　伊丽莎白时代的英国

丽莎白造成了一定影响。[①]1570年，鉴于英国国教无意归顺罗马教廷，教皇庇护五世命令将英国女王伊丽莎白逐出教会，并命令当时的西欧强国，以罗马教会捍卫者自居的西班牙国王腓力二世发动对英战争。许多英国天主教徒不得不在宗教信仰和女王之间做出选择，英国的宗教和平局面随之消失。1580年，100多名天主教牧师在耶稣会的领导下回到英格兰，领导英格兰天主教徒反对伊丽莎白。苏格兰的玛丽·斯图亚特女王（1542—1567年在位）也被罗马教廷承认为英国王位的唯一合法继承人。罗马教皇和欧洲大陆的天主教君主开始支持英国国内的反叛伊丽莎白一世的叛乱。伊丽莎白一世不得不采取一系列举措镇压天主教徒的反叛行为。政府规定不参加英国国教礼拜的罚款从每月1先令增加到每月20英镑；做弥撒或听弥撒将被判入狱，天主教牧师被控叛国罪。1581年以后，天主教徒被处决的数量不断增加。在伊丽莎白一世统治期间，大约有200名天主教徒被处死。1588年，伊丽莎白和天主教之间的矛盾和冲突达到顶点。教皇西克斯图斯五世支持西班牙进攻英国，为此教皇还专门划拨资金用以支持西班牙组建攻打英国的舰队。[②]

当天主教徒从外部挑战英国国教时，国教内部的激进派——代表资产阶级的清教徒也要求进行改革。清教徒想要清除英国国教内部所有仍带有罗马天主教性质的宗教信仰和礼拜仪式。清教徒更倾向于选择加尔文主义的教义，他们想在国教内部建立长老会，而不是圣公会（国教）的教会形式。他们承认伊丽莎白女王是英国国教的最高领袖，但又在组织和理论上主张教会民主，要求肃清教会中天主教残余，取缔凌驾于教民之上的等级制，代之以教民大会产生的长老会，这实际上是要取消女王所享有的最高宗教权力。由于清教徒反对由主教管理基督徒教区的制度，结果遭到维护英国国教人士的极力反对，此外伊丽莎白女王也下令逮捕了一些清教领导人。有些清教徒被

---

① ［美］萨克雷，［美］芬德林. 世界大历史 文艺复兴至16世纪［M］. 北京：新世界出版社，2014：412.

② ［美］萨克雷，［美］芬德林. 世界大历史 文艺复兴至16世纪［M］. 北京：新世界出版社，2014：413.

迫离开英国逃往尼德兰。①这也说明，到了伊丽莎白一世统治的后半期，随着社会矛盾的激化，专制王权与资产阶级的联盟渐生裂痕。

与此同时，英国下院也开始支持清教徒，并试图通过由沃尔特·思特里克兰德、彼得·温特沃斯和托马斯·诺顿提出的立法来重塑英国教会的体制和组织。伊丽莎白女王拒绝了议会所有关于宗教改革的动议，她认为宗教就像外交政策和王位继承一样是君主独有的特权，不是议会的事务。在英国议会立法遭到挫败后，清教徒们开始召开公理会，四处宣传新教教义。托马斯·卡特莱特是主张建立基于日内瓦模式教会政府的主要辩论家之一，他发表系列讲座，攻击国教会，后因其清教信仰而被开除教职。还有部分激进清教徒认为对圣公会（国教）进行改革没有希望，他们试图在圣公会（国教）之外成立新的独立组织。这些激进的新教组织往往以其创始人的名字而闻名——他们被称为布朗主义者（罗伯特·布朗）、巴罗主义者（诺曼·巴罗）。这些激进的分离主义教会团体拒绝接受国教会，强调教会自治和政教分离。伊丽莎白一世认为宗教统一对国家政治的统一至关重要，英国政府遂开始镇压分离主义教会团体。英国政府扩大了高等委员会法庭的审判权限，允许审判所有不信奉国教的诉讼案件。重压之下，布朗主义者被迫逃离英格兰。1583年，伊丽莎白又任命清教徒最严厉的批评者约翰·惠特吉为坎特伯雷大主教，由他来惩治英国国教会的内外对手。

苏格兰教会的改革进程很大程度上是由约翰·诺克斯与玛丽·斯图亚特所推动的。约翰·诺克斯（1505—1572年）反对法国天主教对苏格兰教会的控制，他强烈要求改革苏格兰宗教。在"血腥玛丽"上台后，约翰·诺克斯因其新教信仰被流放到欧洲大陆。在瑞士日内瓦，他成为约翰·加尔文的信徒。1558年，他回到苏格兰致力于传播新教教义。同年，法国王储娶了玛丽·斯图亚特，并宣布她为英国王位继承人。由于苏格兰人害怕苏格兰被法国天主教帝国吞并，四名新教贵族成立名为"会众之主"的组织，要求摄政王吉兹的玛丽（玛丽·斯图亚特之母）对苏格兰教会进行重大改革。1559

---

① ［美］萨克雷，［美］芬德林. 世界大历史 文艺复兴至16世纪［M］. 北京：新世界出版社，2014：413.

年，吉兹的玛丽拒绝他们的要求，企图镇压新教改革者，这引起新教贵族的公开反抗。诺克斯大力抨击天主教的偶像崇拜，赢得一大批追随者。他们拆毁许多天主教教堂和修道院，这引发苏格兰的内战。此后，法军进入苏格兰，英军亦应苏格兰新教贵族之请于1560年进入苏格兰。苏格兰新教势力很快便取得优势。7月6日英法双方在爱丁堡签订合约，同意双方军队从苏格兰撤出，法国承认伊丽莎白一世为英格兰女王。该条约标志着新教在苏格兰和英格兰对天主教的最后胜利。此后，苏格兰新教贵族控制政局。1560年，苏格兰议会宣布断绝与罗马教廷的关系，禁止举行弥撒，采用加尔文教信仰。苏格兰国会也通过诺克斯所草拟的"苏格兰信仰告白"。在教会里，唯一值得服从的，不是教皇、国王、官员，而是耶稣，诺克斯的信仰告白就是后来长老教会信仰告白的"雏形"，1560年成为苏格兰教会创始之年，也成为长老教会的起源之年。

二、伊丽莎白的外交政策

伊丽莎白在外交事务中始终保持着明智、中立的态度。伊丽莎白一世上台之初，就改变玛丽女王时期一味跟随西班牙反对法国的外交政策，转而力争在西班牙和法国之间维持力量均衡。这一时期欧洲大陆两大强国法国和西班牙之所以没有征服相对弱小英国，究其原因，除了这两个天主教国家之间的竞争外，更要归功于伊丽莎白一世精明的外交策略。她为英国赢得了和平发展的宝贵时间，国家财政收入增加，商业与海上力量得到强化，英国的民族自信增强。

伊丽莎白治理国家的成功在很大程度上取决于她的执政能力和她对顾问和近臣的选择。像亨利八世一样，伊丽莎白一世是一位精明的政治管理者。当她25岁登基时，国家深陷宗教派别分裂的泥沼，贸易和财政处于衰落和混乱之中，英国与法国之间毫无价值的战争仍在继续。实际上，当时的英国人非常怀疑这位女君主的执政能力。然而，伊丽莎白一世很快便证明她拥有其同父异母的姐姐玛丽一世所缺乏的政治见解和个人魅力。伊丽莎白一世迷恋权力，但与玛丽女王不同，伊丽莎白一世清醒地认识到，由于君主缺少皇家军队，英国君主制政体的力量必须建立在民众认可的基础上。

作为女王，伊丽莎白一世充分利用自己的婚姻来平衡欧洲大国之间的关系。英国议会和人民都迫切希望伊丽莎白一世尽早结婚以维护都铎王朝的继承权。在伊丽莎白统治的头两年就收到15个来自欧洲大陆的求婚，其中，大多数来自天主教王子的求婚；但是，伊丽莎白一世更喜欢不婚的自由独立的生活。她父亲的糟糕的六次婚姻和玛丽女王不幸的婚姻都使伊丽莎白对婚姻持谨慎态度。同时，伊丽莎白一世也充分认识到其婚姻的选择与国家安全紧密结合在一起。她可以嫁给外国的君主或贵族，那么英国也不再只是"女王的英国"，也可能英国就不再是新教的英国。婚姻美满可能带来两国交好，一旦婚姻破裂，必然导致两国交恶，届时英国要想在对外事务上保持独立立场将十分困难，进而损害国家利益。如果与英国本土贵族结婚，其夫君的宗教信仰以及所处家族势力都会成为宫廷内外人心不稳和宗派斗争的潜在因素。于是，年轻的伊丽莎白一世采取"不主动，不拒绝"的态度，使她在外交上得以保持很大灵活性。

为了控制枢密院，伊丽莎白一世特意选择一些经验丰富、忠心耿耿的门外汉，这些人大都来自绅士阶层。威廉·塞西尔，即后来的伯利勋爵，担任枢密院秘书和首席顾问长达40年之久。塞西尔的姐夫尼古拉斯·培根爵士成为大法官。莱斯特伯爵罗伯特·达德利成为女王最宠爱的人，也是伊丽莎白中意的婚配对象。弗朗西斯·沃尔辛厄姆爵士曾担任驻法大使，他和塞西尔一起在欧洲组织了一个强大而有效的情报组织，保护女王不受外国势力的侵犯。

1558年，法国和西班牙之间发生战争，这为伊丽莎白一世赢得有利的外部环境。1559年，《卡托—康布雷齐条约》的签订结束了法国和西班牙之间的战争。当法王弗朗索瓦二世公开支持他的妻子玛丽·斯图亚特继承英国王位时，法国便成为英国最直接的威胁。1560年，弗朗索瓦二世突然去世，玛丽·斯图亚特失去法国的支持，在法兰西宫廷中受到婆婆凯瑟琳·德·美第奇的冷眼。此时苏格兰国内局势动荡加剧，玛丽·斯图亚特于次年返回苏格兰亲政。1562年，法国的天主教徒和胡格诺派教徒（法国的新教徒）之间

第七章　伊丽莎白时代的英国

爆发宗教战争。伊丽莎白一世支持胡格诺教派，并出兵勒阿弗尔。但出师不利，勒阿弗尔的英国驻军战败，于1563年投降，1558年被法国占领的加莱也没有收复。次次失败对英国来说未尝不是一件好事。至此英国完完全全成为一个岛国，英国王室也不用每年为守卫加莱而耗费大量金钱。

西班牙起初支持伊丽莎白一世。西班牙国王腓力二世虽憎恨异教徒，但他不愿看到英国被他的对手法国所吞并。他向伊丽莎白一世求婚，这使伊丽莎白一世处于两难境地。如果拒绝求婚，法国与西班牙就有可能联合起来对付英国。如果接受求婚，英国必然会变成天主教国家，这是伊丽莎白一世不愿意看到的。伊丽莎白一世只能采取拖延战术，最终腓力二世迎娶了一位法国妻子。随着法国放弃对英国的图谋，伊丽莎白一世和腓力二世便成为公认的新教和天主教阵营领袖，英西关系逐渐恶化，但伊丽莎白一世竭力维系着英西之间的和平。

1561年，玛丽·斯图亚特回到苏格兰，她对苏格兰处于新教控制感到不满，也不满足于只当苏格兰女王，她想进一步成为英国女王。1565年，她嫁给英格兰亨利七世的后裔达恩利勋爵，这桩婚事进一步强化了玛丽继承英格兰王位的愿望。在生下儿子后，玛丽爱上了信奉新教的边境领主博思韦尔伯爵。不久，达恩利被博思韦尔伯爵谋杀。博思韦尔伯爵与妻子离婚后，便与玛丽按照新教仪式结婚。这些事件导致新教徒和天主教徒都对玛丽表示不满。他们囚禁了玛丽，迫使其让位给她的儿子詹姆斯六世。由此，传统的苏格兰和法国的联盟关系破裂，法国势力被排挤出苏格兰。1568年，玛丽越狱，试图夺回王位失败，不得不逃往英格兰，向伊丽莎白一世寻求庇护。在接下来的19年里，玛丽·斯图亚特成为伊丽莎白一世王位的最重要威胁。英国王室的近臣们不断敦促伊丽莎白一世尽快除掉玛丽，都被女王拒绝。伊丽莎白一世不愿意看到王室成员内部的相互倾轧。然而，只要玛丽·斯图亚特还活着，英格兰就会不断发生针对伊丽莎白王位的阴谋。这些阴谋的目标就是承认玛丽·斯图亚特为英格兰女王并在英国重建天主教。

1559年，英格兰北方的天主教贵族发动叛乱，要求诺福克公爵娶玛丽·斯图亚特，待伊丽莎白一世过世后，两人共同统治英国，以恢复天主教在英国的正统地位。这场由诺福克公爵和诺森伯兰伯爵领导的叛乱没有得到英国天主教徒的响应，很快被镇压。伊丽莎白一世处决了诺森伯兰伯爵和八百名叛军。在教皇和腓力二世的支持下，1571年，意大利银行家里多尔菲和1583年弗朗西斯·斯洛克莫顿先后阴谋推翻伊丽莎白一世，以使玛丽·斯图亚特登上王位，这些阴谋都没有得逞，主谋都被处决。1586年，安东尼·巴宾顿又故伎重演，妄图谋杀伊丽莎白一世。沃尔辛厄姆故意让玛丽和巴宾顿之间保持秘密联系，直到他掌握确切的证据。正是这些证据最终说服伊丽莎白一世下决心处决玛丽。巴宾顿和他的同伙被处决，玛丽被议会和法院宣判有罪。1587年2月，伊丽莎白最终签署玛丽的死刑令。玛丽女王成为欧洲史上第一位被斩首的国王。

三、击败西班牙的无敌舰队

伊丽莎白与塞西尔几十年来一直都在努力避免与西班牙发生战争，但是1588年两国之间的战争还是爆发了，整个欧洲都在密切关注战争进程。战争的结果是英国击败了西班牙的无敌舰队，西班牙在欧洲大陆的霸权开始丧失，英国则初步获得制海权。

到1580年，似乎只有英格兰有足够实力阻挡西班牙在欧洲的军事和政治扩张。西班牙国王腓力二世基于宗教、商业、政治和个人原因准备入侵英格兰。

就宗教原因来说，腓力二世坚信入侵英国的神圣使命是为了恢复天主教在英国的正统地位。在欧洲，新教领袖原有三驾马车，即尼德兰的奥兰治威廉，法国胡格诺派领袖科利尼海军上将和英国的伊丽莎白一世。科利尼在1572年被法国天主教徒谋杀，威廉在1584年被西班牙雇用的刺客谋杀，现在新教的领袖只剩伊丽莎白一世。消灭了伊丽莎白一世，欧洲的宗教就能恢复天主教正统。由于英国支持西属尼德兰的新教省份公开反抗西班牙，腓力二世认为只要叛乱分子持续得到英国援助，只要英国控制通往安特卫普的海上航线，尼德兰就会继续抵抗西班牙。而伊丽莎白一世之所以帮助尼德兰，在于确保与尼德兰贸易的安全并防止西班牙以尼德兰为跳板入侵英格兰。

第七章 伊丽莎白时代的英国

1580年，西班牙吞并葡萄牙，葡萄牙的殖民帝国为腓力二世带来巨额海外财富。然而，英国的老练水手们一直在大西洋骚扰西班牙，他们劫持船只，试图打破西班牙对奴隶贸易的垄断。这些冒险家中最著名的有约翰·霍金斯爵士、弗朗西斯·德雷克爵士、马丁·弗洛比舍爵士和理查德·格伦维尔爵士。虽然他们从来没有得到英国王室的公开支持，但是伊丽莎白一世私下资助他们，参与他们的分红，还封他们为爵士。伊丽莎白一世派弗朗西斯·德雷克率海上舰队突袭西印度群岛，并派莱斯特伯爵罗伯特·达德利带兵攻打尼德兰。弗朗西斯·德雷克的海上舰队到达卡特赫纳后，羞辱了西班牙王国，激怒了西班牙民众。但西班牙的海上力量并没有受到丝毫影响，弗朗西斯·德雷克也没有得到任何好处。1587年到1588年，英格兰为战争投入了二十五万英镑，成千上万将士和绅士为此付出了生命，其中包括英格兰女王伊丽莎白一世最信赖的菲利普·西德尼。然而，所有努力似乎都无法阻挡所向披靡的西班牙舰队。[①]西班牙人认为必须要击败英国，才能保证西班牙对海洋的控制。

腓力二世以玛丽·斯图亚特被处死为借口，迅速制订出入侵英国的计划。腓力二世打算派遣一支庞大的无敌舰队到尼德兰，由帕尔马公爵率领的欧洲精锐陆军与无敌舰队汇合，共同入侵英国，并希望到时英国天主教徒能发动起义与西班牙侵略军里应外合。然而这一入侵计划在一开始便充满变数。1587年英国弗朗西斯·德雷克爵士率领舰队偷袭加地斯港，击沉西班牙数千吨的船只和物资，使得西班牙对英国的海战推迟一年。西班牙帕尔马公爵率领的陆军遭到尼德兰和英国军队的层层堵截，也没有按计划到达汇合地点。

1588年7月29日，英国人在英吉利海峡看到了由131艘船只组成的无敌舰队。这是腓力二世花费巨资装备起来的庞大舰队，包括65艘带船楼的大型战舰，25艘辎重帆船，19艘小型护卫船，13艘通信船和8艘大型运输船。总兵力3万多人，其中水手和炮手8千人，步兵2.3万人。英国当时只有大型战舰20余艘，舰队作战人员约9千人。英国没有实力与西班牙的"无敌舰队"进行一对一的抗衡，只能凭借建造数量众多，约有数百艘的小型船只与之周旋。虽然

---

① [美]加勒特·马丁利. 西班牙无敌舰队[M]. 北京：华文出版社，2019：36.

英国建造的船只吨位比西班牙船只小，但速度却比西班牙船只快。许多英国私掠船都有海上劫掠的丰富经验，因此英国人对西班牙舰队采用的战术是打了就跑。[①]起初，英国舰队采用小船快攻的方式未能击溃西班牙人的新月形队形。当无敌舰队在加莱抛锚准备给养时，英国舰队驱动装满炸药的小船发起火攻，摧毁了西班牙四艘大帆船，在这场决战中给西班牙舰队以沉重打击。受到重创的无敌舰队由于无法得到给养，也无法原路返航，不得不绕过不列颠群岛向北航行，但是北海猛烈的风暴给西班牙无敌舰队造成了毁灭性的破坏。9月，西班牙舰队只有43艘残破船只回到西班牙。这次海战英国以数十人的轻微代价，击败无敌舰队，取得了世界海战史上罕见的胜利。

　　无敌舰队的惨败并没有彻底摧毁西班牙，西班牙也没有立即丧失制海权。在接下来的15年里，从美洲运往西班牙的白银数量创历史新高。然而，击败无敌舰队的意义在于，把英格兰从西班牙强大的军事力量中拯救出来，同时也促使英格兰的天主教徒和新教徒联合起来对抗共同的敌人。击败无敌舰队阻止了西班牙在欧洲的武力扩张，也赋予尼德兰起义者继续战斗、争取独立的勇气。随着西班牙海上势力的瓦解，英国在远东和美洲开辟了新的殖民地。英国和尼德兰军队在东方向衰落的葡萄牙帝国发起挑战，法国和英国向美洲的殖民活动也不再犹豫。对伊丽莎白一世和她的人民来说，1588年击败无敌舰队使他们更加相信上帝和好运是站在英国一边的。

　　击败无敌舰队也标志着英国与西班牙长达14年的武力冲突开始。1589年，德雷克爵士率领150艘舰船和1800人的作战人员袭击西班牙，结果惨败，几乎全军覆没。此后，英国海军在亚速尔群岛不时骚扰西班牙人，伊丽莎白一世定期派遣英国军队到尼德兰和法国北部对抗西班牙。

　　1589年至1595年，法国瓦卢瓦家族的最后一位继承人亨利三世被暗杀，信奉新教的纳瓦拉的亨利（亨利四世）成为法国国王。伊丽莎白一世曾先后五次派出远征军支援亨利四世，帮助法国对抗西班牙。亨利四世原为胡格诺派信徒，为了继承法国王位，1593年改信天主教，直到1598年法国和西班牙

---

① ［美］萨克雷，［美］芬德林. 世界大历史 文艺复兴至16世纪［M］. 北京：新世界出版社，2014：413.

达成和平协议之前，他和伊丽莎白一世始终保持着联盟关系。

四、经济和殖民扩张

在伊丽莎白时代，随着英国商业革命的兴起，英国的经济和贸易不断繁荣，商人、贵族和自耕农的命运发生深刻变化。

在农业方面，伊丽莎白一世曾颁布法令遏制圈地运动，但效果不佳。负责执行这些法律的乡绅们就是圈地运动的获利者，他们当然不愿意自绝财路，圈地运动仍在继续。但是，随着城镇数量的快速增长，对食物的需求快速增长，这引起粮食价格的大大提高，小麦种植与饲养绵羊形成激烈竞争。

在社会救济方面，在伊丽莎白一世时期，随着圈地运动不断扩大、疫情以及农业歉收导致失地流浪者、无业游民、偷盗者和乞讨者不断增多，社会不安因素急剧增加。市政和教会的救济能力实在有限，已经无法处理大规模的贫困人员，英国政府遂承担起慈善和救济贫困的责任。1563年，议会通过技工法令（或学徒法令），把劳动力的管理权由地方转移到国家，由中央政府采取措施促进就业来遏制流浪现象。这一法案强制实行7年的行业学徒制来控制和招募劳工，如果有条件，要求非熟练工人在农事高峰期从事农业工作。1572年开征济贫税，设置专门人员负责慈善救济事宜。1576年和1597年又颁布两项法令，首先在伦敦实施和推广感化院制度。1601年，对以上法令加以系统梳理和补充，成为正式的《济贫法》。根据这一法案，教区成为当地的行政单位，每个教区任命4名监督员，对教区内的流浪人员给予严厉惩罚。他们有权向财产所有者征收济贫税（强制税），以建立济贫院，为失业者提供救济。救济办法因人而异，年老和丧失劳动力的，在家接受救济；贫穷儿童则在指定的人家寄养，长到一定年龄后送去作学徒；流浪者和无家可归者则被关进监狱或送入感化院。这一法案遵循的基本原则是，让没有工作能力的得到救济或赡养；有劳动能力的要给予一份工作维持生存。从本质上来说，政府出台《济贫法》的动机更多的是出于恐惧，而不是人道主义。英国政府唯恐流浪和饥饿的人们在走投无路时会铤而走险，做出离经叛道的事情。伊丽莎白《济贫法》表明统治者终于意识到了贫困和失业对自己统治的威胁，因此必须由政府采取某种措施来缓和这些社会矛盾。①《济贫法》在执行过程中对流浪人员的制裁过于严厉。年龄在14岁以上的流浪者第一次被抓住要被施以鞭刑，还要用烙铁烙穿耳朵的软骨，永远打上"流民"的印记。第二次被抓住的流民将会被判处死刑，除非有人愿意收他为奴两年。如果第三次被抓住就只能是死刑且无法赦免。尽管如此，1601年的伊丽莎白《济贫法》成为日后英国社会福利立法的开端。伊丽莎白济贫法标志着英国社会政策的诞生，它也是那个时代占主导地位思潮的产物。当时英国社会上层存在着一种强烈的愿望，一种采取某种户外救济的措施和惩治懒惰的混合着的愿望。②

在商业方面，伊丽莎白一世采用"重商主义"政策，加强国家对商业的控制，鼓励国内工业发展，促进贸易平衡。这一时期英国的呢绒生产和贸易仍是主导产业，造船业和煤矿开采迅速发展，制盐等新兴工业变得愈发重要起来。英国海外扩张远远晚于葡萄牙和西班牙。这两个国家自15世纪开始就在王室的支持下，发起了大规模海外探险和殖民活动，占据了欧洲至东亚、南亚、美洲等地的航海通道和大量的海外殖民地，源源不断的财富流向西班牙和葡萄牙。而英国在同一时期则专注于建立新王朝和新教会。15世纪末，英国也开始海外拓殖，殖民方向集中在西北和东北方向，力争不与西班牙和葡萄牙的海外扩张产生直接矛盾。1497年，约翰·卡伯特为一家英国公司勘探时，发现了纽芬兰，为英国未来对北美的殖民提供了依据。伊丽莎白一世继位后，在王室的默许和支持下，英国海盗的活动区域由英吉利海峡转移到大西洋，开始向西班牙和葡萄牙所控制的海外势力范围和殖民地渗透。英国海盗频繁地抢劫从东方驶来的装载着东方香料的葡萄牙商船和装满金银的从美洲驶来的西班牙"白银舰队"。这一时期，约翰·霍金斯打进西班牙垄断的非洲和西印度群岛之间的奴隶贸易。弗朗西斯·德雷克爵士进行壮观的环球航行（1577—1580年）。英国航海家、探险家马丁·弗罗比舍（1576年）在寻找自大西洋至太平洋的西北航道时探索了加拿大东北部。这些活动

---

① 陈晓律. 英国福利制度的由来与发展[M]. 南京：南京大学出版社，1996：12.
② 陈晓律. 英国福利制度的由来与发展[M]. 南京：南京大学出版社，1996：12.

大大恶化了英国与西班牙的关系,两国最终兵戎相见。1588年,英国联合尼德兰击败西班牙的"无敌舰队",消除了英国海上扩张和夺取西班牙海外殖民地的最大障碍,英国开始进入海外殖民的扩张阶段。英国的对外贸易通过组建伊丽莎白女王特许的新贸易公司得以扩展:这些公司包括"几内亚公司"(1588年,允许该公司垄断与西非的贸易包括贩卖黑奴)、黎凡特公司(1592年,允许该公司垄断对奥斯曼土耳其的贸易)和东印度公司(1600年,允许该公司享有对好望角以东的国家特别是印度进行贸易的垄断权)等。在王室的支持下,英国向东北方向开辟了北海和波罗的海航线,向东南方向开辟了地中海和远东贸易航线,由此英国摆脱了原来对尼德兰安特卫普航线的依赖。新航线的开辟和海外贸易公司的建立为英国带来源源不断的巨额财富和巨大的海外市场,从而为英国的资本主义生产关系发展提供了有利条件。

五、政府机构发展

从中世纪到民族国家的政治转型过程中,英国有两项重要的发展:一是中央集权加强,中央政府取代中世纪私人庄园(地方政府)成为治理国家的主要机构;二是议会的规模和重要性不断增长,成为政府统治的主要权力机构。在中央政府方面,从亨利八世时代起,枢密院成为英国行政管理中心。最高决策权仍然属于国王,枢密院对君主负责,而不是对议会(与现在的内阁相比)负责。在地方政府方面,教区取代早期庄园或村庄成为地方行政单位,这是伊丽莎白统治时期的重要特点之一。在郡治安法官的支持下,教会执事和穷人监察员在枢密院的监督下执行《济贫法案》。在郡县一级,1550年设立郡首席治安官,这一职位由贵族担任,通常是枢密院成员,其职能是作为中央政府和地方政府之间的联络人。治安官是地方政府中不可缺少的官员,他们维持地方安定,负责执行《济贫法案》,惩罚游民以及对宗教不敬的人等。治安官数量的大量增加和职责的多样化反映了士绅势力的上升。

在法庭建设方面,都铎王朝时期,英国的法律职业和法律业务大幅扩张。律师学院(尤指英国伦敦4个培养律师的组织)和《普通法》在伊丽莎白女王的统治下恢复原有地位。普通法庭包括以下诸多法庭：第一，即决法庭或小治安裁判法庭，由两名或两名以上的治安法官主持，审理轻微的指控；第二，季审法庭，每年召开四次会议，审理比较严重的郡县案件；第三，皇家法官主持的巡回法院；第四，威斯敏斯特的普通法法院——王座法庭（英国高等法院）。没有陪审团的皇家特权法院负责审理衡平法案件和重要的民事案件。此外还有宗教犯罪高级委员会法院、北方法院（指英格兰北部）、威尔士议会、爱尔兰的城堡内庭和星室法庭。

在议会发展方面，亨利八世借助议会来完成与罗马教廷的决裂，此后议会作为政府工具变得愈发重要。都铎王朝君主们都比较擅长处理王室和议会的关系，议会的绅士们与君主之间保持着合作关系。在伊丽莎白时期，下议院获得巨大权力，下议院所代表的绅士、律师和商人等中产阶级影响力日益增长。下议院成员数量也由16世纪初的296人增加到462人。上议院的影响仍在，但已经不能和玫瑰战争之前的作用相提并论。都铎王朝兴起的新贵族对历代君主往往感恩戴德，所有针对都铎王朝君主们的叛乱都以失败告终。都铎王朝的王权大大加强了，然而，都铎王朝的君主们足够精明。英国不像法国，英国的君主没有常备军或专业的官僚机构来支持法国式的专制王权。相反，都铎政府依赖于地方管理者的志愿服务以及忠诚臣民的合作才得以有效地运作，到伊丽莎白统治末期，下议院在这一都铎王朝的运作体系下变得活跃起来，特权逐渐扩大。

六、学术和文学

伊丽莎白一世统治期间，宽容的政策和长期的太平盛世使英国的人文主义得到广泛传播，使这一时期成为英国文艺复兴的鼎盛时期。文艺复兴和宗教改革以不同的方式塑造了这一时期的学术和文学，使其呈现出鲜明的英国特征，展现出一种民族主义的成熟的自我反省和自我意识。

宗教改革削弱了教会对教育的控制。亨利八世和爱德华六世统治下，修道院和中小教会的解散使得许多学校关闭了，直到伊丽莎白统治晚期，在神职人员和贵族的庇护下才恢复了文法学校。文艺复兴运动对大学的影响更

第七章　伊丽莎白时代的英国

为深刻，使大学传授的知识更加丰富，大学精神更加自由。宗教改革使牛津大学的宗教人士和教职人员流失严重，但牛津大学仍然是当时规模最大的大学。宗教改革后的剑桥大学在规模和影响上都有很大发展，毕竟伊丽莎白一世的核心顾问圈子从克兰默到班克罗夫特都是剑桥学者。由于剑桥大学比牛津大学更加倾向新教，随着清教徒权力的增长，剑桥七所新学院中有三所是在清教徒的推动下建立起来的。这一时期的大学课程设置几乎没有变化，虽然导师制的实施改变了教学方法，但神学、逻辑学和哲学仍然是核心课程。

在文学方面，16世纪中期之前的宗教和政治争论并没有促进学术和文学的发展。文艺复兴时期文学的繁盛发生在伊丽莎白统治时期。伊丽莎白的导师兼秘书罗杰·阿斯克姆在《学者》上发表了一篇关于政治教育的论文，呼吁在公立学校学习古典文学。拉尔夫·霍林希德的爱国编年史成为莎士比亚和马洛的历史剧原始材料。约翰·利兰所撰写的两本关于宫廷礼仪和举止的著作中描绘了英国的社会状况，其华丽、结构精巧的散文风格风行一时。理查德·哈卢依特的《英国民族的主要航海、航行和发现》，约翰·利兰的《艰苦的旅程》以及威廉·哈利森对英国的描述激发了人们对地理和历史的兴趣。沃尔特·罗利爵士是金融家、探险家和诗人，他撰写了一部非凡的世界史。英国文艺复兴时期散文家、哲学家弗朗西斯·培根爵士的随笔以警句般的风格为人们提供了精辟的智慧，他在1624年出版的《论说文集》（亦译《培根论人生》）一书，文笔非常优美，是值得一读的佳作。其中有很多警句名言，例如，知识就是力量。理查德·胡克以他审慎而平衡的教会政治法则为伊丽莎白时代的教会提供了最有力的辩解。在诗歌上，伊丽莎白时期出现了17世纪最著名的三位诗人：菲利普·西德尼爵士、埃德蒙·斯宾塞和威廉·莎士比亚。西德尼最受推崇的两部作品是《阿尔卡迪亚》和《斯特拉》（十四行诗），前者被称为英国文学作品中最具代表性的早期田园诗，后者被认为是伊丽莎白时代最优秀的十四行诗。斯宾塞是诗人中的诗人，他最著名的两个作品（九行诗）是《牧羊人日历》和《仙后》，其诗歌中充满感性的描写，被后来的浪漫主义诗人拜伦和雪莱所模仿，被誉为"给英国和英语带来了荣耀"。英国文艺复兴时期剧作家、诗人莎士比亚的非戏剧诗歌是在他早期创作的,包括十四行诗和长篇叙事诗《维纳斯、阿多尼斯和鲁克丽丝》,后来莎士比亚被誉为17世纪最佳诗人。在戏剧的精彩和多样性方面,没有哪个时代能比得上伊丽莎白时代。罗伯特·格林写了《滑稽的修士培根》和历史剧《詹姆斯四世》。克里斯托弗·马洛30岁时死于酒馆决斗,但他在短暂的一生中用无韵诗书写了三部代表作《帖木儿》《马耳他岛的犹太人》《浮士德博士的悲剧史》。马洛革新了中世纪的戏剧,在舞台上创造了反映时代精神的巨人性格和"雄伟的诗行",为莎士比亚的创作铺平道路。莎士比亚以《奥赛罗》《哈姆雷特》《李尔王》《麦克白》为代表的三十四部戏剧使这个时代的戏剧写作达到高潮。莎士比亚的戏剧充分体现了伊丽莎白一世时期的时代精神和人文精神。莎士比亚尝试过各种类型——喜剧、悲剧、历史剧和传奇剧——并且在每个领域都成就斐然,独占鳌头。他也成为英国历史上最杰出的戏剧家,欧洲文艺复兴时期最重要、最伟大的文学家。

伊丽莎白于1562年不幸染上天花。虽然伊丽莎白没有因此而丢掉性命,但是天花却不但给她脸上留下了疤痕,而且还导致其头部部分地方脱发,所幸没有在其他方面留下后遗症。1602年,伊丽莎白的健康状况开始每况愈下,此后没过多长时间,1603年3月24日,伊丽莎白一世辞世。[①]去世前,也许是为了补偿1587年处死玛丽·斯图亚特的内疚,她指定玛丽的儿子苏格兰国王詹姆士六世为继承人,即后来的詹姆士一世。伊丽莎白一世也成为都铎王朝最后一位君主。

伊丽莎白是当今英国国教的主要创立者。尤其是在英国打败西班牙"无敌舰队"之后的数十年间,伊丽莎白为像弗朗西斯·德雷克爵士一样的探险者提供了大量帮助,为英国在17世纪发展成一个强大的殖民帝国奠定了基础。在随后的整个17世纪里,英国将挑战西班牙和葡萄牙自1492年便建立起的全球殖民特权。[②]

---

① [美]萨克雷,[美]芬德林. 世界大历史 文艺复兴至16世纪[M]. 北京:新世界出版社,2014:414.

② [美]萨克雷,[美]芬德林. 世界大历史 文艺复兴至16世纪[M]. 北京:新世界出版社,2014:414.

第八章 斯图亚特王朝

第八章 斯图亚特王朝

一、詹姆士一世

在斯图亚特王朝时期，议会和王权的矛盾成为冲突的焦点，导致议会下议院权力结构发生异化。在宗教方面，清教在英格兰贵族中的影响力日益增强，但是国教与王权联系日益紧密，詹姆士一世认为宗教上的退让就是王权上的退让，在斗争中国王（国教）和清教徒都采取了不妥协的立场。

1567年，玛丽·斯图亚特王位被废黜逃往英格兰后，她不到1岁的儿子詹姆士继承苏格兰王位，即詹姆士六世。詹姆士六世长相平庸，举止粗俗，丝毫没有其母玛丽·斯图亚特的尊贵气质。他身材矮小，两条腿细长，头长得很难看，穿上防范刺客的厚夹心紧身衣之后，整个形象显得更滑稽了。他还是个大舌头，说话有点结巴，喝东西略显笨拙。[1]他自幼接受良好教育，学识渊博，博览全书，自高自大，但却思想狭隘，刚愎自用，对书籍的理解远胜于他对臣民的理解，以至于一位法国同时代的学者称他为"基督教世界中最聪明的傻瓜"。按照斯图亚特王朝的传统，詹姆士相信君权神授，笃信自己生来就有天赋权力统治人民，并声称"君主不会犯错"，"质疑君主的权威就是质疑上帝"。为此他专门写了一篇关于君权神授的论文《神权》来支持自己的专制主义观点。

詹姆士六世13岁时亲政，因封赐信奉天主教的法国人埃斯梅·斯图尔特为伦诺克斯公爵，遭苏格兰新教贵族的反对。1582年詹姆士被高里伯爵威廉·鲁斯文等人绑架，次年逃脱。后来，詹姆士六世因图谋继承英格兰王位，竭力与英格兰女王伊丽莎白一世保持良好关系。即使是母亲被伊丽莎白一世处死，他也仅是温和地表示抗议。1589年詹姆士六世与信奉新教的丹麦公主安妮结婚。1592年，詹姆士六世又批准长老派教会为苏格兰国教。1600年，詹姆士六世挫败高里阴谋，处决高里伯爵约翰·鲁斯文。1603年4月，按英格兰女王伊丽莎白一世遗愿赴英格兰继承王位成为英格兰的詹姆士一世，

---

[1] ［美］罗伯茨，［美］比松. 英国史 上 史前—1714年［M］. 北京：商务印书馆，2013：381.

从而开启英格兰历史上的斯图亚特王朝。英格兰与苏格兰两个王国合并。詹姆士的继位得到以罗伯特·塞西尔为首的枢密院的支持，也受到英格兰民众的热情欢迎。然而这位苏格兰国王根本就不了解苏格兰与英格兰两个王国的差异，一切皆按照"苏格兰习惯"行事。很快，他继位之初的声望便消失了。

詹姆士登上王位后立即与议会发生冲突。1604年，他命令大法官法庭宣布白金汉郡弗兰西斯·高德温爵士的当选无效，并且声称他作为被剥夺了法律权益的人，不具有当选议员资格。詹姆士的做法并非无先例可循。在伊丽莎白时期，大法官法庭就有权裁定有争议的议会选举结果。下院对此激烈反对，说高德温的当选是合法的，并且要求有权裁定议会自身的选举结果。詹姆士告诉下院，他们的特权本身就出自国王，加剧了双方的争吵。这件事情激起议会起草了《认错与补偿规范》，其中宣布：他们的特权来自传统的权利而非国王的恩赐；并且应该由议会而非大法官法庭裁定议会选举结果。虽然下院从未真正将《认错与补偿规范》呈递给詹姆士，但在多次讨价还价之后，他们还是劝服詹姆士认可下院才是其选举结果最适合的裁定者，这等于承认了一条对任何立法团体的独立性都很重要的原则。下院进而坚持在很多方面独立于国王，缺乏经验的詹姆士正好为此提供了契机。在《认错与补偿规范》中，下院告知詹姆士，不经议会同意，不能更改宗教信仰，但此举并不能阻止他在主教和清教徒之间寻求妥协。①

在宗教上，清教徒和天主教徒乐观地认为，詹姆士国王会比伊丽莎白一世更同情他们的宗教事业。清教徒希望支持长老会的苏格兰国王能允许清教徒在英格兰推行其改革。天主教徒认为，詹姆士一世的母亲是天主教徒，而詹姆士对苏格兰的天主教信仰采取宽容政策，对信奉天主教的西班牙也很友好，因此，詹姆士国王可能会支持英国的天主教事业。然而，实际情况却令他们失望，詹姆士一世不愿同时取悦清教徒与天主教徒，他更加支持伊丽莎白时代的国教会。

---

① ［美］罗伯茨，［美］比松. 英国史 上 史前—1714年［M］. 北京：商务印书馆，2013：382-383.

第八章 斯图亚特王朝

　　1604年，800多名清教徒向詹姆士一世递交"千人请愿书"，要求詹姆士一世简化英国国教的宗教仪式，废除洗礼中的十字架仪式，改变主教制和公祷书，还要求重新翻译《圣经》。詹姆士一世在汉普顿宫会见了清教徒和国教徒，试图调解两者的矛盾。他拒绝了请愿书中的大部分要求，重申国教的权威和主教制的地位。同时，詹姆士一世要求全体国教徒都承认君主的最高宗教权威，并接受《三十九信条》和经过修订的《第三公祷书》。就像历史学家所评论的："伊丽莎白的政策导致国教会内部一个反对派即清教的产生，詹姆士则制造了一个宪政反对派即不从国教者，而到查理一世时期，'两者联合了起来，从这种联合之中终于产生了内战'。"此次宫廷会议所取得的唯一具有建设性的成果是詹姆士国王同意授权翻译新版《圣经》。早在14世纪80年代，约翰·威克利夫就曾把圣经由拉丁文翻译成英文，这威胁到了教会的权威，约翰·威克利夫被视为异教徒遭到教会迫害。1525年，威廉·廷代尔把希腊的《新约》翻译成英语，也被判处火刑。直到1534年，亨利八世断绝与罗马教会的关系，成立英国国教会，在1535到1568年期间，先后出版五个《圣经》译本：马修版、塔文纳版、克兰摩版、日内瓦版和主教版，各个版本的内容也不尽相同。为了纠正这些弊端，詹姆士一世组织牛津大学、剑桥大学和威斯敏斯特的大批学者，花费6年时间，编纂英文版《圣经》。1610年，钦定版《圣经》问世，此版《圣经》全文使用单词不过8000个，但通俗易懂，行文优美。随着钦定版《圣经》大量发行，使英文真正渗透到英国各阶层，成为一种真正普遍性的读写文字，英语能成为当今世界最通用的语言亦是奠基于此，更重要的是它对于凝聚英国民族感情具有不容低估的作用。

　　詹姆士一世继位后，继续实行伊丽莎白一世时期所制定的反天主教法令，禁止天主教传教，对进入天主教学校者给予重罚，有债不还的天主教徒要被没收不动产。他还签署敕令，命令所有的天主教神父离开英国，并且继续向非国教徒征收罚款。于是，一些激进的天主教徒阴谋刺杀国王。1605年11月5日，正值议会开会之日，英国王室破获以盖伊·福克斯为首的"火药阴谋案"。这些人计划这一天在议会大厦地下安置36桶炸药，炸死国王和议员,并趁乱夺权。幸好在会议开始前,阴谋案主犯盖伊·福克斯在议会的地窖里被抓住,当时他的手里正拿着一桶待点燃的火药。天主教徒的这一惊天阴谋震惊全国。天主教徒和国教徒的矛盾进一步激化。总体来说,詹姆士一世统治时期,英国国教会的统治地位没有受到根本性威胁。

  财政问题成为詹姆士一世和议会之间产生矛盾的主要问题。詹姆士一世从未意识到苏格兰与英格兰两个王国存在根本区别:苏格兰的王权和贵族权力强大而议会权力软弱,而当时的英格兰情况却正相反。詹姆士一世继位后,就深受财政问题的困扰,伊丽莎白一世给他留下近300万英镑的债务。詹姆士一世只能在1604—1611年召开第一届议会,要求议会批准增加新税种,以使王室收支相抵。1606年6月,詹姆士一世下令对进口葡萄干在已有税赋基础上额外征收一笔进口税。一位名叫约翰·贝特的进出口商公然拒绝支付附加税款,理由是征收这种附加税未经议会批准,并因此与国王对簿公堂,这就是历史上著名的"贝特案"。进口税是在英国港口对特定货物征收的额外关税,其目的不是增加财政收入,而是规制贸易,保护本国的生产者和制造者。自亨利八世以来,玛丽一世和伊丽莎白一世都将这一权利控制在国王手中。7月,财政法庭的四位法官一致裁定国王胜诉。这一裁定承认詹姆士一世有权通过加盖王玺的特许状对进口葡萄干征收附加税。财政法庭认为,国王的税收特权是王权的本质特征,只要目的在于管理贸易而非只是征税,则国王可以征收任何税。这项判决确认了国王在管理贸易方面的特权,但却带有浓重的扩大王权色彩。1608年,詹姆士一世将进口税的征收范围几乎扩展至所有进口商品,这无疑背离了"贝特案"裁决的初衷,即国王征税的目的不再是规制贸易,而是增加王室的财政收入。1608年他公布了新的税率文书,有1400个条款中规定的关税从30%提高到40%,使王室每年多产出7万英镑的收入。[①]这进一步引发议会的不满,在1610年召开的议会上,围绕进口商品征税问题双方针锋相对。詹姆士一世命令"议会不要讨论国王对进出口商品征税的权力和特权",议会则强调国王特权不能与大宪章相冲突。最终,

---

① [美]罗伯茨,[美]比松. 英国史 上 史前—1714年 [M]. 北京: 商务印书馆, 2013: 382-383.

詹姆士一世不得不缩小进口税的征收范围作为妥协。1611年，詹姆士提出放弃一些权利，例如对未成年贵族的监护权，以换取每年20万英镑的收入。按照封建法，国王享有对继承地产的未成年臣属的土地和婚姻的处置权，这实际上是王室对未成年贵族的监护制度。被监护的未成年贵族要在宫廷中接受教育，或者根据国王的意旨，与地产购买者的子女成亲，或者将其土地拍卖。通过监护权，国王可以获得不少收入，这也是国王所享有的财政特权之一。例如，1617—1622年，詹姆士一世利用监护权获得3.5万英镑；而1638—1640年，监护法庭带给查理一世的收入达到8.3万英镑。由于国王的财政特权收入不受议会控制，所以早在1610年，有议员提出，如果国王放弃监护权和采买权（征收粮食的权力，以低于市场价格收购粮食的权利），那么作为补偿，议会每年批准他征收20万英镑的税费作为王室收入，这就是所谓"大协议"。但是双方对此提议都表示不满。国王认为20万英镑太少，而下议院则认为代价太高，请求国王不仅放弃监护权和采买权，而且放弃征收新关税。最后"大协议"的谈判破裂了，詹姆士一世借机解散了第一届议会。

这些财政应急手段的非法性质引出了两个基本问题：一是国王是否受法律的限制，二是由谁来断定王权的法律界限是什么。尽管詹姆士在《自由君主的真正法律》中倡导君权神授，但他从未坚持自己的权力是绝对的。1610年，他承认未经议会同意，他不能制定法律和征收补助金。斯图亚特王朝早期英国的宪政之争并非围绕主权问题——即谁掌握最高权力的问题，因为大多数英国人认为他们的政府是一个由国王、上院和下院组成的混合政府，在这样的政府中没有最高权力。[①]

1614年，经过三年无议会的统治之后，詹姆士国王被迫召集第二届议会。但是，下议院要求在议会投票表决任何财政法案前先纠正国王对议会的不公。经过两个月的激烈争吵，詹姆士一世又解散了议会，此次议会没有通过任何法案，也没有给予国王任何拨款。在接下来的7年里，詹姆士一世在不召集议会的情况下执政，为了获得收入，他采用从强制贷款到出售土地的一

---

① [美]罗伯茨，[美]比松. 英国史 上 史前—1714年[M]. 北京: 商务印书馆, 2013: 386.

切可能的办法。1621年，欧洲三十年战争爆发促使詹姆士一世召集第三届议会。议会一再使用弹劾方式，起诉国王宠臣的贪污腐化。成功指控国王的大法官弗朗西斯·培根爵士收受贿赂，并迫使国王将其免职。此届议会还不断审查和质疑国王的外交政策。不管是伊丽莎白国王一世还是詹姆士一世都认为议会无权干涉国家的外交政策。震怒之下，国王宣布解散此届议会。1624年，詹姆士召集第四届议会。这届议会对詹姆士一世比较友善，因为此届议会急于与西班牙和天主教联盟宣战以支持德国的新教徒。詹姆士国王则允许议员们辩论国家的外交事务。此届议会批准并资助詹姆士一世远征西班牙。但是在1625年英国舰队出征前，詹姆士一世去世，其子查理一世继位。

在詹姆士国王统治期间，出现一批王室宠臣。起初，詹姆士依赖伊丽莎白一世的首席顾问罗伯特·塞西尔，后来王室宠臣取代了塞西尔和枢密院的地位与职能。在王室的宠臣之中，最著名的是健美、风流的萨默塞特伯爵罗伯特·卡尔和白金汉公爵乔治·维利尔斯。维利尔斯个子高，身体比例完美，长着浓密的棕色头发，嘴唇精致，嘴角略微上翘，眼睛浓黑。在法国精心修习了音乐舞蹈、学到了精湛的骑马决斗技艺。詹姆士1614年对维利尔斯一见钟情，一年后便赐予他骑士身份，1617年封他为伯爵，1619年晋升为侯爵，1623年成为白金汉公爵，詹姆士对他宠爱有加，跟他调情、亲吻、拥抱，这种行为使他的同性恋癖好为人所共知。安东尼韦尔登爵士写道："国王在公共场合以如此放荡的方式亲吻他的宠臣……很多人就开始猜测他们私底下都干些什么，那些话是我无法启齿的。"[1]詹姆士国王对这些宠臣的过度依赖引起朝堂上下的不满。随着王室宠臣的崛起，议员们逐渐失去对议会立法的影响。

在外交事务方面，詹姆士一世一直致力追求外部和平。1604年，詹姆士一世和罗伯特·塞西尔与西班牙签订和平协议，结束了从无敌舰队时代就开始的与西班牙的战争。这一举措遭到清教徒和商业阶层反对，英国议会也表述不满。后来，在白金汉公爵与西班牙大使贡多玛伯爵的影响下，詹姆士一

---

[1] ［美］罗伯茨，［美］比松. 英国史 上 史前—1714年［M］. 北京：商务印书馆，2013：388.

世开始推行亲西班牙政策。1618年，西班牙侵占波西米亚王国弗里德里克的领地，而波西米亚担心西班牙的天主教会威胁自己的新教信仰，于是把哈布斯堡神圣罗马皇帝马赛厄斯派到布拉格的两名特使丢出窗外，这就是著名的"掷出窗外事件"。这一事件引发了席卷全欧洲的新教国家和天主教国家之间的三十年战争。战争首先从波希米亚爆发，波西米亚的新教徒罢黜了他们狂热的天主教国王，并邀请普法尔茨的选帝侯腓特烈继承王位，即腓特烈五世。天主教徒和哈布斯堡王朝迅速、残酷地进行报复。腓特烈五世和王后伊丽莎白（詹姆士一世的女儿）被迫下台，逃亡荷兰，普法尔茨被移交给天主教联盟，而波希米亚则重新纳入神圣罗马帝国的版图。这一事态发展使詹姆士一世对西班牙的政策复杂化了。英国人普遍支持腓特烈五世，因为他是新教徒，又是詹姆士一世的女婿。下院希望与西班牙开战，但詹姆士一世希望以查理王子（查理一世）与西班牙公主联姻来化解矛盾。1621年秋议会开始时，下院坚持要对西班牙开战，詹姆士一世则宣称下院无权讨论外交大事。对此，下议院起草抗议书，声称宗教事务和对外政策是下院商讨的主要议题。詹姆士一世怒而解散下院，并向伦敦金融家借款，恢复了王室的赔付能力。1623年，前往西班牙向长公主求婚的查理王子（后来的查理一世）和白金汉公爵在西班牙碰壁，受到侮辱，归来后两人转变态度，联合下院，要求对西班牙开战。詹姆士一世只好让步，同意对西班牙宣战。英国对西班牙的宿怨终于在1624年引发了英西战争。

随着英国国内宗教矛盾激化和社会矛盾加剧，人们开始尝试向北美殖民。1587年，探险家沃尔特·雷利率领117名殖民者（91名男子、17名妇女和9名儿童）在罗诺克岛建立英国在北美的第一个移民点。他将这个地区命名为"弗吉尼亚"（处女地的意思）以歌颂"把贞操献给国家"的英国女王伊丽莎白一世。但后来这些殖民者全部神秘失踪，此次向北美殖民的尝试以失败告终。

1606年，一批投机商人获得詹姆士一世特许，组建弗吉尼亚公司，经营移民事务。1607年春天，他们组织了144人，分别乘坐三艘船抵达新大陆，在弗吉尼亚的切萨皮克湾建立定居点。为了歌颂詹姆士一世，这个定居点被命名为詹姆士敦。这里成为英国在北美第一个永久殖民地。那时，欧洲的烟民增加，需求扩大，弗吉尼亚殖民者很快掌握了烟草的种植技术，烟草业的巨额利润让很多人趋之若鹜，烟草种植园陆续出现，当地经济日渐繁荣。1619年，弗吉尼亚根据英国议会模式建立了第一个殖民地立法机构。1620年9月6号，为了实现宗教信仰自由，36名清教徒离开荷兰，在英国西部与66名殖民者汇合，乘坐"五月花号"（英国的一艘三桅杆木质帆船，长28米、宽8米、排水量180吨）离开旧大陆，经过66天艰苦航程，于11月11号，他们在现今的马萨诸塞州科特角湾登陆，他们把登陆地点命名为普利茅斯。这些憧憬着自由生活的新教徒共同签署了一份自治文件："人民可以由自己的意思来决定自治管理的方式，不再由人民以上的强权来决定管理。"这就是著名的《五月花号公约》。

二、查理一世

查理一世（1625—1649年在位）是詹姆士一世的次子，作为王子，其从小受到良好教育，对人随和、忠诚，儒雅高贵，比其父更有个人魅力。不过，作为君主，他和其父一样对王权至上笃信不疑，也依赖王室的宠臣进行统治，且心胸狭窄、固执己见、飞扬跋扈、狡诈虚伪，无视他那个时代的发展趋势，也罔顾他的子民的本性和传统。这导致英国议会和清教徒联合起来，挑战他的高压统治，并最终引发内战，而查理一世也成为英国历史上唯一被公开处死的君主。

查理一世上台后放弃了詹姆士一世推行的和平主义外交政策。在4年内，四处出击，先后6次展开对德国天主教徒、西班牙和法国的战争，却没有一次取得胜利，到1630年，英国不得不与法国和西班牙达成和平协议。外交政策的失败激化了国王与议会之间的矛盾。

查理一世认为战争与和平等问题是国王的特权，议会无权过问。由约翰·艾略特、托马斯·温特沃斯、约翰·皮姆、约翰·汉普登等乡绅领导的议会下院提出一系列对国王的不满意见并要求议会获得更多权力。1625年，查理一世任内的第一届议会就废除了国王可以终身征收关税的特权，规定以

第八章 斯图亚特王朝

后每年就国王征收关税问题表决一次；否决了国王要求议会拨款4万英镑以维持英国对西班牙战争的诉求；反对查理一世与路易十三的妹妹信奉天主教的亨丽埃塔·玛丽亚的婚事。查理恼羞成怒，下令解散议会。1626年，对西班牙作战迫切需要军费，查理不得不召开第二届议会，但议员们拒绝了国王的一切要求，还要求对查理一世的宠臣白金汉公爵进行弹劾。他们指控他垄断要职、滥收馈赠、无视职责、疏于治理。尽管查理知道解散议会意味着失去四笔补助金，但是为了使白金汉免于上院审判，查理一世还是再次解散议会，并颁布法令强制民众交税，抗捐抗税的将被逮捕。首席法官团体因为拒绝宣布贷款的合法性而被解散，有76人因为拒绝支付贷款而被监禁。①1628年，英国与西班牙的战争接连失利，查理一世被迫召开第三届议会，以筹集更多资金。但议会表示，在国王没有解决他们的不满之前，议会不会给予国王任何拨款。他们还起草《权利请愿书》来限制王室特权。请愿书援引历史上的法案和法令，强调未经议会同意不得征税或强制举债，禁止不经正式法律程序逮捕和关押任何人或剥夺其财产，禁止任何人对任何案件的审讯进行干预和阻止等。议会以拨款35万英镑作为国王接受该文件的交换条件。查理很不情愿地签署了《权力请愿书》。《权力请愿书》和1215年的《大宪章》一样，最终成为限制君主权力的宪法里程碑，对英国甚至是整个世界历史的走向产生深远影响（美国《独立宣言》和美国宪法都受到《权力请愿书》的影响）。但不久，查理一世就再次因为议会要罢免白金汉公爵而解散了议会，当然国王也没有得到想要的拨款。1628年，白金汉公爵遇刺身亡。1629年，国王宣布解散议会。在接下来的11年（1629—1640年）里，查理一世再没有召集议会。无议会统治期间，为了节约开支，查理一世与法国和西班牙讲和，并利用除了议会拨款以外的一切可能来聚敛钱财以应付王室的开支，这引发了广大民众尤其是代表资产阶级利益的新贵族的愤怒。

1628年，白金汉公爵遇刺后，查理一世主要依靠两位顾问，托马斯·温特沃斯（后来的斯特拉福德伯爵）和劳德大主教。温特沃斯是议会领袖，但

---

① ［美］罗伯茨，［美］比松. 英国史上史前—1714年［M］. 北京：商务印书馆，2013：395.

是在《权利请愿书》通过后，他担心议会权力的扩张会导致政府的崩溃，遂转而支持国王。作为北方议会领袖，他有效地在英国北部实施法律和维护秩序。1633年，查理一世任命他为爱尔兰总督。他改善了爱尔兰财政状况，促进了爱尔兰的对外贸易，使爱尔兰暂时归顺英格兰。作为查理的首席顾问，1633年，威廉·劳德（1573—1645年）成为坎特伯雷大主教。他加强主教的权力和对教区的控制，推行国教仪式，要求牧师在布道时要宣传无条件拥护国王的忠君思想，在举行圣餐仪式时牧师必须身着祭服，站在高高的祭坛边，俯视坐在下面的教众，似乎是上帝拯救俗民的媒介。这种仪式使清教徒极为反感，清教徒指责他妄图重归天主教，劳德则通过星室法庭和高级委员会对清教徒残酷迫害。

1637年，查理一世和劳德大主教试图在苏格兰推行新的英国国教祈祷书和主教制度，遭到信奉新教的苏格兰人民的誓死抵抗。1638年11月苏格兰长老会在格拉斯哥举行大会，签署《民族圣约》，宣布取消查理一世的命令，废除主教制，建立以日内瓦加尔文宗教会为榜样的"纯粹长老会教派"，并集资组建了一支二万二千人的军队。1639年2月苏格兰军队越过边境，向英格兰进攻，"主教战争"爆发。查理一世匆忙调集军队应战，由于军费短缺，英军根本无法与亚历山大·莱斯利指挥的苏格兰军队抗衡，6月19日查理一世被迫签订《贝里克和约》，允许苏格兰人自己解决争端。第一次主教战争结束。1640年查理一世召开议会（短期议会），要求征集军费，对苏格兰再次动武，但被议会拒绝，三周后，查理一世解散议会。1640年8月，苏格兰军队发动进攻，轻松攻占诺森伯兰和达勒姆全境。10月查理一世只得与苏格兰签订《里彭条约》，同意苏格兰军队占领英格兰北部，并每天向苏格兰缴纳850英镑，直至和约的最后签订。为了支付这些资金，查理一世被迫在1640年召集新一届国会，此届议会一直存在至1653年4月，因而被称为"长期议会"。资产阶级和新贵族利用这届议会展开反封建专制制度斗争，从而揭开了英国资产阶级革命的序幕。

三、内战和过渡时期

长期议会为国王和议会之间的对抗提供了舞台。在约翰·皮姆的领导下，长期议会在头两年完成了一场温和的宪政革命。第一，通过《三年法案》要求议会至少每三年召开一次；未经议会同意不得征税；废除像星室法庭和高级委员会这样的特权法院；规定未经议会同意，不得解散议会，这就意味着议会成为一个无限期的常设机构。议会还通过法案废除了星室法庭、高等法院以及其他一些特权法庭。[①]第二，逮捕了斯特拉福德伯爵和劳德大主教。因斯特拉福德伯爵的所作所为得到查理一世批准，无法以叛国罪给他定罪，下院于是通过"褫夺公权法案"，斯特拉福德伯爵以"企图推翻英格兰和爱尔兰古老法律"的罪名被判处死刑。查理一世在民众的压力下也不得不签署了死刑令。1641年5月，斯特拉福德被处决。劳德大主教也被监禁，后来于1645年被处决。斯特拉福德被处死是历史的转折点，而这也将导致国王自己被送上断头台。[②]

随着革命的深入，议会内部矛盾也逐渐凸显。下议院清教徒提议废除主教制度并从根本上改革教会，这项激进提议遭上院否决。1641年夏天，爱尔兰发生叛乱，要求摆脱英格兰的统治。消息传来，议会希望派遣军队镇压爱尔兰的叛乱，但又不希望国王掌控过多军队，担心国王会利用军队来加强他在英格兰的权威。因此，下院激进派在约翰·皮姆等人领导下起草了一份法案——《大抗议书》。《大抗议书》共二百零四条，法案谴责了查理一世在无议会统治时期种种滥用权力的行为，并提出各种改革要求：保证工商业自由，成立长老派教会组织，限制主教权力，政府应对议会负责等。这个议案要求国王只能聘请那些对议会负责的大臣，宗教事务只能由议会委派的机构

---

① [美] 詹姆斯·特拉斯洛·亚当斯. 缔造大英帝国 从史前时代到北美十三州独立[M]. 桂林：广西师范大学出版社，2019：295.

② [美] 詹姆斯·特拉斯洛·亚当斯. 缔造大英帝国 从史前时代到北美十三州独立[M]. 桂林：广西师范大学出版社，2019：296.

来处理。[1]该法案全面论述了下院要求,成为英国资产阶级革命中议会与国王斗争的纲领性文件。这一决议遭到保守派的强烈反对,1641年11月22日,该法案在下院以159票对148票的微弱优势通过,这表明议会保守势力不愿对英国传统的议会政治进行任何彻底变革。议会保守派和激进派存在分裂的危险。

此时,查理一世犯了一个致命错误,不是争取保守派议员支持自己,而是在1642年1月4日,率士兵闯入下院逮捕了5名主要议员,皮姆等人事先得到消息,避开抓捕。查理一世在政变失败后逃离伦敦,调集军队准备动用武力。1642年6月,议会向国王发出最后通牒,要求国王交出所有特权。议会的要求表明,议会和国王双方几乎没有任何妥协的余地,8月,英国内战开始。

内战爆发后,保守派议员纷纷脱离议会,投靠王军。8月22日,查理一世宣布在诺丁汉成立讨伐议会,由于查理一世并没有明确解散议会,威斯敏斯特议会就成为反对派议员的独占场所和革命领导机构。

查理一世的支持力量主要来自英格兰北部和西部等落后地区,王党议员多数是贵族、绅士、天主教徒和国教的支持者,国王的经费来源主要来自王室收入与大贵族的捐款。议会的支持力量来自英格兰的南部和东部等资本主义经济比较发达的地区,主要受到海军、商人、自耕农和清教徒的支持。相比于国王,议会在战争中拥有更多资源。但在内战初期,王军统帅是多谋善断的拉尔夫·霍雷顿爵士,他充分发挥王军的骑兵优势,屡屡取得胜利。

1643年,英国议会与苏格兰签署"庄严同盟与圣约"。盟约规定:在英格兰、爱尔兰和苏格兰统一接受长老派的信仰,从而确立长老派教会的统治地位;英格兰与苏格兰建立统一的军队,与王军作战时采取统一行动;英格兰议会有义务为苏格兰军队提供资助,苏格兰军须南下援助英格兰议会军,英格兰议会和苏格兰议会共同组成"两王国委员会"作为最高指挥机构。这个条约实际上代表了当时议会上层长老派大贵族的利益,后来独立派控制议会后拒绝履行该盟约,盟约失效。

---

[1] [美]詹姆斯·特拉斯洛·亚当斯. 缔造大英帝国 从史前时代到北美十三州独立[M]. 桂林:广西师范大学出版社,2019:297.

1644年，由托马斯·费尔法克斯爵士、奥利弗·克伦威尔等领导的议会军依靠苏格兰军队的帮助，在约克郡附近的马斯顿荒原击溃王军。马斯顿荒原战役是英国内战中规模最大、最惨烈的战役，也是议会军从失败走向胜利的转折点。在西南战线，议会军统帅埃塞克斯伯爵所指挥的军队却被王军击溃。

内战初期，议会军队编制混乱，缺少训练和统一指挥，议会中占主导地位的长老派议员对战争的保守主义态度导致议会军的信心不足，正渐渐失去民众的支持。1645年，议会通过《自我否定条例》重组了军队，免去了军事能力不足的曼彻斯特伯爵和埃塞克斯伯爵的军职，任命在战争中崭露头角的独立派领导人托马斯·费尔法克斯爵士和克伦威尔为"新模范军"指挥官，克伦威尔拥有实际上的指挥权。"新模范军"士兵主要来自从克伦威尔家乡亨廷顿招募的自耕农和手工业者，他们训练有素，装备精良，以纪律严明、奉献精神和笃信清教而著称，被王党军首领鲁珀特亲王称为铁骑军。1645年，在纳斯比荒原战役中，克伦威尔指挥的新模范军决定性地击败王军，从而扭转了议会军的战略颓势。此后，王军节节败退，1646年6月，议会军攻占王军大本营牛津，查理一世逃亡苏格兰，被苏格兰人扣押，苏格兰人同意把查理一世交给英国议会，第一次内战结束。议会战胜了国王，然而，在内战中掌控实权的军队却开始摆脱议会的控制。

派系纷争在议会和军队中出现。一开始，议会各党派都不打算废黜国王，争论主要是长老派和独立派之间围绕着宗教争议展开。当长老派唆使议会通过决议，命令新模范军要么无薪解散，要么在长老派军官的带领下前往爱尔兰时，以克伦威尔为首的军队拒绝执行解散令。1647年8月，克伦威尔率军进驻伦敦，驱逐长老派议员，议会实权落入独立派手中。随后，军队内部的独立派和平等派的矛盾又尖锐起来。平等派是议会军中的一个民主主义派别，代表小资产阶级的利益，领导人是约翰·李尔本。他反对独立派所主张的保留国王和贵族院的建议，要求签订"人民公约"，建立一院制议会，实行成年男子普选制等。克伦威尔又派兵镇压了平等派的武装示威。这一系列派系斗争给查理一世以可乘之机，11月11日，查理一世逃到怀特岛，企图借助苏格兰的保皇势力恢复王位。1648年7月，效忠查理一世的苏格兰军队入侵英格兰，第二次内战爆发。面对严峻的战争形势，独立派和平等派重新实现联合，这保证了战争的胜利。费尔法克斯将军镇压了英格兰南部的保皇派叛乱，而克伦威尔则带兵向北进军，在普雷斯顿战役中击溃强大的苏格兰保皇派军队，占领苏格兰首都爱丁堡。第二次内战结束。

普雷斯顿战役后，军队完全控制了局势并向查理一世和议会发泄愤怒。士兵们相信查理一世应为第二次内战负责，而议会也逃脱不了干系，因为在第二次内战爆发后，议会中的长老派议员也在努力与查理一世进行谈判，谋求国王满足其条件后复位。战争结束后，议会又不顾士兵和下层人士要求审判和惩处国王的诉求，宣布解散议会的决定。以奥利弗·克伦威尔为首的新模范军领袖们于是决定同时摧毁国王和议会的权威。1648年12月，普莱德上校率兵包围议会，驱逐和逮捕了140多名长老派议员，清洗后剩下的议会成员组成"残余议会"。在军队授意下，"残余议会"任命组成一个专员法庭，以叛国罪审判国王，并判处国王死刑。查理一世不承认该法庭的合法性也拒绝为自己辩护，但判决最终生效。1649年1月，查理一世被推上断头台。国王被处决后，议会宣布废除君主制，在英国实行共和制。

四、护国政体

共和国建立之后，议会设立了一个由41名成员组成的国务委员会来管理国家，但在接下来的四年里，这个机构只是名义上的执政者，实际权力掌握在克伦威尔和他控制的军队手中。克伦威尔政府不仅受到保皇派的反对，也受到军队内部激进派的反对。战争破坏了以前的宗教和社会秩序，约翰·李尔本和他的平等派主张建立民主共和国，实行普选；而杰拉德·温斯坦利所代表的"掘土派"提出废除土地私有制，建立农业共产主义的方案。王党分子和长老派还希望重新迎回国王。但是，在政治和社会观点上，克伦威尔和他的中间党并不是改革者。因此在选择国务委员时，他们排除了激进分子，果断地镇压了平等派和掘土派的起义，约翰·李尔本也被关进监狱。

查理一世被送上断头台后，保皇派和天主教徒在奥蒙德侯爵领导下联合

第八章 斯图亚特王朝

起来，拥立查理一世的儿子查理二世，并在爱尔兰掀起叛乱。1649年8月，作为爱尔兰总督和英国远征军司令克伦威尔带领军队登陆爱尔兰，占领都柏林，并在10个月内镇压了叛乱，"天主教联盟"被迫解散。克伦威尔对拒绝投降的德罗赫达的守军实施屠城，残忍的屠杀行为持续了两天，死难者达3500人。随后，英格兰贵族、军官和士兵大肆掠夺爱尔兰土地，阿尔斯特以南约三分之二的土地被瓜分殆尽，他们逐渐演变为爱尔兰大地主。在随后的两个世纪里，英国新教徒地主和爱尔兰佃户之间的敌意始终没有解决，克伦威尔也成为爱尔兰人怨恨的对象。保皇派势力眼见在爱尔兰无法实现复辟阴谋，遂又和苏格兰的封建势力相勾结，试图支持威尔士亲王查理·斯图亚特获取英格兰王位。1650年7月，克伦威尔又开始远征苏格兰。在邓巴战役中，克伦威尔反败为胜，俘虏一万余人。8月，查理二世在斯康加冕为苏格兰国王，并出兵入侵英格兰。第二年春天，克伦威尔在伍斯特击溃苏格兰王党军队，查理二世逃亡欧洲大陆。伍斯特战役标志着内战的结束，1654年，苏格兰和英格兰合并。克伦威尔凯旋时，首都伦敦为其举行了空前隆重的欢迎仪式，此时克伦威尔的声威达到顶点。

1653年4月，克伦威尔强行解散残余议会，代之以其提名的"圣人议会"。此议会机构是克伦威尔从独立派教区提供的140名候选人中精心挑选出来的"敬畏上帝的忠诚正直者"，由他们组成英格兰共和国议会，这表明克伦威尔并不想只靠军事力量进行统治。此届议会以军官为主体，他们对执政感兴趣，但执政能力有限。1653年，军官们起草一部新宪法《政府约法》。该约法规定行政官克伦威尔成为护国主。英吉利共和国的最高权力由护国主和国务议会共同掌管，共同控制英格兰、苏格兰和爱尔兰的海陆军队，并拥有任免官吏、赦免罪犯的权力。议会为一院制议会，每3年由英格兰、苏格兰和爱尔兰的代表选举产生，议会从召开之日起未满5个月不得解散。除了英国国教和罗马天主教徒外，所有的基督徒都能获得宽容。由此可见，根据《政府约法》所确定的护国体制实际上就是军事独裁体制，护国主掌握立法权和行政权，就是不戴王冠的国王。12月16日，克伦威尔在盛大仪式中就任英格兰、苏格兰和爱尔兰共和国护国主。

1654年9月，按照《政府约法》选举产生的第一届议会召开。国务议会的社会成分跟以前的议会差不多，其独立习性也跟以前的议会一样。议会立即抨击《政府约法》的非法性质，90名共和派成员拒绝宣誓承认对护国主的效忠。一些议员们立即要求修改《政府约法》，企图限制护国主克伦威尔的权力，要求把国家最高权力转给议会。100名议员因拒绝配合克伦威尔的护国体制而被开除出议会。可是留下的议员仍然立场坚定，他们从三个根本的方面反对新政权：新政权将行政机构在财政上独立于立法机关；维持了庞大的军队；给异教教派宗教宽容。第一届国务议会的成员不打算放弃对行政机构的财政控制、默认常备军的存在，或者接受宗教宽容。[①]1655年1月，克伦威尔解散了这届议会。

为了加强中央集权，镇压各方的反政府势力，克伦威尔把英格兰和威尔士划分为11个军区，每个军区任命一位少将管理该地的军政事务，统率500名精心挑选的骑兵，这就是所谓的"少将制度"。设立少将的目的是为了防止叛乱和确保地方行政官履行职责。人民不喜克伦威尔的这种军事安排。为了筹集与西班牙战争的军费，1656年9月，克伦威尔召开第二次议会。尽管这届议会的议员都是经过国务委员会的严格审查，这届议会仍然强调自己的独立性，要求废除"少将制度"，颁布新宪法。克伦威尔又将100多名"不听话"的议员逐出议会。1657年1月，议会领袖们提议克伦威尔登基为国王，以使英国恢复传统的君主立宪制。劝进提议遭到部分军官和议员的反对。克伦威尔经过两个月的斟酌，最终拒绝登基，但是将护国主改为世袭制。

护国体制下，英国的外交政策也取得一系列成就。当时荷兰是英国最主要的强敌。1651年，英国议会通过《航海条例》，该条例规定与英国及其殖民地的贸易只能用英国船只或生产国的船只进行，殖民地所有货物的运输都必须用英国船只，这无疑限制了荷兰"海上马车夫"的海上贸易，结果导致第一次英荷战争（1652—1654年）。荷兰战败后，在1654年4月15日两国签订《威斯敏斯特和约》。根据和约，英国在东印度群岛获得与荷兰同等的

---

① ［美］罗伯茨，［美］比松. 英国史 上 史前—1714年［M］. 北京：商务印书馆，2013：442.

贸易权，英国获得27万英镑的赔款，荷兰同意在英国多弗尔海峡向英国船只敬礼，并割让大西洋上的圣赫勒拿岛。克伦威尔与伊丽莎白时代的清教徒一样，认为西班牙远比法国对英国的威胁更大。为了夺取西班牙的殖民地，扩大海外市场，在1654—1659年克伦威尔又发动英西战争。克伦威尔的亲密战友、在内战中率领海军屡次击败保王党的英国海军上将罗伯特·布莱克于1655年春指挥27艘战舰驶抵突尼斯西岸的法里纳港，对著名的巴巴里海盗巢穴展开炮击，一举击沉巴巴里海盗战舰9艘，并摧毁其岸基炮群。之后又于1657年袭击了西班牙的圣克鲁斯港，再次用舰炮摧毁西班牙分舰队和岸基炮群。这一胜利成为海战史上用舰炮打击岸基炮的壮举。海军上将布莱克的胜利使英国第一次成为地中海的海上霸主。

1658年9月3日，奥利弗·克伦威尔去世，享年59岁，英国的护国政体随之解体。继任护国公的查理·克伦威尔没有其父的威望和能力镇压反叛的军官和贵族。1659年4月，查理·克伦威尔宣布解散议会，放弃护国主称号。一时间，英国群龙无首。1660年，驻守苏格兰的英军总司令乔治·蒙克将军乘机带兵南下，控制伦敦并迎回流亡的查理二世，斯图亚特王朝复辟。

五、查理二世与王政复辟

查理二世是查理一世的长子。1638年，他被立为威尔士亲王。第一次内战期间，他担任王军西线指挥官和海军总司令与议会军作战。1646年战败后逃往巴黎。1649年，查理一世被处死后，他被苏格兰议会推举为国王，1650年，在荷兰的布雷达与苏格兰长老会达成协议，接受《民族圣约》，同意长老会为国教。1650年和1651年，他所率的王党军队和苏格兰军队先后在邓巴战役和伍斯特战役中被克伦威尔击败，再次逃往欧洲大陆。此后九年在欧洲各地流浪，寻求援助。

1660年，蒙克将军占领伦敦后召开"协商议会"，决意恢复君主制，并与查理二世谈判。1660年4月，查理二世发表《布雷达宣言》，宣布大赦内战的参加者，除了弑君者，对所有政治对手给予大赦；承认信仰自由；对于在革命期间所发生的土地和财产变动予以保障；承诺同议会共同管理国家，国王不设常备军；承诺在解散军队之前，先支付军队的欠款。很明显，《布雷达宣言》是国王对资产阶级和新贵族的让步。议会对宣言表示满意。5月，流亡国外的查理二世回到伦敦，正式加冕。查理二世在报复"弑君者"方面比较克制，只处死了11人，数万士兵被遣返。1661年，斯图亚特王朝复辟时期为期最长的一届议会召开，其成员多为狂热的保皇派和国教教徒，故此届议会被称为"骑士议会"。在1661—1665年，议会出台了一系列被称为"克拉伦登法典"的法案，实施宗教迫害，惩罚清教徒、非国教徒以及罗马天主教徒，重申英国国教的至高无上地位。

尽管斯图亚特家族归来了，可是这个王国已经与1640年之前它统治的那个相比发生了很大的变化。英国革命给未来几代英国人留下了一笔永久性的遗产，这是一笔宗教、政治和思想遗产。在宗教领域产生了，革命造就了英国的非国教派。由于克伦威尔攫取权力并掌权长达11年，清教主义深深扎根于英国，1660年以后任凭怎样的宗教迫害都不能将其移除。英国的宗教已经无可逆转地分化为国教和非国教。那些坚持参加非国教的小教堂的人给英国公共生活带来了一种独立的、不顺从的意识，这使英国成为自由和个性的发源地。从政治上来说，革命挫败了绝对主义，确保了议会的永存。复辟中意义最为重大的事实就是英国人在恢复国王之前恢复了议会。议会已经学会了如何统治。[1]

在外交政策方面，查理二世主要基于个人利益而非国家利益制定政策。他放弃克伦威尔时期独立的外交政策转向亲法的外交政策。1662年，查理二世与葡萄牙国王若昂四世的女儿凯瑟琳联姻。这场婚姻为查理二世带来80万英镑的陪嫁和北非的港口丹吉尔以及印度的孟买。但他同时也将战略意义更大的港口敦刻尔克以40万英镑卖给了法国太阳王路易十四。爱尔兰天主教徒和保皇派在克伦威尔时期支持查理二世，作为回报，查理二世将克伦威尔政府没收的部分土地归还给爱尔兰人，但此举使他与爱尔兰的英国地主之间的

---

[1] [美]罗伯茨, [美]比松. 英国史上 史前—1714年[M]. 北京：商务印书馆, 2013：446-447.

矛盾激化。1665—1667年，荷兰和英国之间持续的商业竞争导致了第二次英荷战争。英国战败，不得不把部分商业利益让给荷兰，并被迫承诺，与荷兰和瑞典结成三国同盟以对抗法国的崛起。法国路易十四贿赂查理二世脱离反法联盟。1670年，对法王无限王权和纸醉金迷宫廷生活心生向往的查理二世与路易十四签订"多弗尔密约"。查理二世承诺脱离三国同盟并出兵荷兰，为此英国可以获得法国40万法郎的补偿金；在英国恢复天主教；路易十四有出兵镇压英国可能发生"骚乱"的义务。1672—1674年，查理二世将英国拖入第三次英荷战争，他也成为路易十四对外扩张计划的推动者。在陆路，法军在荷兰长驱直入；在海上，英国海军先后四次被荷兰击败，不得不与荷兰签订停战协定。其实这场战争从一开始就遭到英国议会的反对。按照大陆均势原则，与日趋衰弱的荷兰相比，实力膨胀的法国才是英国真正的敌人。

与失败的外交政策相比，查理二世试图在英国恢复天主教更是议会所不能容忍。1672年查理二世颁布《宽容宣言》，企图恢复天主教势力，允许非国教徒获得信仰自由，这遭到议会激烈反对，国王被迫取消此宣言。1673年查理二世的弟弟约克公爵詹姆士和天主教徒、摩德纳公主玛丽结婚，国内对天主教复辟担心日增，因查理二世无合法子嗣，詹姆士很可能会继承王位。1673年英国议会通过《宣誓法》，要求所有公职人员、文官和军人接受圣公会圣礼，拒绝圣餐。到1674年，先前亲查理二世的骑士议会变成了查理二世亲法亲天主教政策的批评者。这迫使查理二世放弃使英国天主教化的计划。

查理二世于是任命丹比伯爵为首席大臣来拉拢议会。当时丹比伯爵是议会中没落地主阶级的代言人，这一派系主张扩大王权，限制议会作用，他们属于国教会派，主张镇压清教徒，这一派系又被称为"托利党"。与"托利党"敌对的派系被称为"辉格党"，其支持者多是来自城市的商人、金融家和新贵族，他们多是较激进的国教徒，主张进一步限制王权，容忍新教徒，强烈反对天主教，其代表人物是沙夫茨伯里伯爵。这两个政党的形成，是英国议会政治发展的必然结果，尤其是作为国王反对派的辉格党出现，是对王权的公然挑战，标志着英国议会政治进入新阶段。1678年，辉格党利用"天主教阴谋案"排挤和迫害天主教徒，后随着查理二世和丹比伯爵与路易十四的秘密交易被揭露，辉格党又着手弹劾丹比伯爵。为了保护自己的宠臣，查理二世解散了长达18年的骑士议会。1679年查理二世召开第二届议会，辉格党多次提出《排斥法案》，要求废除国王弟弟约克公爵詹姆士的继承权。查理二世只能以解散议会的形式阻止《排斥法案》的通过。在议会解散之前，议会成功通过《人身保护法案》，限制国王及其臣属不能任意处置反政府人士。这一法案虽还不能完全禁绝无理逮捕，但它保证了任何人被捕之后，一定可以通过正常的法律渠道来保障自己应得的权益。1680年第三次议会召开，下议院立即通过《排斥法案》让查理二世的私生子蒙茅斯公爵取代詹姆士成为英格兰王位的继承人，但被上议院否决。1681年国王再次解散议会。此后查理二世再未召开新议会。

1681至1685年，在路易十四的资助下，查理二世不再需要议会拨款，开始实行个人独裁统治。这期间，查理二世严厉打击反对派辉格党。沙夫茨伯里伯爵逃亡欧洲，最后客死荷兰。1685年，当查理二世去世时，反对派辉格党势力涣散，其弟詹姆士继承王位，即詹姆士二世。

六、光荣革命

光荣革命是一次不流血的革命，它成功地解决了17世纪的宪法问题：议会的主权战胜了国王的神权。

詹姆士二世是虔诚的天主教徒，他和玛丽·都铎一样都希望在英国恢复天主教。1685年，蒙茅斯公爵在英格兰南部登陆，发动叛乱，试图夺回王位。叛军很快被约翰·丘吉尔勋爵率领的王室军队击溃，蒙茅斯被处决。詹姆士二世的首席大法官杰弗里斯领导的"血腥巡回审判法庭"对数百名蒙茅斯的追随者实施残酷的报复。在苏格兰，阿盖尔伯爵领导新教徒发动起义，起义很快被镇压，阿盖尔伯爵亦被处决。1685年，詹姆士二世选出了托利党议员占多数的议会，议会表示愿意向詹姆士提供资金，前提是国王承诺不改变英国国教的地位。然而，詹姆士二世要求建立一支由罗马天主教军官指挥的常备军，议会抗议并削减了国王的津贴，詹姆士二世一怒之下解散议会，再也没有召开过议会。

第八章 斯图亚特王朝

1687年和1688年，詹姆士二世接连发布两份宗教宽容宣言，允许罗马天主教徒和新教教士进行自由的公共崇拜，废除那些不许天主教徒担任军政职务的法律。其实质就是使天主教合法化。当包括坎特伯雷大主教在内的七位主教请求撤销宗教宽容宣言时，詹姆士二世以煽动诽谤罪将他们逮捕。陪审团最终宣判主教们无罪。与查理二世一样，詹姆士二世同样采取亲法的外交政策。詹姆士二世统治期间，法国的路易十四在欧洲大陆肆意扩张，受到威胁的新教和天主教国家组成奥格斯堡联盟，其成员包括荷兰、勃兰登堡、几个德国南部州和哈布斯堡皇帝。教皇英诺森十一世也不赞成法国路易十四和詹姆士二世的天主教政策。1688年夏天，詹姆士二世的儿子出生。由于詹姆士二世和王后摩德纳的玛丽都是天主教徒，那王子必然是在天主教氛围中长大，而且这位王子取代他同父异母的新教徒姐姐玛丽成为王位首位继承人，这意味着英国未来的君主还是一位天主教徒，天主教在英国全面复辟的威胁大增。詹姆士二世不得人心的国内外政策，最终促使托利党议员改变态度，抛弃了国王，并联合蛰伏数年的辉格党，在1688年6月30日向奥兰治的威廉发出邀请，希望他前来保护英国的"宗教、自由和财产"。威廉既是斯图亚特王室的亲戚（其夫人是查理二世的女儿玛丽，是英格兰王位继承人），又是新教国家的首脑和法国的死敌。邀请他们回来既名正言顺又有助于阻止詹姆士二世的倒行逆施。威廉和玛丽接受邀请，并着手出兵英国。詹姆士意识到事态的严重性，准备向国教会和议会做出让步，但为时已晚。1688年11月5日，威廉率万余名士兵渡海在英格兰西南部托贝港登陆，国王军队中新教军官纷纷倒戈，就连国王的总司令约翰·丘吉尔男爵也站在威廉一边。詹姆士二世的盟友法王路易十四正深陷欧洲战事难以抽身。詹姆士二世只得与威廉谈判。12月，詹姆士二世逃到法国，威廉兵不血刃取得胜利。鉴于詹姆士二世逃离英国，王位空缺，1689年1月威廉召开"惯例议会"。议会宣布王位由玛丽和威廉共同继承，即玛丽二世和威廉三世。12月，议会又通过《权利法案》。《权利法案》全称《国民权利与自由和王位继承宣言》，对王权做出具体限制：（1）未经议会同意，国王不得停止法律效力；（2）禁止罗马天主教徒继承英国王位；（3）议员在议会内有演说、议事和辩论的自由；

（4）禁止设立常备军；（5）未经议会同意不得征税。《权利法案》奠定了英国君主立宪政体的理论和法律基础，标志着"议会至上"原则的确立和君主立宪制的建立。

这个发生在1688年到1689年的几乎是和平的革命，常被英国史学家描绘为"光荣革命"，它标志着在英国专制政体的最后失败和议会的胜利。自此英国真正成为一个君主立宪制的国家，因为它采取了种种步骤，使今后的国王和女王们在国内很少有机会来实施斯图亚特王朝绝对的"君权神授"理论。[①]光荣革命给英格兰带来一系列的宪法改革，使英国的君主立宪制不断完善。1689年议会通过《宽容法案》和《兵变法案》。前者给予英国不服从英国国教的各教派信徒以信仰自由。后者规定在和平时期允许国王实行为期6个月的戒严令，非经议会同意不得征集和维持常备军，而经过议会同意新组建的军队也只能维持一年，且议会每年都要审核该法案。为了防止再次出现持续17年骑士议会的现象，1694年通过的《三年法案》规定议会的最高任期为3年，这使议会成为一个常设立法机构。1696年通过的《叛国法案》为被指控的英国人提供了法律保障，防止国王以"叛国罪"为借口清除反对派。规定被告可以看到起诉书，允许聘请律师，在没有两名证人为公然的叛国罪作证的情况下不能被定罪。1697年通过的《年金法案》规定议会每年拨出固定款项作为宫廷开支，战争费用则由议会全部承担，这表明议会不断完善对国家财政的控制。1701年的《王位继承法》规定威廉三世死后，王位由玛丽女王的妹妹安妮继承，安妮之后由信奉新教的詹姆士一世女儿的后裔汉诺威选侯继承，从而排斥了天主教徒继任王位的可能性。该法还规定国王颁发诏令，须经1名大臣副署方才有效；担任王室职务和领取王室恤金者不得担任下议院议员；法官为终身职务，国王无权免除法官的职务；国家一切法律非经议会批准，均属无效等。此法是继1689年《权利法案》之后，对王权的进一步限制，"君权神授论"完全被"天赋人权论"所取代。

在外交政策方面，威廉和玛丽继位后，他们对法国的威胁性有了更充

[①] ［美］海斯，［美］穆恩，［美］韦兰. 全球通史 下［M］. 吴文藻，译. 天津：天津人民出版社，2018：333.

分的认识。首先,当时的法国已经是欧洲大陆最强大的国家,如果路易十四的扩张不加遏制,法国的政治专制主义和天主教将威胁英国和欧洲大陆。其次,当时的法国已成为英国在商业和殖民地(印度和北美)的主要竞争对手。最后,路易十四拒绝承认威廉继位的合法性,这公然侮辱了英国。路易十四还收留逃亡的詹姆士二世,并为其入侵爱尔兰提供兵力和资金支持,这终究是英国的心头大患。鉴于此,威廉三世改变外交政策,英国由原来的亲法政策转而成为反法联盟的领袖。随后英法之间又持续了一个多世纪的战争。不同于第一次"百年战争",英国发动第二次英法"百年战争"的目标不是为了夺取在法国的领地或法国王位,而是为了争夺商业利益、殖民地和海上霸权。

1689年5月,英国议会宣布加入奥格斯堡联盟,并向法国宣战,英国重新成为反对天主教专制主义的领导力量。经过九年鏖战,双方都精疲力竭,1697年9月20日,交战各国在海牙签订《里斯维克和约》。这一和约对法国来说,意味着路易十四对外扩张的由盛转衰;对英国来说,法国承认威廉三世为英王,并承诺不再援助其敌人。作为战争的副产品,英国海军成为海上霸主,英国舰队获权进入地中海;1694年英国建立英格兰银行,永久性国债合法化从而稳定了英国的金融体系,这意味着政府可以利用国家信用来借贷以筹集巨额的战争费用。

1701年,西班牙王位继承战争爆发。当时西班牙国王查理二世去世,无子嗣,他不顾威廉三世的反对将他的王国遗赠给路易十四的孙子安茹公爵。詹姆士二世死后,路易十四承认詹姆士二世的儿子(被称为"老觊觎者")詹姆士三世为英格兰国王,此举进一步激怒了英国,这明显违反了《里斯维克和约》。于是威廉三世组织了一个由英国、荷兰、奥地利、勃兰登堡、汉诺威等国家组成的反法大联盟,对抗法国的波旁王国和西班牙,并任命马尔伯勒伯爵约翰·丘吉尔为总司令。1702年3月8日,威廉三世去世,安妮女王即位。

七、最后的斯图亚特王朝

安妮成为斯图亚特王朝的最后一位国王，她执政期间，实现了其曾祖父詹姆士一世未竟的功业——英格兰和苏格兰实现合并。从1702—1713年，西班牙王位继承战争使英国卷入一场世界规模的大战。英国领导联盟国家对抗并击败法国路易十四。

"奥格斯堡战争"硝烟未尽，西班牙哈布斯堡王朝国王查理二世病危，因其无嗣，其国土和殖民地又格外广袤，在欧洲大陆引起错综复杂的王位继承问题。法国、奥地利和巴伐利亚等国都提出了王位继承要求，最后法王路易十四的孙子安茹公爵获得西班牙王位继承权。法国波旁王朝与奥地利哈布斯堡王朝为争夺西班牙王位，引发了一场欧洲大战。战争实质上是为遏制法国吞并西班牙独霸欧洲。英国、荷兰、奥地利结成反法大同盟，后来葡萄牙、普鲁士及许多德意志小国和意大利等国加入。

马尔伯勒伯爵约翰·丘吉尔担任英军和荷兰联军总司令。他凭借军事天才和外交技巧，协调盟军，在1704年取得布伦海姆战役大捷，使维也纳免遭法军占领，约翰·丘吉尔因此被封为马尔伯勒公爵。同年，乔治·鲁克爵士率领的英荷舰队占领直布罗陀，控制了地中海。1706年，奥地利的尤金王子将法国军队从意大利驱逐出去。同一年，丘吉尔赢得拉米利斯战役的胜利，解放了西属尼德兰的西部和北部。1708年，乌德纳德大捷把法军彻底驱离西属尼德兰；同年，英国人占领了地中海的米诺卡岛，英国人最终将法国人从意大利和荷兰驱逐出去。1709年，马尔伯勒公爵以惨重的代价赢得马尔普拉奎特战役，此次战役是西班牙王位战争中规模最大的一次。盟军伤亡数超过法国，盟军不得不放弃入侵法国的计划。1710年，法军的旺多姆公爵指挥法西联军逼退西班牙本土的英奥联军，夺回西班牙首都马德里。同年，英军从法国人手中夺取了北美的阿卡迪亚。一年后，马尔伯勒公爵被免职，英法之间开始和平谈判。

战争开始时，英国的托利党人并不支持英国参战。战争使英国的军火商和金融家获取暴利，托利党所代表的土地贵族获益不多，还要缴纳更多捐税作为军费。1705年，辉格党在议会选举中获得多数票进而控制议会，积极支持英国对外战争。马尔伯勒公爵和西德尼·戈多夫开始与控制下议院的辉格党合作。1710年，辉格党拒绝英国与法国进行和平谈判，于是厌战的选民转而支持托利党，以罗伯特·哈利和亨利·圣约翰为领袖的托利党政府上台。战争英雄马尔伯勒公爵因滥用公款的指控而名誉扫地，被迫流亡海外。1713年，英国与法国及其盟国媾和，签订了结束西班牙王位继承战的《乌特勒支和约》。条约规定：允许菲利普五世保留西班牙王位，但放弃法国王位继承权，禁止法国与西班牙合并；奥地利获得米兰、那不勒斯和西属尼德兰，英国保留对直布罗陀、新斯科舍（阿卡迪亚）、纽芬兰和哈德逊湾领土的所有权；英国获得西属美洲殖民地三十年的黑奴专卖权，这打破了西班牙对西属殖民地贸易的垄断。法国称霸欧洲的局面被打破。英国无疑是这一和约的最大受益者，促进了海外贸易和殖民地的发展。同时，该和约还成为划分18世纪欧洲国家疆界的基础。

在国内政治方面，在安妮女王统治的前半部分，政府主要由三人主导：马尔伯勒公爵夫人萨拉·丘吉尔是女王的密友与侍从官；马尔伯勒公爵是女王的军事和政治顾问；西德尼·戈多夫担任财政大臣。他们都是温和的托利党人。1705年，辉格党控制议会之后，安妮女王解除了极端的托利党人的职位，但是戈多夫、马尔伯勒和罗伯特·哈利继续留任。1707年，戈多夫、马尔伯勒公爵、哈利的政府实现了一项伟大壮举，促使苏格兰和英格兰两国共同签署《联合法案》，苏格兰议会与英格兰议会合并为大不列颠议会，改称大不列颠联合王国。实际上，苏格兰和英格兰的合并早在1603年詹姆士六世南下成为英国国王时就开始了。[①]在以后一个多世纪里，尽管两国共有一使王，但是苏格兰拥有自己的贵族体系和议会，而且苏格兰人也被排除在英国丰厚的海外投资与海外贸易体系之外。《联合法案》解决了上述问题，法案规定：第一，苏格兰教会和法院系统将保持独立；第二，苏格兰与英格兰议会合并，苏格兰选派45名议员进入英国下议院，选派16名贵族进入上议院；

---

① ［美］海斯，［美］穆恩，［美］韦兰. 全球通史 下［M］. 吴文藻，译. 天津：天津人民出版社，2018：334.

第三，苏格兰同意汉诺威的继承权；第四，苏格兰获得与英格兰相同的贸易权。尽管许多苏格兰人对英格兰人的统治前景感到不满，但该法案实现了苏格兰经济和贸易的繁荣，也扩大了不列颠王国在政治和经济上的领导力。

1713年，安妮病重，围绕王位继承问题，托利党内部分歧不断，辉格党人趁机在1714年7月的枢密院会议上，重申了《王位继承法》关于汉诺威王室继承英国王位的权力。在安妮女王病逝的两个月前，汉诺威王室的女当选人詹姆士一世的外孙女索菲娅去世，她把王位继承权传给了她的儿子乔治。1714年8月1日，安妮女王去世，乔治一世继位，他成为汉诺威王朝的第一位君主。

八、斯图亚特王朝统治下的英格兰

与欧洲大陆其他国家相比，17世纪英国的政治参与度和社会流动性更大，但能够克服政治和阶级障碍，实现阶级跨越的还只是少数人，绝大多数英国人不能享有应有的政治权利，也没有分享到国家日益增长的财富。宗教争论持续一个多世纪，启蒙运动初期兴起的理性主义平息了宗教上的不宽容。

在文学方面，17世纪的文学写作形式和主题多样，有弥尔顿式的无韵诗、戏剧、小册子文学等。其中，在诗歌方面，圣公会牧师罗伯特·赫里克（1591—1674年）和约翰·多恩（1573—1631年）可能是17世纪早期英国最具代表性和最受尊敬的诗人。赫里克的抒情诗歌多以古典爱情神话或田园之美为主题。多恩早期的诗歌作品包括讽刺诗和挽歌，他是英国玄学派诗人，他的玄学派诗歌有《歌与十四行诗》，该诗歌充满反思的情绪，并在诗节模式上有显著创新。他的诗歌影响了德莱顿和后来英国许多诗人。约翰·弥尔顿（1608—1674年）英国著名艺术家，被称为英国文学史上最伟大的六位诗人之一。1625年，弥尔顿进入剑桥大学，并开始写诗。1638年，弥尔顿到欧洲游历。1640年，英国革命爆发，弥尔顿毅然投身于革命运动之中，并发表了5本有关宗教自由的小册子，1644年，弥尔顿又为争取言论自由而写了《论出版自由》。1649年，革命胜利后的英国成立共和国，弥尔顿又发表《论国王与官吏的职权》等文，以巩固革命政权。1660年，英国封建王朝复辟，弥尔顿被捕入狱。被释放后开始专心写作，他先后创作《失乐园》《复乐园》《斗士参孙》三首伟大的无韵诗。在这三首诗中，他天才地将古典和圣经的主题糅合在宏大的篇幅和意象中；这些英雄的、深刻的和悲剧的主题远远超越了传统的清教神学主题。

塞缪尔·巴特勒（1612—1680年），英国诗人，代表作《休迪布拉斯》是一首讽刺清教徒的模仿英雄长诗。巴特勒出生在沃斯特郡，年轻时当过肯特伯爵夫人的随从。1661年，卡伯里伯爵任命他为鲁德娄城堡的管家。他死时穷困潦倒，身无分文。他被埋在威斯敏斯特教堂，墓志铭这样写道：这位诗人的命运是这样的——他要的是面包，却得到一块石头。安德鲁·马维尔（1621—1678年）在《致羞怯的情人》中展示了丰富想象力。诗人以情人的口吻，运用夸张奇妙的意象，以及富于激情的说理，劝心中的少女及时享受肉体的欢愉。全诗以人生苦短、及时行乐为基调，节奏张弛有度，遣词造句精细微妙，口吻轻松诙谐，抽象说理和具象表达完美结合，为玄学派诗歌的上乘之作。马尔维在《克伦威尔从爱尔兰归来的贺拉斯颂歌》中恰如其分地赞扬了护国公克伦威尔。复辟时期的桂冠诗人是约翰·德莱顿（1631—1700年），他一生为贵族写作，为君王和复辟王朝歌功颂德。他所撰写的文艺批评、诗歌、戏剧和讽刺文学把英国文学推向高潮。他也是英国古典主义时期重要的批评家和戏剧家，"玄学诗人"一词就是他最先提出来的，这使他在欧洲评论界享有极高地位。他的诗歌代表作有：《押沙龙与阿齐托菲尔》，该讽刺诗谴责了沙夫茨伯里伯爵企图让蒙茅斯公爵成为王位继承人的阴谋；《俗人的宗教》，该诗则斥责天主教，歌颂英国国教；《牝鹿与豹》，旨在捍卫天主教教会；《亚历山大的宴会》，该诗把音乐颂扬为美妙无比的艺术。德莱顿的颂诗和讽刺诗标志着英国诗歌中古典主义的确立。弗朗西斯·培根（又译弗兰西斯·培根）爵士（1561—1626年）是英国文艺复兴时期散文家、哲学家。曾任女王特别法律顾问、王室首席检察官、掌玺大臣等要职。晚年受宫廷阴谋牵连退出政界，专心从事学术研究和著述，在文学方面的代表作是《伟大的复兴—新工具》。培根还以哲学家视野，广泛思考人生问题，写出许多形式短小、风格活泼的随笔小品，集成《培根随笔》。约翰·班扬（1628—1688年）的《天路历程》的故事框架中结合了道德指示和圣经寓言，内容讲述基督徒及其妻子先后寻找天国的经历，语言简洁平易，被誉为"英国文学中最著名的寓言"。

在散文方面，17世纪的英国散文总体特点是倾向实用主义。这一时期的英国散文主要是由英国的各种神学作家和政治作家创作的，例如，威廉·齐灵渥斯、杰里米·泰勒、乔治·赫伯特和理查德·巴克斯特以及政治作家约翰·利尔伯恩、威廉·沃尔温和威廉·普里尼。艾萨克·沃尔顿（1593—1683年）所著的《钓客清谈》是第一部介绍自然界的美和乐趣的英语书籍。该书以一位钓鱼者（渔夫）、一位鹰猎者和一位猎人之间的争论开始，讲述了最终钓鱼者说服猎人跟自己学习垂钓技艺的过程。书中加入钓鱼者的生活哲学，包括对大自然、野生动植物、食物饮料以及乡村道路和风景等的评论。沃尔顿也为约翰·多恩和其他人写过传记。塞缪尔·佩皮斯的日记和约翰·奥布里的《短暂的生活》是对17世纪后半叶英国社会历史的宝贵素描。

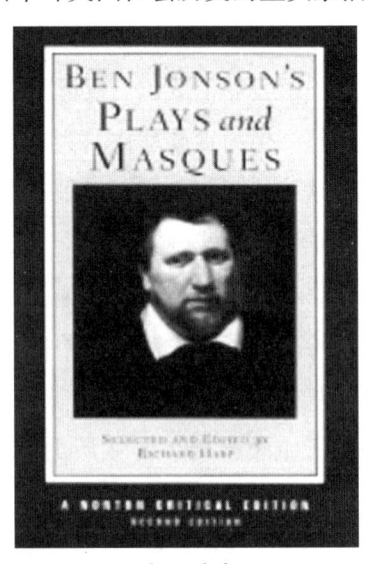

钓客清谈　　　　　　　　　　本·琼森

戏剧在詹姆士一世和查理二世时期最为流行。本·琼森（1572—1637年）是17世纪早期最具影响力和最受尊敬的剧作家，他以写讽刺剧见长，代表作有《福尔蓬奈》（又名《狐狸》）、《炼金士》和《巴托罗缪市集》。菲利普·马辛格（1583—1640年）戏剧重视戏剧结构，关注政治生活。在克伦威尔时期，清教徒对戏剧的反对限制了剧院的发展，但随着斯图亚特王朝的复辟和查理二世的喜爱，剧院重新开放。威廉·威彻利是英国剧作家，生于什罗普郡克莱夫附近，十五岁时去法国读书，并信奉罗马天主教。1660年回英国牛津大学就学，改信新教。因《森林之恋》（又名《圣詹姆士公园》，1671年上演）获得查理二世及贵族的青睐，他得以进入宫廷社交圈子；其代表作《乡村夫人》（1675年）和《光明磊落者》讽刺了复辟时期上层社会的庸俗、腐化、贪婪和虚伪的社会风尚。这一时期同类型的剧作家还有：德莱顿、威廉·康格里夫和约翰·范布勒。在世纪之交，英国的戏剧主要以家庭戏剧为代表，例如，理查德·斯蒂尔的《温柔的丈夫》（1705年）。

在历史和哲学方面，内战前英国的历史学家主要有沃尔特·罗利爵士、弗朗西斯·培根爵士、托马斯·梅和赫伯特·切伯里勋爵。战后流行的历史著作有克拉伦登勋爵的《叛乱史》和伯内特主教的《他自己的时代的历史》。17世纪初，詹姆士一世提出君权神授理论。1598年，他写成《自由君主制的真正法律》一书，在书中宣称君主由上帝直接任命，否认罗马教会教皇的权威。1603年又出版《神权》一书，宣扬国民绝对服从国王的理论。哲学家弗朗西斯·培根在《学术进步》和《新大西岛》中用知识归纳的方法取代了亚里士多德的概念。培根在哲学上最大的贡献在于，提出了唯物主义经验论的一系列原则；制订了系统的归纳逻辑，强调实验对认识的作用。爱德华·科克爵士主张制定先于并优于皇家法的"基本法"。托马斯·霍布斯爵士（1588—1679年）是一位愤世嫉俗的世俗主义者，他创立机械唯物主义，指出宇宙是所有机械运动着的广延物体的总和。他提出"自然状态"和国家起源说，指出国家是人们为了遵守"自然法"而订立契约所形成的，是一部人造的机器人，主张君主专制。他把罗马教皇比作魔王，僧侣比作群鬼，但主张利用"国教"管束人民，维护"秩序"。因而，其在《利维坦》中以物质利己主义为基础，支持绝对君主制。詹姆士·哈林顿（1611—1677年）是17世纪英国著名思想家，共和主义者。他反对君主制，但却和查理一世是好友，一直到其受刑都在他身边。其代表作《大洋共和国》表现了作者对一个理想国家的看法。书中表述了经济权力所到之处，政治权力随之出现的思想，这种思想具有特殊的现代意义。他相信在拥有强大中产阶级的地方，民主制度最稳定，而革命是经济权力和政治权力分离的结果。这一信念影响了美国总统托马斯·杰斐逊的民主的平均地权论和西奥多·罗斯福与伍德罗·威尔逊的反托拉斯政策。也有学者认为，美国的成文宪法、两院制立法机关、秘密投票和总统的间接选举等制度安排都部分地受到他的思想影响。在查理二世统治时期，哈利法克斯侯爵乔治·萨维尔（1633—1695年）匿名出版《一个骑墙人物的品格》（又译《见风使舵者》）一书。书中为他所实行的政治中庸之道进行辩护。萨维尔在政治斗争中一贯采取中庸立场而有"见风使舵者"的绰号。他认为，中庸之道是指有限的君主制政体。

约翰·洛克（1632—1704年）是英国著名哲学家，英国最有影响力的启蒙思想家，被誉为"自由主义"之父。他的思想极大地促进了认识论和政治哲学的发展。在他那篇划时代的《人类理解论》文章中，他主张经验主义——所有的知识都来自经验——并拒绝先天知识论。在政治理论上，洛克和霍布斯一样是功利主义者，但他反对霍布斯的全能政府理论。在他的《政府论》中，洛克支持通过统治者和被统治者之间的社会契约，将政府权力限制在特定的领域内。如果人类政府滥用主体的自由或财产权，则允许有解除契约和反抗的权利。洛克关于个人自由和摆脱宗教或政治暴政的思想传播到法国和美国，并被这些国家的革命者所采纳。

科学方面，在斯图亚特时代，培根在《新大西岛》和《新工具》中提出了科学探究的主张，结合哥白尼和开普勒先前在天文学上的观察，这促进了许多领域的科学研究。威廉·吉尔伯特（1540—1603年）提出磁学的新观点。威廉·哈维（1578—1657年）解释了血液循环。随着英国皇家学会的成立（1662年），科学家们获得更多的自由和尊重。罗伯特·波义耳曾研究过气体物理学、气象学、热学、光学、电磁学、无机化学、分析化学、化学、工艺、物质结构理论以及哲学、神学。其中成就最突出的是在化学领域，他总结的化学定律取代了过时的亚里士多德理论。此世纪最重要的科学发展是

第八章 斯图亚特王朝

艾萨克·牛顿的《自然哲学的数学原理》（1687年）的出版，这是一篇关于天体根据万有引力定律运动的不朽论文，提出了力学的三大定律和万有引力定律，从而使经典力学成为一个完整的理论体系。

在宗教方面，内战和克伦威尔护国公的统治所产生的争议和信仰激发了各种各样的宗教派别，例如，"第五君王国派"是清教徒中最激进的一派。该派宣称：第一王国为亚述—巴比伦；第二王国为波斯；第三王国为希腊；第四王国为罗马。前三者均因偶像崇拜而灭亡。第四王国的继承者神圣罗马帝国也接近末日。第五王国是以基督为王的千年王国，它即将降临人间。认为只有在此王国里人压迫人的现象才能消灭；正义才能得到最后伸张。但在千年王国到来之前，基督的"圣徒"会代表基督进行统治。几乎所有的清教布道者都相信千禧年，也就是说耶稣基督最终会返回人间，统治人间一千年。但是他们并没有从这个事实中得出什么政治结论。第五君王国派则从中得出了政治结论。他们相信耶稣基督在人间的统治很快就会开始，选举的责任就是为基督的统治扫清障碍。现存的统治者是邪恶的，必将被抛弃。在17世纪50年代，许多平等派成员因为自身的无能为力而气馁，许多教派成员因为圣徒议会的解散而幻灭，他们都倒向了第五君主王国派的阵营。当代的历史学家在平等派那里找到了源源不断的兴趣源泉，因为他们是民主的先行者，但是第五君派则更具有这个宗教氛围浓郁的时代那种革命的激情特征。[①]

乔治·福克斯的"贵格会"兴起于17世纪中期的英国及其美洲殖民地。"贵格"为英语Quaker一词之音译，意为颤抖者。贵格会没有成文的信经、教义，最初也没有专职的牧师，无圣礼与节日，而是直接依靠圣灵的启示，指导信徒的宗教活动与社会生活，始终具有神秘主义特色。16世纪末英国人罗伯特·布朗首倡公理宗，主张各个教堂独立自主，由教徒管理各自的教堂。不赞成设立统管各个教堂的上级行政总机构；主张只设立由同派教堂自由参加的联谊性机构。由于该宗派宗旨只涉及教会的组织制度方面，故在教会的其他方面，可同时属于其他宗派。如在礼仪形式方面，浸会又属于"浸礼

---

① ［美］罗伯茨，［美］比松. 英国史上史前—1714年［M］. 北京：商务印书馆，2013：443.

宗"。公理会的信仰比较自由化，强调个人信仰自由，尊重个人理解上的差异。

  在社会发展方面，17世纪英国人口仍以农村人口为主，个人与土地的关系在很大程度上决定其社会和经济阶层。拥有大庄园的乡绅是最有影响力的阶层，其大部分时间都生活在庄园里，但越来越多的乡绅一到冬季就搬到伦敦过冬。在政治上，这一阶级为英国提供大量治安法官。在斯图亚特王朝时期，乡绅们逐渐赢得对下议院的控制，并迫使国王做出政治让步，如《权利请愿书》《三年法案》和《权利法案》。在士绅阶层之下的是逐渐减少的自耕农阶级，大约有16万人，他们拥有的土地较小，但享有选举权。自耕农之下是佃农，其数量在不断增加。清教的道德基调主导着英国的社会习俗。绝大多数英国人主要从事农业，由于使用化肥和作物轮作，生产效率略有改善。这一时期，圈地运动仍在继续，到17世纪末，将近一半的土地被圈占。失去土地的农民则在布里斯托尔、约克、纽卡斯尔和伦敦等城市中找到工作。商业特别是对外贸易的显著增长是17世纪下半叶英国经济的特点之一。商业立法如1660年的《航海条例》大大促进了对外贸易发展。这体现了重商主义理论要求，即国家繁荣是建立在贸易顺差基础之上，任何对外贸易的扩张都只能以牺牲商业竞争对手（荷兰和西班牙）为代价。这就要求政府采取促进出口和限制进口的政策，扩充商船队，建立更强大的海军来保护本国的航运。就帝国政策而言，英国的对外贸易主要是为了让其殖民地成为原材料供应地和商品倾销市场；此外，《航海条例》还试图将除英国或殖民地船只以外的所有船只排除在英国的运输贸易之外。对殖民地商品的优先待遇，加上皇家海军的保护，起初对英国殖民地是有利的。然而，由于殖民地制造业受到限制，这些法案在殖民地发展的过程中会阻碍美洲经济的扩张。这种重商主义政策日益成为北美13个殖民地不满的根源。

第九章　英国汉诺威王朝

第九章　英国汉诺威王朝

一、乔治一世

汉诺威王朝统治时期，英国殖民地、商业和海上力量不断扩大。汉诺威王朝源于中古时代的德意志，其王室血统可以由不伦瑞克—吕讷堡诸公爵追溯到"狮王"亨利（1129—1195年），再由他追溯到他的韦尔夫抑或吉尔菲祖先。汉诺威在1692年成为神圣罗马帝国的一个选侯区。它的第一位选侯奥古斯都娶了英王詹姆斯一世的孙女索菲娅。奥古斯都死后，他的遗孀根据国会的《继位法》（1701年）成为英国王位的女继承人。[①]为确保英国议会和新教徒在英国至高无上的地位，1714年8月，安妮女王去世后，王位继承序列第52名的汉诺威选帝侯，信奉新教的不伦瑞克—吕讷堡的乔治一世依据《王位继承法》继承英国王位。四个月前，他的母亲詹姆士一世的外孙女索菲亚去世。乔治生于今属德国的奥斯纳布吕克。他是汉诺威选侯埃内斯特·奥古斯都和英王詹姆士一世的外孙女索菲娅的儿子，原名乔治·路易。1682年他与表妹、不伦瑞克—吕讷堡公爵独生女索菲娅·多罗西娅成婚。1698年他继父成为汉诺威选侯。信奉新教的汉诺威王室继承英国王位避免了天主教在英国的复辟，从而排除了发生另一场内战的可能性。

从1707年到1801年，英国下议院权力稳步增长，而上议院却没有能阻止这一趋势，这主要是因为当时议会两院的政治和家族利益是相似的——他们代表着同一个阶级，即土地贵族的利益。统治英国的大土地贵族几乎都宣誓效忠汉诺威王朝。光荣革命后建立的君主立宪制实际上是基于贵族寡头体制之上的，带有封建残余的资本主义大地产制又是英国贵族寡头制长期存在的经济基础。贵族们通过政治和金钱上的操纵可以控制本地区下院议员候选人。由于没有适时调整选举席位的分配，经济发达的英国南方选区产生无数腐败，少数议员可以通过贿赂或赞助轻易获选。一些袖珍行政区则完全由位高权重的少数个人或家庭控制。在这种情况下，控制着下议院8到45个席位的

---

① [美]威尔·杜兰. 世界文明史 卷9 伏尔泰时代 上[M]. 幼狮文化公司，译. 北京：东方出版社，1999：103.

市镇商人和有影响力的家族可以将他们的地方权力转化为对议会的影响力。

英国的内阁制度有效解决了限制国王权力和行使议会主权的问题，内阁成为立法机关与行政机关沟通的重要纽带。英国内阁制可以追溯到中世纪的咨询会，以及十六、十七世纪的枢密院。威廉三世即位后，屡屡带兵出国作战，国内事务则由少数枢密大臣协商处理，内阁由此产生。内阁由下院多数党议员组成，首相由议会多数党领袖担任，内阁对议会负责以限制王权，可决定征收补助金和保持常备军等诸事宜，但国王仍拥有选择大臣和决定政策的广泛权力。威廉三世在国内时会经常出席内阁会议。安妮女王能力平庸，也必须依靠内阁处理政府要务。

乔治一世时期内阁制快速发展并最终形成，1714年9月18日，乔治一世登陆英国时已经54岁，他会说德语和法语，却不会说英语。他不喜欢伦敦潮湿阴冷的天气，因而常年不居住在英国。乔治一世对英国事务也不怎么感兴趣，加之语言交流困难，他越来越厌恶内阁中冗长的讨论。最初几年，他还勉强参加内阁会议。1714年以后，他再也没有否决过内阁会议的决定。自1718年起，他就不再出席会议，久而久之，乔治一世不出席内阁会议成为惯例。乔治一世会把问题完全交给一些重要大臣去讨论、研究和解决，并指定一位大臣，通常是财政大臣主持内阁会议，并向国王汇报内阁会议的内容。这位主持者就慢慢成为内阁事实上的领袖——首相。一般认为，英国第一任首相是罗伯特·沃波尔。沃波尔和他的继任者们确立了一种传统，即首相和他的内阁同僚们必须要在下议院获得足够的支持，以确保多数席位。他们首先要赢得国王的支持，然后赢得下议院的支持。这样内阁会一直掌权，直到出现以下三种情况之一才会被解散：国王厌倦了内阁成员；内阁成员之间发生争吵；内阁没有得到议会的支持。由此可见，正是乔治一世的无为而治，成就了这一时期内阁制的初步形成。

乔治一世继位后青睐辉格党，喜欢从辉格党中挑选大臣。辉格党由大地主贵族控制，并得到非国教派和大多数城市商人的支持，尤其是伦敦商人的支持。尽管辉格党在宫廷和威斯敏斯特占主导地位，地方权力却大多掌握在托利党人手中，他们作为治安法官和土地所有者在农村施加影响。在安妮女王临终前，他们曾考虑使流亡在外的斯图亚特王室复位。①汉诺威王朝统治的主要威胁来自詹姆士二世党人。1715年和1745年的两场詹姆士二世党人的叛乱都被镇压。由于托利党人暗中支持詹姆士复辟，因而每一次叛乱的失败都使托利党在政治上名誉扫地。这使辉格党获得了决定性的政治优势，这种优势一直持续到1760年。辉格党则依靠国王的支持，在议会中排挤托利党人。1715年初，辉格党赢得议会选举，便启动对牛津伯爵（罗伯特·哈利）、博林布鲁克和奥蒙德的弹劾程序。这三人因为签订《乌特勒支和约》被指控为叛国者。牛津伯爵被关进伦敦塔，博林布鲁克和奥蒙德则逃亡欧洲。同年，"老伪善者"詹姆士·爱德华·斯图尔特发动暴乱时，辉格党通过《暴动法案》，该法案授权地方法官，任何12人以上的非法集会，必须在一个小时内解散，否则将受到重罪指控。1716年辉格党人又颁布《七年法案》，将议会的任期从三年延长到七年，这更有利于辉格党人长期控制议会。这一时期主导辉格党的是詹姆士·斯坦霍普，他领导政府内阁有7年之久。

1718年，詹姆士·斯坦霍普遵照乔治一世的意见，采取干预欧洲大陆事务的外交政策，与法国、荷兰和奥地利结成联盟发起反对觊觎奥地利领土和法国王位的西班牙菲利普五世的战争，迫使菲利普五世放弃扩张计划。在波罗的海，瑞典国王查理十二世不断挑战汉诺威王朝的利益，斯坦霍普于是派遣英国海军前往波罗的海。此时查理十二世却突然死亡，俄国成为波罗的海地区对英国的主要威胁。为了牵制彼得大帝，斯坦霍普转而与瑞典结盟，并在1720年通过斯德哥尔摩和腓特烈堡条约解决了双方在汉诺威问题上的分歧。斯坦霍普的外交政策非常成功，既保护了英国的利益又维护了欧洲和平。

1720年8月，英国国内爆发"南海泡沫危机"。18世纪上半叶，随着英国资本主义的快速发展，长期的经济繁荣使英国私人资本不断集聚，社会储蓄不断膨胀，投资机会却相应不足，大量闲置资金迫切需要新的投资机会。当时股票的发行量极少，拥有股票是一种特权。1711年，在当时财

---

① [美] 威尔·杜兰. 世界文明史 卷9 伏尔泰时代 上 [M]. 幼狮文化公司, 译. 北京：东方出版社，1999：105.

政大臣罗伯特·哈利的倡议下，南海公司成立，并认购了1000万英镑的政府债券。作为回报，南海公司获得国王授权，专营英国对南美洲及太平洋群岛地区的贸易。1718年，乔治一世任南海公司董事长，南海公司的信用大增，一时在社会上掀起抢购南海公司股票的狂潮。同年8月股票价格上涨1000%，获利甚丰。在南海公司股票示范效应的带动下，全英国所有股份公司的股票都成了投机对象。大科学家牛顿在事后不得不感叹："我能计算出天体的运行轨迹，却难以预料到人们如此疯狂。"1720年8月，泡沫破裂，导致股价狂跌。到12月，股价由1000多英镑跌至124英镑，成千上万的投资者破产，由此引发一场金融和政治危机，此事件被称作"南海泡沫危机"。议会调查揭露出政府高层的严重腐败，多名政府官员牵涉受贿和参与投机。斯坦霍普在上议院为自己清白辩护时不幸中风。此时，乔治一世国王迫切需要一个新的政府管理者，一个没有卷入这桩丑闻的能够恢复公众信心和国家信用的人。罗伯特·沃波尔爵士无疑是合适人选，于是被任命为财政大臣。南海公司认购的国债，最后部分由英国银行与财政部分摊了，沃波尔于1717年建立了债券基金，借此每年由收入中拨出一笔钱来偿付国债，基金开始运作后几个月，情况便有所改善。[①]很快他的出色工作使政府和法院摆脱丑闻，恢复了国家信用。南海丑闻危机也成为沃波尔事业的转折点。

二、"首相"罗伯特·沃波尔

罗伯特·沃波尔爵士出生于诺福克郡一个有名望的乡绅家族，其父为辉格党议员，极善经营之道，产业丰厚。少年时期的罗伯特一帆风顺，他先后受教于伊顿公学和剑桥大学国王学院。1698年因长兄意外去世，他不得不辍学回乡帮助父亲经营家族产业。1701年，他代替去世的父亲当选为赖辛堡选区议员。在安妮女王时期，沃波尔担任过几个次要的职位，并在金融领域建立了自己的声誉。其卓越的辩论技巧、娴熟的专业知识令辉格党大佬刮目相

---

① [英]温斯顿·丘吉尔. 丘吉尔论民主国家 革命的年代[M]. 上海：上海三联书店，2017：94.

看。受到马尔博勒公爵贪腐案的牵连，1712年，执政的托利党以贪污罪弹劾沃波尔，沃波尔被逐出议会，关进伦敦塔。后因证据不足，沃波尔被释放，第二年重回议会。乔治一世即位后他先后担任主计大臣和财务大臣（1715—1717年）。大权在手的沃波尔开始残酷的报复令其银铛入狱的托利党人。他以叛国罪弹劾托利党的党首哈利和博林布鲁克，导致两者都不能再返回政界，使托利党陷入"危机"之中。但在其姐夫、国务大臣查理·唐森德被解职后他也辞去官职。1720年重返政坛，任军队主计长，并在"南海泡沫"事件中以机敏周全的手段处理危机，赢得国王和议会的信任。1721年4月，他升任首席财政大臣兼财务大臣，连续任职长达二十一年，成为英国历史上第一位"首相"。

1727年，乔治一世去世，他的长子乔治二世继位。乔治二世身材高大魁梧，两眼湛蓝，肤色绯红，精通法语、意大利语，英语说得也非常流利，对古典文学和历史都很有研究，但脾气暴躁，行事傲慢。乔治二世与其妻子安斯巴赫的卡罗琳非常恩爱，卡罗琳聪明智慧，谨言慎行，善解人意，乔治二世对她几乎百依百顺。但是乔治二世和其父亲的关系却非常紧张。乔治一世因为发现乔治二世的母亲索菲亚·多萝茜娅对其不忠，不但与其离婚，还把其母囚禁32年。

乔治二世继位后对其父亲的内阁顾问们也充满敌意，甚至认为沃波尔是"恶棍"。许多乔治一世时期的大臣们被解雇，但政治经验丰富的沃波尔通过主动把王室经费增加至每年十万英镑，还贿赂王后卡罗琳。在政治极为敏锐的王后卡罗琳的支持下，他不但自己得以留任，其姐夫查理·唐森德勋爵也得以留任内阁。

在乔治二世登位最初数年，虽然沃波尔与查理·唐森德勋爵继续在内阁分掌权力，但沃波尔已渐渐成为内阁的主导，决策权已落入沃波尔手上。沃波尔的目标是要在一代的时间内稳定汉诺威王朝的政权与辉格党的权势。[1]沃波尔深信一个国家的繁荣必须以和平环境为前提，因此他竭力避开与外国

---

[1] ［英］温斯顿·丘吉尔. 丘吉尔论民主国家 革命的年代［M］. 上海：上海三联书店，2017：95.

的纠缠，并着重促进国家工商业的发展。为此，他把政府借款利息降低至4%，简化混乱的关税税率，并取消了制成品的出口关税，这些政策刺激了英国贸易的发展。1731年，沃波尔又把土地税减少为每英镑收入征收一先令，比征税的高峰时期减少了四分之三。这为他赢得了议会的支持。1732年，沃波尔试图进一步扩大消费税并把消费税视为英国未来的主要税种。他这样做的理由，既是出于为战争筹资的需要，也是迫于葡萄酒、烟草及茶叶等贸易中存在严重走私现象给英国财政收入造成巨大损失。在沃波尔酝酿扩征消费税之前，英国的税收结构主要是消费税、关税、土地税和估价税。以1716—1720年的平均数为例，此间消费税占总税收的36.9%，关税占27.3%，土地税和估价税占26.5%。前两种是间接税，主要由商人和下层人士负担；后两种是直接税，主要由地主负担。1733年，沃波尔颁布《消费税法案》，试图对茶叶、咖啡和巧克力征收消费税。他建议取消葡萄酒和烟草的关税，代之以消费税，税率保持不变。这遭到公众和政界反对派的一致谴责。最终沃波尔屈服于民众压力，收回了法案。在沃波尔执政时期，英国经济繁荣成为欧洲之最。他喜欢增加税收，但有一项财政措施他不肯采取，他始终明智地不愿向美洲殖民地征税。他在1739年说："老英格兰已经反对我了，你们以为我还能让新英格兰也同样反对我吗？"

沃波尔外交政策的核心原则就是让英国远离大陆战争。在他看来，开启战争的代价实在高昂，战争结果也能预料。因此，沃波尔上台后采取休养生息政策，不希望卷入太多战争，并希望利用和平环境尽可能发展英国经济。30年代中期，议会反对派势力迅速加强，其中代表金融家和大商人利益的辉格党派别迫切希望发动对外战争，以夺取新的原料产地和商品市场。沃波尔不顾国内反西班牙情绪，于1729年与西班牙签订《塞维利亚条约》，结束了英西战争（1727—1729年）。1733年，法国和西班牙秘密签订"家族协定"，同意以英国为假想敌，共同保护两国的商业和殖民地利益。这个协定使得沃波尔的联法反西政策无法再实行下去。就在这时，英国人违反《乌特勒支条约》向西属美洲殖民地大规模走私，这引起西班牙海军与英国走私船之间的激烈冲突。议会反对派借此大做文章，煽动英国人的战争情绪。1738

年，一位名叫詹金斯的走私船长向英国议会出示被割下的耳朵，说那是西班牙人虐待他的证据。一时间，詹金斯的耳朵成了向西班牙开战的借口，战争呼声四起。1739年，沃波尔迫于民众压力向西班牙宣战，英国卷入了"詹金斯耳朵战争"。这场英西冲突拉开了奥地利皇位继承战争（1740年）的序幕。

1737年卡罗琳王后去世，这令沃波尔失去了王室最大的支持，乔治二世也不再全力支持他。议会中他的支持者也逐渐抛弃了他。1741年的议会选举中，沃波尔只以微弱多数获胜。次年初，沃波尔受到不信任动议，大势已去的沃波尔只得于1742年2月辞职。他的辞职也成为一个先例，每当内阁失去下议院的支持时，这个内阁及其首相必须辞职。不久，沃波尔接受乔治二世封赐的奥福德伯爵爵位。1745年3月18日，奥福德伯爵去世，终年68岁。

1740年10月，神圣罗马帝国皇帝查理六世死后无子嗣，其女玛丽亚·特蕾西亚依据1713年的《国事诏书》继承奥地利领地，但巴伐利亚、西班牙和萨克森等国表示反对，均提出继承要求，企图乘机瓜分其领地。[1]战争以1740年12月16日普军侵入奥属西里西亚的第一次西里西亚战争为开端。1741年5月法国与巴伐利亚、西班牙在慕尼黑签订《尼芬堡条约》。不久，普鲁士、瑞典、撒丁、萨克森、科隆、那不勒斯等国也加入该条约，形成以瓜分奥地利为目标的军事同盟。英、荷、俄则出于自身在欧洲的利益，站在奥地利一边。这就是奥地利皇位继承战争。1739年开始的英国与西班牙之间的"詹金斯耳朵之战"也成为这场战争一部分。这场战争在一定程度上是欧洲霍亨索伦王朝和哈布斯堡王朝争夺权力的斗争，也是英国和法国之间争霸的斗争。1743年6月，好战的乔治二世亲上战场，冒着枪林弹雨，率领联军击败法军，取得哥廷根大捷。乔治二世也成为英国历史上最后一位冒着生命危险，与士兵并肩作战的最后一位英国国王，这大大提升了国王的声誉。总体来看，这场战争各方互有胜负，死伤惨重，最后因财政枯竭，交战各方在1748年签订《亚琛和约》，结束了奥地利皇位继承战争。依约，签约国承认哈布斯堡家族继承人玛丽亚·特蕾西亚为奥地利君主，拥有奥地利领土主权；普鲁士取

---

[1] 刘新利，邢来顺. 德国通史 第3卷 专制、启蒙与改革时代[M]. 南京：江苏人民出版社，2018：235.

得原属奥地利的西里西亚大部分地区以及格拉茨；西班牙取得奥地利在意大利的帕尔马、皮亚琴察和瓜斯塔拉等领地，摩德纳和热那亚恢复原状，奥地利在意大利的某些领地转归撒丁；法国放弃自己在荷兰和在印度的征服区，将马德拉斯和在美洲的几小块领地归还英国；汉诺威家族在英国和汉诺威的继承权得到确认。但是，该和约未能解决欧洲各国之间的矛盾，特别是英法在西印度群岛、非洲和印度的殖民竞争问题，因此说，《亚琛和约》只为英法之间的殖民竞争提供了喘息的机会。

18世纪，葡萄牙和荷兰不再是英国真正的竞争对手，英法在全球的殖民竞争愈演愈烈。在印度，法国和英国之间的竞争从纯粹的商业竞争转向政治和军事竞争。1707年，印度莫卧儿王朝最后一位皇帝去世，莫卧儿帝国四分五裂，英国和法国各自支持印度的一方势力，趁机扩大各自的影响力。在北美，英国殖民地沿着大西洋海岸排成一列，但各殖民地对建立联邦不感兴趣。为了阻止法国控制连接密西西比和圣法伦斯殖民地的俄亥俄河谷，英法双方已经兵戎相见。1754年，在英国商务部的协调下，7个殖民地代表（马萨诸塞州、新罕布什尔州、康乃迪克州、罗德岛、纽约州、宾夕法尼亚州、马里兰州）和若干易洛魁联盟的代表在纽约州奥尔巴尼召开会议，以应付法国及其印第安盟友所造成的扩张威胁。在这次会议上，本杰明·富兰克林提出了著名的奥尔巴尼联盟计划，内容包括：设立联盟议会，议会有权组建军队；对付印第安人；控制公共土地和征收一般税务等。各殖民地议会不愿放弃权力，拒绝了这项计划。英国议会则害怕团结起来的殖民地会威胁到宗主国的利益，对该计划同样持冷淡态度。尽管如此，这次会议意义重大，成为后来大陆会议的预演。

三、威廉·皮特与七年战争

沃波尔辞职后，威尔明顿勋爵曾短暂领导内阁，不过在1744年被亨利·佩勒姆取代。他在其兄长纽卡斯尔公爵的协助下，控制议会将近十年。1746年，乔治二世试图摆脱佩勒姆，内阁集体辞职。由于没有找到合适的接替者，乔治二世不得不接受佩勒姆提出的复职条件，其中包括接纳威廉·皮特为内阁成员。此事表明,内阁对议会负责的原则已经在较大程度上被国王和政界所认同。1754年,在英国即将卷入七年战争之际,亨利·佩勒姆去世,纽卡斯尔公爵接管内阁领导权。

1756—1763年,普鲁士和奥地利因争夺德意志霸权爆发为期七年的国际战争。1756年1月16日,英国与传统对手普鲁士结盟,以反对奥地利夺取西里西亚。而法国也不计前嫌与奥地利和俄国组成反普同盟。加入英、普集团的主要有汉诺威、葡萄牙;加入法、俄、奥集团的有萨克森、瑞典、西班牙。这场战争在欧洲主要是领土的争夺,而在世界范围看,则主要体现为英国和法国为殖民争夺和商业竞争的世界霸权之争。

战争初始,在与法国的一系列较量中,英国一败再败。在印度,146名加尔各答的英国驻军被孟加拉的纳瓦布西拉杰·乌德·达乌拉俘虏,关在一间狭小的屋子里,导致123人窒息而死,这就是著名的"黑洞事件"。在北美,法国将领蒙特卡姆占领纽约的奥斯威戈堡,直接威胁英国的北美殖民地。在地中海,当英国海军上将比昂虽在梅诺卡岛之战中击退法国舰队,但却丢失了英国在地中海的战略据点直布罗陀。在欧洲大陆,乔治二世的老家汉诺威被法军占领,法国路易十五准备入侵英国的传闻也让英国人感到绝望。

战场的不断失利促使乔治二世调整了内阁。1756年11月,威廉·皮特(老皮特)被任命为国务大臣。老皮特是英国著名的政治家和战略家,主要代表主张积极向海外扩张的商人和资产阶级利益,主张扩大殖民地与建立海外帝国。他虽然个子不高,身材瘦小,但他深谋远虑,敢想敢干。腓特烈大帝说:"英国经过长期的阵痛,终于产生了一个男子汉。"在议会中,老皮特与纽卡斯尔公爵结成政治联盟。作为首相,纽卡斯尔公爵利用其影响力,确保议员多数为战争筹集资金。而老皮特则负责指挥战争,他说:"我确信,我可以拯救这个国家,别人谁也拯救不了。"作为战争领袖,老皮特增加了对普鲁士腓特烈二世的资金援助,加强了对汉诺威军队的支持,并利用强大的海上力量在世界范围内打击法国的商业和殖民地利益。当时英国商船已经垄断大西洋两岸的三角贸易,军舰数量急剧扩充。到1758年,英国已有156艘远洋军舰,而法国只有77艘。为此老皮特重组英国海军和陆军,乌尔夫和豪等出类拔萃的年轻指挥官被委以重任。他还改进了后勤供给体系。通过改革，英国整个战争机器展现出新的活力和必胜的信心。在他指挥下，英国海军在海军上将爱德华·博斯科恩的率领下，封锁法国海岸，切断法国地中海和大西洋的航线，使法国在世界各地的殖民和商业据点无法得到及时的支援，战局迅速逆转。1759年，32岁的马尔伯勒公爵詹姆士·乌尔夫将军率领英军远征魁北克，在亚伯拉罕平原打败了蒙特卡姆率领的法军。一年后，法属加拿大总督投降，蒙特利尔和整个加拿大成为英国的领土。在孟加拉，1757年6月23日，克莱夫率领3200名英军在普拉西战役中击溃法国孟加拉总督率领的5万人，这使英国的东印度公司获得了印度孟加拉邦的统治权。1761年，法国舰队被击退，弹尽粮绝的法军投降，实际上结束了法国在印度的统治。1759年，海军上将博斯卡文在拉各斯附近摧毁了土伦舰队，法国大西洋舰队在基伯隆湾被海军上将霍克彻底击败，海军占领了西印度群岛的瓜德罗普岛和非洲西海岸的达喀尔。自从马尔伯勒战役以来，英国人还从未以如此压倒性的优势战胜过法国人。

　　1760年10月25日，乔治二世去世，他的孙子乔治三世继位。新国王对汉诺威领地并不像他爷爷那样关注，不愿再耗费巨资把这场战争继续下去。失去国王支持的老皮特在1761年辞职。接替老皮特担任首相的布特勋爵向西班牙宣战。1762年1月5日，痛恨腓特烈的俄罗斯女皇伊丽莎白一世去世，继位的彼得三世则是腓特烈的崇拜者，很快俄罗斯与普鲁士议和，退出反普联盟。腓特烈国王收复了被俄国和奥地利占领的普鲁士领土。布特勋爵则开始与法国进行和平谈判。1763年2月10日交战双方正式缔结《巴黎和约》。虽然腓特烈二世觉得在谈判中被英国抛弃，但七年战争的结束使普鲁士成为欧洲大国之一。老皮特和他所代表的伦敦商人阶级谴责这种和平，因为它破坏了他毕生追求的彻底摧毁法国贸易帝国的宏伟计划。即便如此，英国仍是七年战争的最大赢家，法国在《巴黎和约》中被迫将整个加拿大割让给英国，并从整个印度撤出，只保留5个市镇。法国海军被彻底摧毁，英国成为海外殖民霸主，日不落帝国初步形成。七年战争在现代史上对英国具有重要的意义，首先，它明确了英格兰对印度的统治权；其次，它确定了英格兰对北美洲的统治权。①

四、乔治三世控制内阁

乔治三世生于伦敦，他是威尔士亲王弗雷德里克·路易之子，乔治二世之孙，12岁时成为威尔士亲王。1760年，他继承祖父王位，时年只有22岁。乔治三世是汉诺威王朝第一个在英国出生的君主，会说流利的英语。他在英国土生土长，从未去过祖籍汉诺威王国。乔治二世的首相沃波尔形容他"身材魁梧，气宇轩昂，红光满面，笑容可掬"。他的继位受到英国人民的欢迎。

乔治三世对王权的追求比他的两位先王更积极，他改变他们不问政事的惯例，开始直接行使王权。他利用封官许愿、收买贿赂的方法培植亲信，利用托利党人打击和削弱辉格党势力。从1760年开始，辉格党垄断英国政局的局面开始瓦解。从1760年到1770年十年间，内阁先后更换7任首相。政局不稳使得英国在处理殖民地问题上明显缺乏政策连续性。1761年，皮特辞职后，乔治三世的老师布特勋爵约翰·斯图尔特控制了内阁。他排挤了纽斯卡尔公爵，把许多王权支持者和亲信引进内阁。为了控制议会，他亲自审阅议会辩论和投票记录，贿赂和收买议员。布特勋爵深得乔治三世的信任，但是他苏格兰望族的出身和与詹姆士二世保王党人的瓜葛使议会对其敬而远之。1763年，布特勋爵在促使议会通过与法国缔结"巴黎和约"后就被迫辞职。同年，老皮特的姐夫乔治·格伦维尔通过与贝德福德公爵以及布卢姆斯伯里议会集团结盟，执掌内阁并获得议会多数席位。格伦维尔任内不断抵制布特与乔治三世对内阁的影响，最终使布特勋爵退出政界，同时也失去乔治三世的支持。1765年，乔治三世以"老辉格党"派系的罗金厄姆侯爵取代格伦维尔。新内阁废除格伦维尔实行的对北美殖民地征收印花税的法案，但是罗金厄姆无法维持辉格党在议会的团结，尤其是在皮特拒绝支持内阁之后，在一年之内罗金厄姆被迫辞职。1766年，老皮特受封为查塔姆伯爵，同年出任首

---

① ［英］尔弗雷德·考尔德科特. 大英殖民帝国［M］. 周亚莉, 译. 北京：华文出版社，2019：71.

相兼掌玺大臣。晚年的老皮特深受痛风和精神障碍的折磨,已无法协调和控制内阁。1768年,格拉夫顿公爵取代他成为首相。格拉夫顿公爵对于当时议会的分裂已经无能为力。他在内阁设立了一个新职位,即殖民地事务大臣。但新的殖民地政策还未提出,国王与议会的许多成员都对辉格党无能的表现感到忍无可忍,1770年,乔治三世任命托利党人诺斯勋爵组阁,组成清一色的"国王之友"内阁,辉格党被完全抛弃在一旁。[1]作为首相,诺斯勋爵在托利党和国王的支持下,在长达12年的时间里控制了议会多数席位。通过诺斯,乔治三世控制了内阁。

五、1775—1783年美国独立战争

通过"七年战争"英国在北美殖民地获得巨大的利益和新领土,英国也本该适时调整其与北美13个殖民地关系,然而从1763到1775年之间,由于英国国内骚动和内阁不稳定以及外交上对法战争的掣肘,英国对北美殖民地缺乏明确和连贯的政策,使两者关系不断恶化。

为转嫁战争军费负担,掠夺殖民地的各种资源,加强对北美殖民地的控制与压榨,1763年,英国政府颁布《皇家公告》,制定边界线,禁止殖民地人民向阿巴拉契亚山脉以西拓展。这引起边区殖民者的强烈不满,继而成为北美殖民地与英国政府出现纷争的导火线之一。1764年,格伦维尔内阁颁布修改后的《食糖法案》,对从北美进口的糖、酒、咖啡等征税,并提出警告,随后将征收印花税。为筹集英国在北美殖民地驻军的每年约10万英镑的费用,1765年3月22日,议会通过《印花税法案》,决定对北美殖民地的印刷品征收半便士至20先令的印花税票,违者将受到法庭审判。这一法案在殖民地引起激烈抗议,并出现抵制英国商品的行动。他们认为各殖民地的权利,是直接来自英王的特许而不是来自英国的议会,英国议会里没有一个殖民地的议员代表,因此英国议会根本没有对殖民地征税的权力,"无代表不纳税"成为殖民地人民反对课税的基本理由。老皮特内阁在国王的支持下于

---

[1] 钱乘旦. 英国通史 第4卷 转型时期18世纪英国[M]. 南京:江苏人民出版社,2016:37.

1766年废除了《印花税法案》。为表示感谢，纽约民众在纽约市内为老皮特和乔治三世竖立了铜像。1767年，英国财政大臣查理·唐森德不顾殖民地居民的反对，又重新对进口到殖民地的铅、玻璃、颜料、纸张和茶叶征收关税。英国与殖民地的关系再次恶化。1768年，英国内阁设立殖民事务大臣职位。1770年，托利党人诺斯勋爵上台，为了安抚北美殖民地，内阁取消了除茶税以外的所有关税，茶税作为议会有权向美洲殖民地征税的象征特意保留下来。于是北美殖民地居民开始抵制英国进口的茶叶。1773年12月16日，波士顿一些激进抗税人士将停泊在波士顿港的英国东印度公司货船上约300箱茶叶倾倒入海，这就是著名的波士顿倾茶事件。[①]这一事件促使英国采取强硬政策。1774年英国议会立法关闭波士顿港，马萨诸塞当地立法机构的上院不再由选举产生，改由国王委任。这些措施进一步激怒了北美殖民地人民。这反而促成各殖民地空前的团结和合作。每个殖民地都成立通信委员会，组织抗议团体，北美殖民地激进派的影响力急剧加强。1774年9月5日，各殖民地派代表在费城召开殖民地联合会议，又称"第一届大陆会议"，通过《权利宣言》，要求殖民地实行自治，撤走英国驻军。1775年4月19日，英军和殖民地武装在列克星敦发生武装冲突，美国独立战争爆发。1776年7月4日，第二届大陆会议发表《独立宣言》宣布殖民地独立，大陆会议在战争的大部分时间里（截至1781年）是美利坚合众国事实上的临时政府和立法机构，这是世界上第一次由殖民地人民发动的民族独立战争。

战争双方实力优劣一目了然。英国是当时世界上最强大的工业和海军强国，拥有强大的、专业化军队，控制北美殖民地的两翼——加拿大和佛罗里达。而北美殖民地没有中央政府来协调行动，缺乏资金和物资来维持这场战争，北美殖民地的军队只是一些未经训练的地方民兵。然而，"国王之友"内阁的无能，却给殖民地一线生机。殖民地军队总司令乔治·华盛顿明白一个道理：他的军队只要能在战场上坚持下去，那么形势就对他们越来越有利，英国就会厌倦试图征服这样一个幅员辽阔的国家。与以往战争最大的

---

① ［英］尼克·邦克. 大英帝国的崩溃与美国的诞生［M］. 北京：民主与建设出版社，2017：195-196.

不同是，此次英国在欧洲大陆没有盟友，欧洲国家反而联合起来反对英国。1777年9月26日，英军攻占大陆会议所在地费城。10月17日，1.2万美军在萨拉托加迫使孤军深入的5000英军投降。萨拉托加之战成为战争的转折点。因为它不仅鼓舞了北美殖民地人民的爱国主义，也向法国展示了美国打败英国的可能性。1778年2月，法美签订军事同盟条约，法国正式承认美国。随后法国、西班牙、荷兰相继对英国宣战。法国联盟为新生的美国提供了他们所缺乏的海上力量、资金、军火和军队。1780年，由俄国、瑞典、丹麦以及后来的荷兰和普鲁士建立了武装中立联盟，以抵抗英国在公海上对中立船只的搜查权。这一次英国丧失了海上优势，特别是在法国和西班牙结盟之后，联盟的舰队数量大大超过英国。英国先后失去米诺卡岛，佛罗里达的大部分领土，西印度群岛的两个岛屿和在非洲海岸的几个据点。1779年，两支法国舰队进入英吉利海峡，4万名法国士兵随时都有在英国海岸登陆的可能。这迫使英国不得不调动更多的兵力来守卫本土，从而减少了对北美战事的增援。在北美殖民地，亨利·克林顿取代豪担任指挥官，萨拉托加战役之后，陆地战争转移到北美南方殖民地。1781年夏天，北美英军主力退守南海沿岸的约克镇。华盛顿请法国海军切断英军海上逃跑路线，同时，指挥美法联军从陆上对约克镇实施合围。在美法联军的猛烈攻击下，走投无路的英军只得投降。约克镇大捷实际上进一步巩固了美国的独立，同时也促使诺斯勋爵内阁在1782年垮台。英国国内舆论纷纷指责政府，指责乔治三世的个人干预是英军失败的主因。乔治三世不得不让罗金厄姆成立辉格党内阁，并说服谢尔本伯爵领导的查塔姆辉格党加入内阁，谢尔本勋爵是亚当·斯密、杰里米·边沁和本杰明·富兰克林的朋友，同情北美殖民者的处境。在他主导下，1783年9月3日，英国与美国、法国、西班牙在巴黎缔约——《凡尔赛和约》或称为《巴黎条约》。英国正式承认美利坚合众国独立。美国边界确定为：西沿密西西比河、北沿五大湖、圣劳伦斯河和伸向大西洋的假设线，南沿密西西比河与大西洋之间的假设线；各缔约国拥有在密西西比河上的航行权；佛罗里达和梅诺卡岛归属西班牙；法国获得对多巴哥和塞内加尔地区的控制权。失去美洲殖民地标志着大英帝国崩溃的开始。

六、保守主义政治与法国大革命

1783年,诺斯与自由派政治家查尔斯·詹姆士·福克斯联合,迫使谢尔本下台并组成联合政府。但他们提出的改组东印度公司的法案在乔治三世的教唆下被上院否决,联合内阁集体辞职。国王遂任命只有24岁的托利党人小威廉·皮特为首相。这也标志着垄断英国政坛50多年的辉格党统治的结束。作为英国历史上最年轻的首相,他比他的父亲擅长国家治理的艺术。小皮特不仅能够赢得并保持议会多数席位,还能赢得国王的支持,更难能可贵的是,他能做到与时俱进,充分认识到商业领域发生的重要变化,并支持亚当·斯密的自由贸易理念。18世纪后半期,英国已经处于工业革命的根本性变革之中。圈地急剧增长,自1700年到1760年间,圈地面积超过300万英亩。在制造业方面,用马力代替人力和一系列机械发明促进了工业革命的发展,产生了一个新的工业资本家阶层。随着这一阶层影响力的不断增加,他们对被排除在政治权力之外感到越发不满。亚当·斯密关于不受限制的生产、自由贸易和不受政府管制的学说(《国富论》,1776年)与英国扩张的资本主义经济相吻合。

北美殖民地成功独立,英国举国震惊,也让英国政府认识到自身体制存在的问题。筹备军费能力不足,国家债务几乎翻了一番,已经威胁到政府的信用;国会所担忧的问题已经由过于强大的王权改为选举腐败、财政赤字;在外交上孤立无援、过分依赖漫长脆弱的大西洋航线;废奴呼声日益高涨等。有识之士呼吁对病入膏肓的体制进行改革。成为首相后,小皮特按照亚当·斯密的经济理论对财政和税收制度进行改革,降低关税,设立新税种,以增加政府收入;建立会议报表制度,规定全部公债要在四十五年内还清;改革政府行政机制,减少开支;赋予伦敦城自治的权利;与法国签订自由贸易条约。在上议院否定了福克斯的东印度公司改革法案后,小皮特提出了替代方案。1784年颁布的《皮特法案》决定设立由国王任命的全权委员会管理东印度公司,委员会主席由悉尼勋爵出任。英国政府承担政治和民事事务的责任,而东印度公司负责具体商业运营,将印度直接纳入英国殖民管辖。

1786年，小皮特还创立偿债基金，用基金利息偿还国债。1791年，小皮特还改革加拿大行政建制，将魁北克省分为上加拿大（安大略）和下加拿大（魁北克）两省。1792年提出废除奴隶贸易的主张。1785年，小皮特试图颁布一个废除26个腐败选区、轻微扩大选民范围的法令，但被下议院否决。小皮特认识到改革的艰巨性，此后再未提出过与国会改革相关的法令。

1787年法国政局开始动荡，1789年发展成为革命。从1789年到1791年，法国制宪会议颁布"废除一切旧义务"的"八月法令"，紧接着又通过著名的《人权宣言》，向全世界庄严宣布"人身自由，权利平等"的原则。1790年6月，制宪议会废除亲王、世袭贵族、封爵头衔，并且重新划分政区。成立大理院、最高法院，建立陪审制度。制宪议会还没收教会财产，宣布法国教会脱离罗马教皇统治而归国家管理，实现政教分离。法令颁布的激进变革，特别是在君主制和教会的变革，把法国分裂成两个集团——一个为赞成革命集团，另一个为反对革命集团。1791年6月20日，路易十六乔装出逃失败，部分激进领袖和民众要求废除王政，实行共和，但君主立宪派则主张维持现状，保留王政。7月16日君主立宪派从雅各宾派中分裂出去，另组斐扬俱乐部。9月制宪议会制定一部以"一切政权由全民产生"、三权分立的宪法，规定行政权属于国王、立法权属于立法会议、司法权属各级法院。1791年10月1日，立法议会召开。法国成为君主立宪制国家。法国大革命引起周边国家不安，普鲁士、奥地利成立联军攻入法国。

1792年7月11日，立法议会宣布祖国处于危急中。8月10日，在雅各宾派领袖罗伯斯庇尔、马拉、丹东领导下，以无套裤汉（平民）为主体的巴黎人民攻占国王居住的杜伊勒里宫，国王、王后被拘禁，波旁王朝和立宪派统治被推翻，吉伦特派取得政权。9月20日法国军队在瓦尔密战役中打败外国干涉军。9月21日，由普选产生的国民公会开幕，9月22日宣布成立法兰西第一共和国。1793年1月21日，国民公会以叛国罪处死国王路易十六。吉伦特派当政以后，实施"恐怖统治"，重点镇压雅各宾派和巴黎无套裤汉。革命政府还把国民经济转为战争状态，打着"解放"的旗帜大肆对外扩张。恐惧和仇恨在整个欧洲蔓延。法兰西共和国比它推翻的君主制更加具有扩张性，它无视条约,吞并萨沃伊和比利时。1792年10月后,法国军队已经开始向国外扩张。欧洲各国非常害怕。1793年2月,普鲁士、奥地利、西班牙、荷兰、萨丁尼亚、汉诺威、英国成立反法同盟,对法国进行武装干涉。然而吉伦特派无力抵抗外国军队,巴黎人民于5月31日至6月2日发动第三次起义,推翻吉伦特派的统治,建立起雅各宾专政。

法国大革命爆发之初,英国朝野上下普遍为之欢呼,把它比作1688年英国的光荣革命,认为它体现着英国政治制度所追求的理想。在革命的刺激下,各种主张改革议会的社团或复活或建立起来,如人民之友协会和伦敦通讯协会——后者是1792年由托马斯·哈代建立,旨在促进工人阶级的普选权。但是不久之后,上层阶级改变态度,尤其是共和制的法国试图在整个欧洲煽动革命,他们认为法国的事态发展已经威胁到英国的政治制度,特别是雅各宾派专政已经动摇了现存的秩序,任其蔓延下去,英国也会出现类似的事态,英国的改革者离成为革命者只有一步之遥,人民革命的阴影已经笼罩在英国上空。这种情绪的变化在埃德蒙·伯克在1790年10月发表的《法国大革命反思录》中得到充分体现。他在书中对法国革命进行猛烈的抨击,并对保守主义作了集大成的系统阐述。①他在书中提出,习惯与守成是人类社会的基本规范,若放弃传统,会造成社会的整体崩溃。他明确警告说,如果不加以制止,法国大革命思想将在一夜之间摧毁西方社会的价值观和秩序。《法国大革命反思录》成为英国保守主义的开山之作,伯克被誉为英国保守主义之父。②当伯克起而攻击法国革命时,1791年3月,受法国大革命的影响,美国革命家托马斯·潘恩在伦敦出版《人权论》,主张推翻君主制政府。英国的保守派被潘恩惊骇世俗的观点吓坏了,他们开始慢慢接受伯克的观点。1791年,辉格党在法国革命问题上发生分裂。伯克在议会辩论中阐述反对法国革命的观点,福克斯则为法国革命进行辩护。辉格党由此分成两派,少数人与福克斯站在一起,支持法国革命。小皮特和多数人赞成伯克的观点,一

---

① [法]阿历克西·德·托克维尔. 旧制度与大革命[M]. 范一亭, 译. 南京: 译林出版社, 2016: 4.

② 刘军宁. 保守主义[M]. 北京: 东方出版社, 2014: 15.

点一点地转向保守主义。

1793年在英国与法国宣战之前，小皮特政府就把国内的政治改革者视为法国革命党的同谋而进行打压。随着反法战争的持续，英国国内镇压的力度越来越大。议会先后颁布一系列法案，阻止未经地方法官批准的公众集会，扩大叛国罪的范围，禁止出版煽动性书籍，废除人身保护令，宣布工会成为非法组织等。

在外交政策上，小皮特提出在欧洲推行大陆均势政策，组织反法联盟以打击法国革命。1793年9月，小皮特组织了第一次反法联盟，希望效仿其父老皮特的政策，资助大陆列强来削弱法国并借助英国的海上优势来接管法国的世界商业帝国。然而，联盟成员之间钩心斗角无所作为。1794—1795年，普鲁士和西班牙先后退出联盟与法国签订合约。1796年法国派出两支远征军，分别出征德意志和意大利。由拿破仑·波拿巴率领的意大利远征军迅速击败撒丁王国。4月28日法、意签订《切拉斯科停战协定》，随后法军打败奥地利军队，占领伦巴第。1797年10月，奥地利被迫签订《坎波福米奥和约》，第一次反法联盟瓦解。

1798年，拿破仑率领法军东征埃及，威胁到英国在苏伊士运河和地中海沿岸的商业利益，英国组织了第二次反法联盟，参加者有俄、奥、土、葡和那不勒斯等。1799年法军在荷兰、瑞士、意大利连连受挫，几乎丧失了督政府时期占领的全部土地。英国海军上将纳尔逊在阿布基尔湾击溃法国舰队迫使拿破仑放弃了他的东征计划。1799年11月9日，拿破仑成功发动雾月政变，成为法兰西第一共和国执政官。1800年，拿破仑率军入侵意大利，并在马伦戈迅速击溃奥地利军队。另一支法军在霍亨林登击败奥地利第二军，战场上的接连失利迫使奥地利于1801年2月退出反法战争。同时，拿破仑又利用俄英矛盾和英土矛盾，迫使俄国和土耳其与法国签订停战协定。失去同盟者的英国于1802年3月27日与法国签订《亚眠和约》，第二次反法联盟解体。1801年，小皮特因为爱尔兰并入联合王国的问题与国王产生分歧，辞去首相职位，《亚眠和约》是由其继任者阿丁顿子爵签署的。

美国独立战争的成功和法国大革命激进思想的渗透助长了爱尔兰的分离

倾向。天主教试图废除什一税，新教徒则表示不再服从《宣誓法案》，最终在1798年爱尔兰爆发叛乱。不列颠王国迅速镇压了这场叛乱。小皮特也认识到必须为爱尔兰作出新的安排。1800年8月1日，英国议会颁布《1800年联合法案》，法案宣布，于1801年1月1日联合爱尔兰王国和大不列颠王国成立了大不列颠和爱尔兰联合王国。爱尔兰议会废除，爱尔兰在联合王国上议院有32名贵族代表，在下议院有100名议员代表。允许两国之间的自由贸易。爱尔兰教会（圣公会）继续存在。为了巩固爱尔兰与不列颠王国的联合，彻底解决爱尔兰问题，小皮特又提出一项天主教解放法案，允许天主教徒加入议会，乔治三世坚决拒绝。1801年初小皮特辞职，艾丁顿子爵接替成为首相。

《亚眠和约》带来的和平非常短暂。1803年5月因英国拒绝将马耳他交还骑士团，战争重新爆发。第三次反法联盟于1805年4月组成，参加者有英国、俄国、奥地利、瑞典、那不勒斯等。西班牙、巴伐利亚、符腾堡和巴登等站在法国一边。此时，拿破仑开始准备入侵英国。艾丁顿因领导战争不力而辞职，1804年，小皮特再次出任首相。1805年10月，为了冲破英国对英吉利海峡的封锁，法国和西班牙联合舰队在西班牙南部沿海的特拉法加角与纳尔逊指挥的英国舰队进行决战。尽管英国舰队在数量上处于劣势，但纳尔逊的海军在指挥、战术及训练方面都更胜一筹。英国海军全歼对手，联合舰队主帅维尔纳夫和18艘战舰被俘虏，纳尔逊也在交战中阵亡。经过特拉法加海战，法国海军精锐尽失，从此一蹶不振，迫使拿破仑不得不放弃进攻英国本土的计划，而英国凭此役奠定了以后一个世纪的海上霸主地位。1805年12月2日，拿破仑在奥斯特里茨战役一举击溃俄奥联军。12月15—16号，普鲁士和奥地利先后被迫与法国求和并缔结盟约，共同对英国宣战。至此第三次反法联盟在普鲁士尚未参战的情况下，就迅速瓦解。1806年1月2日，奥斯特里茨战争发生仅几周后，小皮特因积劳成疾去世，享年46岁。

为了击败英国，拿破仑开始实施大陆封锁令。1806年12月，拿破仑颁布《柏林敕令》，授权封锁不列颠群岛，命令法国控制下的一切国家不得与英国进行贸易，并宣布从英国港口出口的商品是合法的战利品，此举重创了英国。①作为回击,英国于1807年颁布"枢密院令",宣布对一切参加拿破仑"大陆封锁"的国家实行反封锁,英国海军可随时缴获其商船和商品。1807年12月,拿破仑颁布《米兰敕令》,宣布任何从英国出发的船只,只要进入法国港口,即成为合法战利品。拿破仑的大陆封锁确实对英国商业利益造成一定损害,但英国凭借强大的工业和海军优势对欧洲大陆的反封锁给欧洲各国人民造成了更大的损失。大陆封锁给各国人民生活带来诸多不便,各国人民对这一暴政的不满情绪也越发强烈。拿破仑在对外输出革命过程中所激发的民族主义成为被征服国家反对帝国的武器。

为了巩固大陆封锁体系,拿破仑出兵占领葡萄牙并罢黜西班牙国王,并让他的弟弟约瑟夫·拿破仑登上西班牙王位,这引发1808年西班牙人民起义。西班牙于是邀请英国进行干预。在约翰·摩尔爵士和亚瑟·韦尔斯利爵士(后来的惠灵顿公爵)的领导下,1812年英军最终将波拿巴政府赶出伊比利亚半岛。此时,英国人的离间计也开始起作用,脆弱的法俄联盟开始瓦解。亚历山大一世违背拿破仑的大陆封锁令而开始接受英国货物,恼羞成怒的拿破仑遂率领50万军队入侵俄国。1812年9月,法军占领莫斯科,但俄国人拒绝投降。10月,随着俄罗斯严酷冬季的来临和俄军总司令库图佐夫的反攻,饥寒交迫的法军不得不且战且退。12月底,拿破仑被赶出俄罗斯。法军损失惨重,只有少数残余逃回法国。与此同时,英国外交大臣卡斯尔雷发起第四次反法联盟(1812—1814年)。俄国、普鲁士、奥地利、英国和许多小国联合起来利用拿破仑在西班牙和俄国的窘境对法国发动进攻。1814年3月联军攻入巴黎。4月,拿破仑宣布退位,被流放到地中海的厄尔巴岛。5月,路易十六的弟弟路易十八登上法国王位,波旁王朝在法国复辟。随后联盟各国聚集在维也纳,为维也纳会议的召开做准备。1815年3月,拿破仑逃离厄尔巴岛,潜回巴黎发动政变,重夺王位,实施"百日帝政"。威灵顿和卡斯尔雷于是组织第五次反法联盟。在1815年6月11日,在威灵顿公爵的率领下,联军最终击溃法军,取得滑铁卢战役的胜利。拿破仑投降并被流放到圣赫勒拿岛,在那里度过生命中剩余的六年。1821年5月5日,拿破仑病逝。1840年,

---

① [法]布里昂. 回忆拿破仑[M]. 北京:北京时代华文书局,2015:286.

他的灵柩被迎回法国巴黎，隆重安葬在法国塞纳河畔的巴黎荣军院。

1811年底，饱受精神病困扰的乔治三世最终陷入永久性精神失常状态，第二年，首相斯宾塞·珀西瓦尔遇刺身亡，利物浦伯爵上台组阁。利物浦任内见证英国在拿破仑战争中取得最后胜利，而紧随的维也纳会议也使汉诺威的领土得以扩充，并由选帝侯领地升级为王国。1820年1月29日，失聪又失明的乔治三世逝世于温莎城堡，享年81岁，他的儿子乔治四世继位。

七、18世纪的联合王国

18世纪的联合王国处于一个智力繁荣与理性的时代。人们相信自己有能力运用常识来发现支配社会和艺术的自然法则。18世纪初，英国人口约为550万，其中绝大多数生活在南方农村地区。首都伦敦发展迅速，人口突破50万。中部地区多为新兴城镇和工业村。英国议会开始日益专注于贸易，因为贸易代表着财富，而财富就意味着权力。不过这一时期商业资本还未完全取代土地资本成为社会和政治权力的标志。处于社会顶层的仍然是大土地贵族，他们拥有重要的政治影响力。由于农业能带来丰厚的利润，这使得土地贵族成为提高农业生产率的主要推动力。土地贵族阶级之下是地方乡绅，他们充当治安法官，掌握地方权力。不过，他们收入较低，又居住在偏远乡村，很少能对国家政治产生重大影响。他们通常是痛恨辉格党寡头统治的托利党的支持者。由于圈地运动，处于社会底层的农村劳动者大量涌向城镇，成为非技术劳动者。许多自耕农在与大地主竞争中失败，不得不卖掉土地，成为佃农。城镇大商人与政府存在密切的经济联系，通过贿赂和婚姻等途径可以进入贵族阶层。受到不断变化的经济和自由劳动力市场的扩张冲击威胁到小商人和店主的社会地位。

18世纪，随着热带水果引进英国，土豆、菠菜和草莓种植面积的扩大，英国居民的饮食结构深刻变化。英国人消费巧克力、糖和茶成为国民习惯。咖啡馆成为国民谈论新闻、时尚和政治的重要场所。杜松子酒和朗姆酒的消耗量也大幅度增加。在下层阶级中，酗酒现象变得司空见惯，杜松子酒既不利于健康，也导致犯罪率上升。赌博也成为全国性的业余活动。英国乡村的生活模式相对更加稳定，其传统与习俗变化极为缓慢。

18世纪是理性的时代，理性本质上否认超自然或上帝对人的特别启示。理性是至高无上的，反对感性与感情。当英国国教变得死气沉沉而无法自我改革时，卫理公会让18世纪英格兰的精神荒原恢复生机。这种复兴触及了被国教忽视的人，改变了成千上万的生命，释放出情感的洪流。这在理性时代被认为是不得体的。卫理公会运动始于牛津，1724年约翰·卫斯理毕业于牛津大学。1726年他任牛津大学林肯学院研究员，1728年成为牧师。次年在林肯学院与弟弟查尔斯·卫斯理及同人组织宗教团体——圣社。他们提倡遵守正道，故被称为"循道者"，意即循规蹈矩之人。1735年他们去北美传教，1738年回国。次年在英国布里斯托尔成立第一所循道派教堂。后循道派教会迅速发展，1784年发表《宣言书》，该派脱离圣公会而成为独立的教派。

卫斯理的布道唤醒了英国国教，使其精神生活恢复活力。他强调所有人都是兄弟，他对社会罪恶的控诉引发了废除奴隶制、改善工作条件和监狱改革运动。卫斯理政治上倾向保守主义，曾著书反对北美独立运动，维护英国的殖民统治。同时他又反对北美的奴隶制度，主张解放黑奴。一些历史学家认为，国教的复兴把英国从席卷欧洲的社会和政治革命浪潮中拯救出来。卫斯理兄弟以城镇和矿区的下层民众为主要传教对象，为成千上万的工人阶级带来了生存的意义和尊严。到18世纪末，宗教的复兴改变了这个国家的道德品质。卫理公会教派的影响，通过与清教传统的融合，磨砺了英国社会中非国教教徒的良心。

在历史撰写方面，18世纪最有影响力的三位历史学家是休谟、罗伯逊和吉本。哲学家兼历史学家大卫·休谟（1711—1776年）撰写了一部六卷本的《英国史》。威廉·罗伯逊（1721—1793年）是苏格兰史学家，曾是苏格兰教会的教长，爱丁堡大学校长。其史学成就与同时期的大卫·休谟和爱德华·吉本齐名，代表作有《苏格兰史》《美洲史》《查理五世》等。他也是苏格兰启蒙运动的重要人物。爱德华·吉本（1737—1794年）的代表作是《罗马帝国衰亡史》。

在哲学方面，18世纪英国的哲学家主要关注的是自由社会的思想。18

世纪哲学思想深受牛顿和洛克的影响。约翰·洛克被广泛认为是最有影响力的启蒙思想家和"自由主义"之父。他提出的契约—自然权利理论为个人基本权利（生命、自由、财产）奠定了基础。洛克认为这些基本权利要比国王的主张优先，如果君主越权成为暴君，个人的效忠誓言就会失效。洛克的理论激励了后来的美国革命与法国大革命。作为一个持怀疑态度的苏格兰人，大卫·休谟将洛克的政治问题归结为一个单一的问题：为什么几百年前组成政府的"契约"仍然对我们这代人有约束力？休谟回答说，主要有两个原因，即拥有这样一个政府符合当代的个人利益（共同利益），或者因为习惯性的忠诚（共同习惯）。这两个答案成为了伯克和边沁思想的出发点。埃德蒙·伯克（1729—1797年）在他最著名的两部作品《与美国和解》和《对法国大革命的反思》中，告诫人们不要进行激进的变革，要保守和坚持传统。他赞成光荣革命和美国革命，因为这两次革命本质上是保守的，是由坚持传统基本价值观的负责任的公民领导的。相比之下，法国革命者否定过去，要求对社会结构进行彻底变革。伯克提倡缓慢的变革——通过改革而不是创新进行改革——并捍卫英国宪法的传统和平衡。在某种程度上，伯克的理论与启蒙思想背道而驰，他认为人之初性本恶而不是性本善，认为强大的制衡是拯救人类自身的必要条件，这实际上是对启蒙思想的一种反思。

亚当·斯密（1723—1790年）所撰写的《国富论》从个人繁荣的角度讨论国家的繁荣。他认为人的本性是利己的，追求个人利益是人民从事经济活动的唯一动力。同时人又是理性的，作为理性的经济人，人们能在个人的经济活动中获得最大的个人利益。如果这种经济活动不受到国家的干预，那么，经由价格机制这只"看不见的手"的调控，人们不仅会实现个人利益的最大化，还会推进公共利益。亚当·斯密的理论得到另外两位古典经济学家——托马斯·马尔萨斯和大卫·李嘉图的支持。随着时间推移，亚当·斯密的追随者把自由贸易和自由联系起来。事实证明，他的学说对自由放任的理想主义者很有吸引力，他们认为政府干预最少时，经济发展最繁荣，这对新兴工业资本家最有吸引力。他们发现现行的法律，如《学徒法》《谷物法》《航海法》有利于农业和手工业社会，限制了新兴工业资本的发展，因此，这些工业制造商开始大声疾呼"自由贸易"。

在科学发现方面，内科医生和博物学家爱德华·詹纳（1749—1823年）通过从牛痘中提取血清，使人对天花免疫。18世纪英国的两位顶尖科学家是亨利·卡文迪什（1731—1810年）和约瑟夫·普利斯特里（1733—1804年）。卡文迪许发现水是由氧和氢组成的。1774年，约瑟夫·普利斯特里发现一种气体，可以使蜡烛燃烧更旺，而且呼吸它感到十分轻松舒畅，由于他虔信燃素说，于是将这种气体叫作"脱燃素空气"。后来拉瓦锡重复他的试验，经过科学分析，确认这种气体就是氧气，从而揭示了燃烧与空气的真实联系。除了发现氧气，约瑟夫·普利斯特里还发现并制得氮气、氢气、氯化氢、氨气等多种气体，并对它们进行深入研究。1766年，他的《几种气体的实验和观察》出版，详细描述了各种气体的制备和性质，因此他也被称为"气体化学之父"。

18世纪英国发生了三场连锁革命：农业革命、工业革命和交通革命。工业化对英国社会以及后来对世界的影响是深远而革命性的。工业和农业革命首先在英国开始，这主要得益于英国工业变革的条件已经成熟。半个世纪的和平环境促进了国内外贸易的增长，这反过来又促进了生产的增加。英国有足够的资本来支持扩张，同时也拥有银行系统来促进扩张。更重要的是，通过助产、医药和育婴堂的支持，1740年后英国人口显著增长。人口的增长有效缓解了劳动力短缺的压力，扩大了国内市场。从1720年到1760年，英国的出口商品价值翻了一番。世界需要英国的出口产品，尤其是纺织品。因此，迫切需要某种发明以提高劳动效率，扩大产量。18世纪，农业变革开始加速。新型耕作方式的采用带来农业生产的繁荣，促使地主乐于尝试新的农业生产方式。1761年至1801年间，议会通过了2000项圈占300万英亩土地的私人法案。圈地使更多的土地可用于耕种，新出现的紧凑型农场使每个农民都能改良作物，饲养牲畜。圈地给地主和独立的农民带来效率和财富，却牺牲了村庄传统的集体生活。富有的地主进行了一系列农业试验并取得显著成功。杰思罗·图尔（1674—1741年）发明播种机，新机器可以均匀地、连续地、成直线地把种子撒播出去，既便于除草，又能提高产量。查尔斯·汤森

（1674—1738年）推广了萝卜作为牲畜的冬季饲料。他还试验了四种作物轮作，以消除闲置土地的浪费。罗伯特·贝克威尔（1725—1795年）将农民的注意力转向更好的育种以增加肉类供应。伦敦史密斯菲尔德市场的记录显示，在1710年到1795年间，牛羊的平均重量增加了一倍多。农业革命也导致英国人的饮食结构发生变化，烤牛肉和白面包成为主食。

工业革命改变了英国社会，畜力替代人力，工厂替代家庭作坊，城市替代乡村。新兴工业资产阶级对土地贵族的政治统治提出挑战。工业革命最显著的表现是技术和工业组织方法上的创新。这一时期，纺织工业的机器发明产生重大影响。1733年，约翰·凯伊发明飞梭提高了织造效率。1767年，詹姆士·哈格里夫斯的珍妮纺纱机为织造者提供更多的棉纱。理查德·阿克莱特的水力织布机将纺织业带入工厂化时代。这些发明之后，1779年，塞缪尔·康普顿的纺纱机和1785年埃德蒙·卡特莱特的动力织布机问世。那时，英国原棉的供应已经跟不上市场的需求。美国人伊莱·惠特尼在1793年发明轧棉机解决了这一问题。这台机器使美国南部成为棉花产地，很快就满足了英国四分之三的棉花需求。在钢铁和电力方面，虽然英格兰有丰富的铁矿，但在英格兰南部用于冶炼的木炭越来越少，因为提供木炭的橡树林已经几乎耗尽。1784年，亨利·科特发展完善了"搅炼"法，使生产出的铁变得更加坚韧、可锻造且价格便宜。在1740年至1840年间，英国的铁产量从1.74万吨跃升到134.8万吨。1776年詹姆士·瓦特制造出第一台有实用价值的蒸汽机。以后又经过一系列重大改进，使之成为"万能的原动机"，在工业上得到广泛应用。他开辟了人类利用能源的新时代，使人类进入"蒸汽时代"，蒸汽取代水成为工业和交通的主要动力来源。这使得工厂可以在远离河流的大城市里生产，也使得机车和汽船的出现成为可能，从而引发交通革命。工业革命的快速发展迫切要求改进运输铁和煤的方法。1760年，英国的交通状况还非常糟糕，缓慢而昂贵的驮马运输通常是运输货物的唯一方式。然而，运河和收费公路的出现最终彻底革新了内陆运输。布里奇沃特公爵在1761年主持修建的第一条运河开通后，曼彻斯特的煤炭价格立刻降了一半。到1815年，2600英里长的运河纵横交错地横贯英格兰。

工业革命大大提高了生产效率和商品产量，使英国商品在国际竞争中遥遥领先，英国国家财富急剧增加。然而，这些巨额财富并没有得到很好的分配，工人阶级也没有从这些经济变化中获得什么好处。社会混乱、住房困难以及恶劣的工作条件直到19世纪才得到承认和改善。与法国持续二十年的战争加剧了这些困难。工业革命所带来的物质进步并没有与政治或社会的重大改革相呼应。

第十章　日不落帝国

第十章 日不落帝国

一、镇压与改革

与法国的20年战争使英国对革命产生恐惧感，托利党政府对几乎所有改革都心怀敌意。然而，贵族阶级逐渐意识到，要想保持自己的统治就必须进行变革。与欧洲大陆国家不同，英国贵族们自主地进行一场"自上而下的革命"——议会改革。工业革命的持续影响迫使统治阶层给予更多社会阶层选举权以扩大自身统治基础。

与拿破仑的战争结束后，英国经济进入萧条期，供过于求的市场导致企业破产，失业大幅增加。随着战争结束，40万退伍军人重返劳动力市场，这进一步恶化了就业市场。为了保护本国的农产品，英国议会于1815年修订《谷物法》，提高了进口谷物的关税。这一举措无疑维护了托利党地主阶级利益，但却触发全国范围内的食品价格上涨。受经济萧条影响最大的穷人开始通过示威和集会甚至是暴乱来表示愤怒，寻求救济。

从1812年到1820年，暴力示威抗议不断发生，卢德运动愈演愈烈。在英格兰北部的工业城镇，失业工人把机器视为贫困的根源，开始有组织地破坏工厂机器。政府采取严厉的镇压措施。1812年，英国议会通过《保障治安法案》，授权地方政府可以动用军警镇压工人。1813年政府颁布《捣毁机器惩治法》，规定可用死刑惩治破坏机器的工人。1817年，议会甚至终止《人身保护法》。1819年8月16日，8万多工人聚集在曼彻斯特的圣彼得广场听亨利·亨特关于议会改革的演讲。地方官员下令军警逮捕亨特。骑兵向人群冲锋，造成11人死亡，400多人受伤。这一事件被称为"彼得卢大屠杀"。[①]事件发生后托利党政府向曼彻斯特市政府发来贺信，并很快就出台了"六项法律"，全面停止言论、出版、集会和结社自由，政府的镇压政策达到高潮。1820年2月，一群激进分子聚集在伦敦卡托街，密谋暗杀全体内阁成员为彼得卢大屠杀事件复仇，但是政府在他们内部安插了奸细，他们在用餐时被当场

---

① 许洁明，王云裳. 英国贵族文化史 [M]. 上海：上海社会科学院出版社，2019：366.

抓获，最终五人被处以绞刑，五人终身流放，这就是著名的"卡托街密谋"事件。

彼得卢大屠杀事件发生之后，人民的抗议斗争趋向沉寂，统治集团内部却出现分化，托利党内部形成一个自由派集团，其核心人物是乔治·坎宁、威廉·哈斯基森和罗伯特·皮尔。这个集团受工商业资产阶级的影响，认识到时代趋势不可阻挡，主张要改革托利党的政策。1822年，卡斯尔雷（被认为是利物浦内阁镇压政策的代言人）的自杀为年轻的托利党人坎宁、皮尔和哈斯基森扫除障碍。

坎宁接替卡斯尔雷担任外交大臣和下议院领袖。他既是一个孤立主义者，又是一个干涉主义者，也是一个民族主义者。他一反前任卡斯尔雷子爵所推行的欧洲联盟政策，抛弃了神圣同盟。1823年，他反对西班牙镇压西属美洲独立运动，承认拉丁美洲国家的独立并与这些新独立国家建立外交和贸易关系。1826年，坎宁又派英国军队前往葡萄牙阻止西班牙的入侵。第二年，他又帮助希腊民族主义者从奥斯曼土耳其的专制统治下赢得独立。这些民族主义和自由主义的外交政策甚至赢得了辉格党的支持。1827年利物浦辞职，坎宁受命组阁，但四个月后因劳累过度去世。

在国内事务方面，内政大臣罗伯特·皮尔支持托利党自由派，实行了一系列改革以适应工业资本主义发展。1824年，皮尔废除禁止工会活动的《结社法》，废除百余种死刑，编制更加理性和人道的刑法典。1829年，在大伦敦地区建立城市警察，这成为英国第一支专业警察部队。作为贸易委员会主席，威廉·哈斯基森充分认识到英国在工业和商业上的优势地位，修改过时的《航海法》，使英国的贸易政策由保护主义向自由贸易转变。

上述所有改革都是在利物浦勋爵担任首相期间进行的。1827年，利物浦勋爵因健康状况不佳而辞职，坎宁又突然去世，威灵顿公爵成为首相。威灵顿公爵曾在滑铁卢战役中战胜拿破仑，是英国的民族英雄，也是英国历史上第一位出将入相的英军元帅。政治倾向保守的威灵顿公爵在执政初期反对改革，疏远坎宁派，皮尔是唯一留在内阁中的改革派。然而，改革的潮流终究无法阻挡，特别是受到国内骚乱和爱尔兰内战的威胁时，公爵还是改变政策成为自由主义的最佳盟友,并邀请以哈斯基森为首的改革派入阁。但不久,双方就围绕改革问题发生分歧,1828年5月,哈斯基森率领自由派退出托利党政府,并与辉格党靠拢,在议会中采取反政府的立场,托利党正式分裂。

此时,爱尔兰问题凸显出来。1801年,爱尔兰并入联合王国后,大部分爱尔兰人非常不满,尤其是组成人口多数的天主教徒。小威廉·皮特曾承诺的爱尔兰天主教徒的投票权和他们在议会中的席位被乔治三世所背弃,爱尔兰的天主教徒仍然得不到平等的公民权,天主教徒的对立情绪相当激烈。1823年,爱尔兰天主教领袖丹尼尔·奥康内尔建立爱尔兰历史上第一个群众性的民族主义组织"天主教同盟",要求解除对天主教徒的歧视政策。1828年,奥康内尔当选为爱尔兰克莱尔郡议员,但是根据1673年通过的《宣誓法案》(天主教徒、非国教主义者和非基督徒没有资格担任公职),奥康内尔根本就没有资格进入议会行使议员权利。这种歧视激起爱尔兰人强烈的民族情绪,内战一触即发。迫于形势,在威灵顿和皮尔的主导下,内阁强行通过1829年《天主教解放法案》,承认奥康内尔的下院议员身份,允许天主教贵族在上议院重新获得空缺席位,取消对天主教徒的一切政治歧视,使数百万天主教徒获得平等的公民权利。作为交换条件,奥康内尔解散天主教同盟。奥康内尔因而赢得"解放者"的称号。

《天主教解放法案》颠覆了几百年来英国排斥天主教这一基本国策,是对英国宪政的一次重大改变。既然连基本国策都可以改,那也就意味着没有什么政治制度是不可以改革的,议会改革也不例外。

二、议会改革

实际上,到19世纪30年代,英国议会制度中的种种弊端,使议会变革成为必然。议会制度的弊端主要表现在:第一,臭名昭著的腐败选区的存在使选举结果在很大程度上变成寡头选择谁而不是选民选择谁;第二,英国的人口不断向英格兰北部和西部迁移,但议会代表名额并没有相应变化。像伯明翰、利兹和曼彻斯特这样的中心城市甚至都没有代表权;第三,议会制度更多体现的是土地贵族和乡绅的利益,而不是蓬勃发展的工商业利益;第四,下议院既没有赢得全国人民的信任，很大程度上也没有反映出民意的变化；第五，1830年7月法国爆发"七月革命"，推翻了复辟的波旁王朝，引发了1830—1831年遍及欧洲各地的革命浪潮。在英国南部爆发"最后的劳工起义"（工人阶级损坏机器的一系列运动）。统治阶级越来越担心，如果不改革，英国就会爆发革命。

此时议会中的激进派和改革派都认识到议会改革的必要性。贵族阶级意识到工业资产阶级越来越迫切的政治诉求，有必要与工业资产阶级结盟，避免暴力革命，以维持统治。当辉格党领袖查尔斯·格雷提出议会改革动议时，却遭到首相威灵顿公爵的反对，他认为议会改革不是什么灵丹妙药，而是立宪制度的自戕。1830年7月，乔治四世去世，他的弟弟威廉四世继位。在随后的大选中，改革派和托利党极端保守派联合起来迫使威灵顿公爵于1830年11月16日辞职，辉格党领袖查尔斯·格雷上台组阁，任命罗素为军队主计长。

1831年3月1号，辉格党在下院公布了议会改革方案。方案提出：56个人口不足2000人的衰败城镇被取消了下院议席，人口在2000—4000人之间的32个城镇只能保留一个议席。空出的议席重新分配给人口增加的选区，特别是工业城镇，新兴工业城市得到65个席位。扩大选民范围，降低选民的财产和身份要求，农村年收入10英镑以上的公簿持有农和年收入50英镑以上的租地农获得了选举权。统一城镇居民的财产标准，凡是年收入超过10英镑的房产持有者即有选举权。编制选民名单，实行选民投票登记制度。这一法案大大增加了选民人数，工业资产阶级和富农得到选举权，但把工人阶级、妇女和雇农排除在外，这体现了辉格党议会改革的指导思想，即联合新兴的工业资产阶级和中产阶级，保证国家政权掌握在有产者手中。

这个方案比大多数改革派事先估计的还要彻底，因此该法案在议会中遭到托利党的顽强抵抗。在下院二读时这个法案仅以一票多数通过。随后，控制下议院的托利党又强行通过约翰·罗素勋爵提出的修正案。这一修正案是改革派无法接受的，格雷遂解散议会，提前大选。最终辉格党人以130多票的优势掌控下院，议会改革方案顺利。下议院通过后，该法案却又被上议院以

41票之差否决。当国王拒绝加封足够的新贵族进入上院来通过该法案时,格雷不得不辞职。威廉四世本希望威灵顿公爵重新组建新政府,但是威灵顿公爵发现他根本无法在议会两院中得到足够支持。此时,全国各地声援改革的呼声此起彼伏,许多地方甚至出现暴动,大有爆发革命的危险。威廉四世不得不妥协,召回格雷再组内阁,并承诺授封足够数量的新贵族进入上院以通过该法案。1832年7月,《议会改革法案》在上院通过,成为法律。①

这次议会改革满足了时代变化的迫切需要,新兴工业资产阶级获得初步的政治权利,迈出了19世纪英国议会选举制度改革的第一步。从表面看,议会改革后,原有的君主政体、上议院和政府内阁都毫发无损,没有什么变化,掌权的仍然是以贵族为主,1833年改革后的下议院有217名贵族子弟。但实际上,这是一场革命。选举资格的限制从身份资格转为财产资格,身份歧视变为财产歧视。民众舆论和政治组织的力量却前所未有地变得强大起来,已经强大到民众的压力可以迫使统治阶级同意变革。特别是选民投票登记制度的实施加强了地方政治团体组织性的建设,某种程度上促使了有组织的全国性党组织形成,这是改革派或他们的反对者所没有预料到的。

三、19世纪上半叶的工业、社会和宗教改革

工业革命的突飞猛进在英国造就了资产阶级和工人阶级两大对立阶级,市场竞争也带来生产的盲目性,1825年,英国爆发了第一次全国性的经济危机,工人阶级恶劣的工作和居住环境以及危机期间下层阶级流离失所的悲惨状况引起民众和舆论越来越多的关注。随着1832年议会改革的顺利实施,工业资产阶级获得投票权,原来很多悬而未决的工业、社会和宗教的弊端和问题得到议会的关注,议会也相应通过一系列立法来解决这些问题。

19世纪上半叶,除了议会改革问题,最受民众关注的是废奴问题。1807年3月25日,在废奴主义者的努力下,英国议会通过了废除《奴隶贩卖法案》,禁止在大英帝国境内贩卖黑奴,违反者每贩卖一个奴隶处以罚金100

---

① [美]弗兰克萨克雷,[美]约翰芬德林. 世界大历史 1799—1900[M]. 北京:新世界出版社,2014:118.

英镑。这一法案遭到贩奴者的强力抵制，尤其是英属西印度群岛的种植园主的阻挠。然而，英属西印度奴隶制种植园经济在英国市场上所享有的垄断地位与英国推行的自由贸易原则背道而驰，这注定了奴隶制度的没落。随着与西印度群岛贸易重要性的不断降低，在19世纪20年代，以威廉·威尔伯福斯为首的人道主义者掀起新一轮废奴运动的高潮，并得到反奴隶制协会（1823年）和殖民办公室的大力支持。随着工业资产阶级的议会席位的大幅增加，下议院中的力量对比发生改变。8月23日，也就是在威尔伯福斯去世前三天，英国议会通过《废奴法案》，宣布英国殖民地的奴隶制为非法，自1834年8月1日起，大英帝国下的所有奴隶全部解放。废除西印度群岛奴隶制的行动在英格兰赢得巨大赞誉，但导致西印度群岛种植园主对英国政府的敌意和西印度群岛的经济衰退。

在工厂立法方面，虽然1802年英国就通过了世界上第一部《工厂法》，规定工厂的车间和宿舍必须分开，需要留有足够的窗户和通风口；学徒（童工）每天工作时间最多不超过12个小时；雇主必须雇用教师教授学徒算数和读写等。由于法案缺乏有效的监管，工厂主很少会主动改善恶劣的工作条件和缩短童工的工作时间。1831年，托利党议员迈克尔·萨德勒成立皇家委员会专门调查童工的工作条件和待遇问题。他随后提交的《萨德勒报告》引起公众对童工悲惨处境的同情和关注，人们不敢相信在废奴主义甚嚣尘上的时代，英国本土竟然盛行着另一种"奴隶制度"。公众要求改善工人工作条件的呼声日益高涨。1833年，议会通过《工厂法》。该法案规定：禁止雇用九岁以下儿童；13岁以下的儿童每天的工作时间不得超过9小时；18岁以下的儿童每天工作时间不得超过12小时（不包括用餐时间）；9—13岁的童工每天必须接受2小时的学校教育；议会将任命检查员执行这些规定等。这一法案在一定程度上改善了童工的工作环境，并第一次将童工教育纳入法律范畴。

到19世纪上半叶，伊丽莎白时期的《济贫法》及其配套的教区救济制度在两百年中几乎没有改变，且弊端丛生。主要表现为院外救济方式的存在使青壮年穷人宁愿依靠救济也不愿进入工厂自食其力，结果导致每六个居民中就有一个人需要靠救济生活。为了鼓励节俭，阻止懒惰，议会于1834年通过《济贫法修正案》即新济贫法。新济贫法规定，从1835年7月1日起，一律停止对济贫院外所有壮年男子救济，受救济者必须是被收容在济贫院中的贫民。济贫院遵循"劣等处置"原则，人为地造成济贫院的恶劣生存环境以促使穷人更倾向于院外的自立生活。[①]新济贫法深深打上了早期资本主义工业化的烙印，该法案出发点是以牺牲穷人的自尊作为获得救济的前提，因而在实际执行过程中也不成功。

在殖民政策方面，19世纪上半叶，英国国内对于殖民地的价值和作用出现争议和分歧。支持自由贸易的派别认为，自由贸易没有殖民边界，供求规律应该在政府监管之外发挥作用。因此，殖民地对英国来说没有什么价值。相比之下，激进的帝国主义者，如吉本·韦克菲尔德、达勒姆勋爵、查尔斯·布勒和威廉·莫尔斯沃思，他们主张积极对外扩张，鼓励移民，加强对海外殖民地的管理。显然，帝国主义论者的观点受到政府的青睐。1784年颁布《皮特印度法案》，设立全权委员会管理东印度公司，促成王室与东印度公司共同管理英属印度，从而将印度的政治控制权从东印度公司转到政府手中，由国王任命一个议会监督局来监督、控制英国东印度公司的权力。[②]1801年，增设陆军及殖民地大臣加强对殖民地的管理。1825年，政府又在陆军及殖民地部之下，创设了称为"殖民地常务次官"的职位。1854年，为应对日渐繁重的殖民地事务，设置专门的殖民地部，由新设的殖民地大臣掌管。针对加拿大殖民地，英国政府根据《1791年宪法法案》，将魁北克省一分为二，分别为效忠派定居、使用英国法律与制度的上加拿大；和以法裔加拿大人为主、保留法国民事法与制度的下加拿大，以缓解法语和英语居民之间的紧张关系。[③]然而，法语和英语、天主教和新教之间的摩擦仍在继续，而各省之间的立法争执又加剧了摩擦。在上加拿大，早期的定居者憎恨新移民的涌入，并试图掌控议会。在下加拿大，摩擦发生在民选议会和由州长提名的上

---

① 刘芳，毕可影. 社会保障制度史[M]. 上海：上海交通大学出版社，2018：25-26.

② [美]鲍恩. 商业帝国三百年[M]. 北京：东方出版社，2013：258.

③ 李节传. 加拿大通史[M]. 上海：上海社会科学院出版社，2018：126.

议院之间。1837年，不满情绪爆发为武装起义，由下加拿大的路易斯·帕皮诺和上加拿大的威廉·里昂·麦肯齐领导。起义很快被镇压，但这使英国政府意识到形势的严重性以及阻止另一场殖民革命发展的必要性。英国政府委派辉格党内阁大臣达勒姆勋爵前去调查。达勒姆认识到加拿大的两个基本问题："两个种族在一个国家的内部交战"以及对其行为不负责任的代议制政府导致的不负责任行为。因此，他在1839年向议会提交的《关于英国北美事务的报告》中提出，上、下加拿大动乱根源之一是英裔与法裔加拿大人之间的民族纠纷。他建议上、下加拿大省合并为一个加拿大省，英裔和法裔按人口按比例选举代表产生责任政府；统治者应该从议会中占多数的人中选择他们的大臣，使行政部门对立法机关负责。1840年7月，英国议会通过《联合法案》，宣布1841年2月10日，安大略省和魁北克省正式合并建立加拿大联合省。《联合法案》关于议会中的代表名额分配问题没有采用人口比例制，而是给予上、下加拿大以同等数量的代表额。两省合并未能改变英裔和法裔加拿大人的对峙局面，加拿大省政局仍然处于长期不稳定状态。然而负责任政府的原则被接受成为大英帝国发展演变中的宪法里程碑。接受这一原则意味着维系大英帝国的纽带不是约束而是意志。1848年，埃尔金勋爵担任加拿大总督期间，在罗伯特·鲍德温和路易士·勒方丹领导下实现了负责任政府的体制。

在宗教改革方面，1829年，英国政府颁布《天主教解放法案》，爱尔兰的天主教信仰得到英国政府一定程度上的"尊重"。1833年，英国国教会内部也兴起了天主教复兴运动。1833年7月14日，为了保护教会不受国家的控制，约翰·凯布尔在牛津发表名为"民族弃教"的布道，反对国教中新教因素和议会监管教会的做法，力主恢复宗教改革前天主教各种仪式。牛津大学的主要神职人员如约翰·亨利·纽曼、赫瑞尔·弗鲁德和爱德华·普西加入了凯布尔的礼拜仪式和神学复兴活动。[1]因这一运动的领袖均在牛津大学，因此，这次运动也被称为牛津运动。因为自1833年开始，他们陆续发表九十

---

[1] [美]詹姆斯·特拉斯洛·亚当斯. 重铸大英帝国 从美国独立到第二次世界大战[M]. 覃辉银, 译. 桂林：广西师范大学出版社, 2018: 132.

本《时代书册》，故又称"书册运动"。牛津运动扩大了罗马天主教会在英国的影响，两名运动领袖约翰·亨利·纽曼和亨利·曼宁也加入罗马天主教会。这一运动受到政界和国教会的坚决抵制，英国国教会人士称这场历时十二年的运动为"教皇的袭击"。此后这一运动的势头减弱，领导人和斗争方式都发生改变。

四、废除《谷物法》与"宪章运动"

1832年的议会改革使辉格党在政治上占了上风，从1830年到1866年，辉格党几乎连续掌权。除了1841—1846年罗伯特·皮尔执政，其他时间托利党全部处于在野状态。在改革的冲击下，托利党认识到必须要改变自己才能适应形势的变化。1834年，托利党首罗伯特·皮尔在竞选演说中表示：托利党应该支持改革，只要这种改革处于善意并且对维护现存制度有益。从此托利党不再是抗拒变革的党，转而变为一个主张缓进、渐变的党，其党名也渐渐变成保守党，以区别于抵制变革的托利党。与此相反，由于是执政党，辉格党没有进行自我改造，党内许多旧势力保存下来，阻碍其在社会变革中发挥更大的作用。辉格党内革新派和守旧派产生分歧，从19世纪50年代起，以罗素伯爵为首的革新派曾几次提出继续进行议会改革的动议，却都被否决。19世纪50年代之后，辉格党逐渐改称自由党，它与保守党在纲领、思想、社会组成方面的差异日渐缩小。①

在第一次议会改革之后的十年中，辉格党以松散而多变的选票联盟执政。1834年7月，由于围绕《爱尔兰捐税法案》无法达成一致，首相格雷辞职，墨尔本勋爵接任首相。新任首相是一位和蔼而老练的前坎宁派成员，但是国王威廉四世并不喜欢他，他的内阁在下议院只占微弱多数。威廉四世找了个机会解散了辉格党政府，并要求罗伯特·皮尔组建内阁。1834年，皮尔发表政党竞选文件《塔姆沃思宣言》阐述支持谨慎改革计划的纲领，但皮尔无法获得议会多数席位。然而，皮尔拒绝辞职，在向墨尔本勋爵投降之前，他曾在少数党支持下执政6周。1835年，国王不得不请墨尔本勋爵再度组阁。

---

① 钱乘旦，许洁明. 英国通史[M]. 北京：社会科学出版社，2002：252.

在接下来的六年里（1835—1841年），墨尔本首相成功地抵御了以下议院领袖约翰·罗素为首的保守派对他的掣肘，推动了一系列改革，例如《市政改革法案》《爱尔兰贫困救济法案》，并通过接受《达勒姆报告》，①为殖民地建立负责任的政府开辟了道路。

1837年6月20日，威廉四世去世，因没有合法继承人，其四弟肯特公爵的女儿维多利亚在18岁时继承王位。由于汉诺威有一条禁止女性执政的法律，故汉诺威的王位由威廉四世的五弟坎伯兰公爵继承，即恩斯特·奥古斯特一世。自此，英国王室最终失去了汉诺威领地。

维多利亚女王时期，工业革命业已完成，工业资产阶级的政治、经济地位日益上升，女王采取了与辉格党内阁合作的立场。作为首相墨尔本勋爵成为女王执政初期的密友和主要政治顾问，他花费大量的时间和精力指导年轻女王如何在宪法规定下行使权力。1840年，墨尔本安排了维多利亚与萨克森—科堡—哥达王子阿尔伯特的婚礼。1839年，墨尔本在"宫廷内侍问题"引发的危机中辞职。1841年大选中，托利党获得明显的多数席位，皮尔再次组阁。君主要任命能够在下议院选举中获得多数席位的党首为首相，这成为一个牢固的先例。

罗伯特·皮尔的内阁试图将保守党与工业革命和30年代立法所带来的经济和政治变化联系起来。作为一名出生于工业中产阶级（他的父亲是布莱克本一位富有的棉花加工厂厂主）的政治家，尽管皮尔缺乏想象力和预测未来的能力，但他是一位技术娴熟的行政官员和实用主义者，他最终接受自由贸易和工业而非农业社会的自由主义信条，并以此作为英国繁荣经济的基础。因此，他上台后，采取了一系列改革。

在工业立法方面，1842年通过的《矿山法案》，禁止在矿场雇用妇女和十岁以下的童工。1844年的《工厂法案》又将妇女的工作时间限制在12小时，儿童的工作时间限制在6个半小时。该法案还第一次把为工人提供安全的工作条件纳入法案，比如为工人提供机械围栏成为强制性要求。这是英国工

---

① ［法］帕特里斯·格尼费，［法］蒂埃里·伦茨. 帝国的终结［M］. 深圳：海天出版社，2018：340.

业立法的一个极大突破，因为在以前的英国工业立法中没有任何条款直接限制成年工人的工作时间和强制性要求给工人提供相对安全的工作环境。在降低关税方面，皮尔认识到赫斯基森降低关税对促进英国商业和工业的扩张，增加利润的效果。他成为首相后，继续推行降低关税的政策。他先是降低大约250种进口商品的关税。到1846年，所有出口商品的关税都被取消，几乎所有的原材料都免费准入，其他进口商品的关税也大幅削减。大规模减税导致国家收入入不敷出。为此，在1842年的预算中，皮尔开始对年收入超过150英镑的人征收7便士的所得税。英国在和平时期从来没有征收过这样的税收。同时，1844年颁布的《银行宪章法》控制纸币发行，刺激了贸易和公众信心，降低了通货膨胀。

  皮尔内阁最重要的成就同时也是促使其下台的原因是废除了《谷物法》。1839年，在工业资产阶级的财政和政治支持下，反谷物法联盟在曼彻斯特成立。参加者多为"曼彻斯特学派"成员。他们认为《谷物法》人为抬高粮价，工人无钱购买工业品，同时也阻碍了欧洲大陆进口英国的纺织品与工业品，使英国工业处于不景气状态。如果废除《谷物法》，将会减少失业，促进工业繁荣。为此同盟进行了大量宣传鼓动工作，创办刊物，盟员四出讲演、巡游示威等，要求废除《谷物法》，实行自由贸易政策。反谷物法联盟的领导人是理查德·科布登和约翰·布赖特。他们曾在下议院提出自由贸易的动议，但没有成功。直到1845年灾难性的天气状况摧毁了英国的农业收成，皮尔才确信他必须废除他的政党坚持他要保护的法律。

  1845年，连绵不断的大雨毁坏了英格兰的小麦作物，也使爱尔兰农民的主食马铃薯腐烂。超过一百万爱尔兰人因饥荒而不得不移民。当时只有进口大量国外廉价的玉米才能走出困境，皮尔暂时中止实施《谷物法》。内阁中的保守派在乔治·本廷克勋爵和本杰明·迪斯雷利的领导下，痛斥皮尔叛国。但皮尔没有被吓倒，皮尔选择辞职。但在约翰·拉塞尔勋爵领导的辉格党拒绝组建一个替代政府后，皮尔又重任首相，重组自由贸易派新内阁。皮尔完全转向自由贸易。他在1846年6月提出动议，要在三年内废除《谷物法》。该动议在辉格党、爱尔兰人和托利党自由贸易者的支持下先后由下议院和上议院通过。但在该法案最后通过的当晚，以本杰明·迪斯雷利为首的保守党保守派指责皮尔是以保守党的身份当选，但却奉行自由党的政策，并拒绝通过皮尔所提交的爱尔兰强制法案。第二天，皮尔被迫辞职。从政治上讲，《谷物法》的废除毁掉了皮尔，[1]并使迪斯雷利在保守党声名鹊起。随后，托利党分裂为两个派系，使得自由党随后连续执政将近20年。然而，废除《谷物法》具有极为重要的意义。废除《谷物法》结束了对托利党地主的农业保护，是自由主义对保护主义的一次重大胜利，标志着工业经济对农业经济的最终胜利。自由贸易很快成为维多利亚时代英国的一项基本原则。1849年，《航海法》被废除。1852年，迪斯雷利和保守党最终也不得不接受自由贸易原则。

1832年，议会改革使工业资产阶级得以进入议会，但没有实现广泛的政治民主，在议会改革斗争中起了巨大作用的工人阶级仍处于无权地位。工人阶级极度失望，决心进行独立的政治斗争。1836年，伦敦工人协会成立。1838年，威廉·洛维特和弗朗西斯·普莱斯起草《人民宪章》，[2]正式提出男性普选、无记名投票、平等选区、议员付薪、议员无财产资格，以及每年举行一次大选六项政治要求。全国各地工人纷纷支持《人民宪章》，掀起以争取普选权为中心的政治运动，史称"宪章运动"。1839年，宪章派向议会提交了一份有一百多万人签名的请愿书，被议会拒绝。之后宪章派分裂，大多数成员拒绝使用暴力手段，转而加入其他组织继续斗争，如反谷物法联盟。1840年7月，在曼彻斯特成立全国宪章派协会。宣布"采取和平和合法的手段"以"实现下院的彻底改革，使下院能全面地忠实代表联合王国的全体人员"，协会在全国各地设有几百个分会，入会者须交纳会费，这成为近代第一个工人政党的萌芽。在菲格斯·奥康纳的领导下，宪章派中的极端派在1841年发动暴动，次年，各派系联合向下议院提交第二次请愿书，以287票对

---

[1] [美]詹姆斯·特拉斯洛·亚当斯. 重铸大英帝国 从美国独立到第二次世界大战[M]. 覃辉银，译. 桂林：广西师范大学出版社，2018：156.

[2] 宋晓东. 走向民主 工业革命与英国第二次议会改革[M]. 北京：中国政法大学出版社，2013：44.

59票被否决。宪章运动直到1847—1848年才平息下来。其主张诉诸暴力的左翼领导人哈尼和琼斯在40年代中期以后和马克思、恩格斯建立联系，受到马克思主义影响，并和欧洲各国无产阶级先进分子和民主派密切合作，展开国际主义活动。宪章运动是马克思主义诞生前早期三大工人运动之一，它反映了英国工人阶级政治上的成长和阶级觉悟的提高，对推进英国政治民主运动有重要作用。列宁评价它是"世界上第一次广泛的、真正群众性的、政治性的无产阶级革命运动"。实际上，到1918年，除议会年度选举外，宪章主义者的所有激进建议都成为英国法律。

五、英国自由主义的盛行

1846年托利党的解体导致了此后20年英国自由主义的盛行。帕麦斯顿、拉塞尔和格拉斯顿领导着松散的辉格党—自由党和皮尔派的联盟。19世纪中叶，工业生产和对外贸易在世界上的领先地位和日益繁荣经济带来越来越高的物质生活水平，使英国人变得越发自信。同期，自特拉法加战役以来，无人能挑战英国的海上地位，英国海军为英国及其海上帝国提供了有效的安全保障。英国的议会制度和统治阶级对公众压力的敏感，使这个国家对1848年肆虐欧洲大陆的暴力革命具有独特的免疫力。中产阶级和大多数劳动者接受政治改革先于经济和社会进步的观点。他们更乐意寻求合乎宪法的，在现有框架内采取改革措施，而不是革命。然而，在1846至1865年的繁荣时期，英格兰缺乏政党的团结和推动国内改革所必需的议会外的压力。

皮尔的辞职导致托利党的分裂，由迪斯雷利主导的保守主义派别和主张改革但规模较小的皮尔派相互公开敌视，这使辉格党控制了议会。1846年至1852年，约翰·罗素继皮尔成为英国首相。罗素政府面临的最直接问题是爱尔兰问题。1845—1846年爱尔兰的马铃薯饥荒造成局势的混乱。罗素政府的强制法案和免费食物的分发并没有结束骚乱和爱尔兰人对英国人的怨恨，主张爱尔兰独立的青年爱尔兰运动的领导人准备发动起义。因其领导人被逮捕使这场起义胎死腹中。罗素内阁始终没有找到解决爱尔兰人不满的办法。但在其他方面，在皮尔派的支持下，罗素政府在1849年废除《航海法》，阻碍自由贸易的一大障碍得以铲除。1847年，罗素内阁颁布《工厂法》，规定十小时工作制。第二年又通过《公共卫生法》，创立公共卫生委员会，对公共卫生进行国家层面的管理和监督，从而为英国的公共卫生改革运动开辟了道路。1851年底，外交大臣帕麦斯顿支持法国的路易·波拿巴政变，这使维多利亚女王感到害怕，罗素勋爵也十分生气，解除了帕麦斯顿的职务。睚眦必报的帕麦斯顿很快就迫使罗素内阁倒台。1852年，托利党德比伯爵成为首相，但主张贸易保护主义的德比伯爵无法获得议会多数支持，很快就被阿伯丁伯爵所取代。1852年，信奉自由贸易的阿伯丁伯爵联合皮尔派、辉格党人、爱尔兰自由派组成的联合内阁。首相阿伯丁在争夺奥斯曼帝国遗产的东方问题上敌视土耳其的政策遭到主张遏制俄国扩张的帕麦斯顿的反对。为避免分裂，他被迫妥协，结果英国联合法国对俄国宣战，克里米亚战争爆发。1855年1月，在帕麦斯顿的煽动下，议会提出动议，要调查政府在这场战争中处理失当问题，阿伯丁伯爵被迫辞职。

1855年，积极参与克里米亚战争的帕麦斯顿最终成为首相。公众也相信在他领导下会赢得战争。1856年3月20日，精疲力尽的俄国签订了巴黎和约，俄国同意把黑海划为非军事区。英国外交取得一大胜利。维多利亚女王授予帕麦斯顿嘉德勋章。1858年，帕麦斯顿一度被德比取代，但第二年在皮尔派、辉格党和激进派的帮助下，帕麦斯顿夺回了首相宝座。他的第二届内阁一直持续到1865年他去世。帕麦斯顿领导的辉格党对外奉行扩张强权政策，曾两次发动侵略中国的鸦片战争并镇压太平天国革命，但在内政方面，帕麦斯顿却相当保守，他不能容忍国家政治民主改革。直到1868—1886年，在格拉斯顿和迪斯雷利的领导下，英国才再次进入一个过渡和改革的新时代。特别是在格拉斯顿帮助下，辉格党最终完成了向自由党的蜕变。他出色的演说能力，强烈的公共责任感，以及在下议院的长期经验，使他成为英格兰的良心和并领导自由党将近30年。

帕麦斯顿死后，拉塞尔勋爵成为首相。1866年，格拉斯顿提出要求适度扩大城市工人的选举权。但保守党联合自由党内的保守派挫败了该法案。于是，德比伯爵和迪斯雷利再次组织保守党内阁。由于德比伯爵爱德华·史密斯·斯坦利始终受到疾病困扰，组阁重任实际上是由财政大臣迪斯雷利承担。为了摆脱保守党长期在野的困境，迪斯雷利提出改造保守党的纲领，对内推行一定程度的社会改革；对外则肩负起建立庞大殖民帝国的使命。1867年2月，迪斯雷利提出了第二次议会改革法案，这个法案比格拉斯顿的1866年法案更激进。这一法案在自由党激进派的协助下在下院通过。法案规定：重新调整选区，取消四十六个"腐败选区"的议会席位，分配给新兴城市。进一步降低选举资格限制，扩大选民范围。在城市中凡缴纳贫困救济金的房主和年缴纳10英镑以上房租和居住期不少于一年的房客享有选举权；乡村居民凡每年有5英镑以上收入的土地所有者和年付12英镑地租的佃户均享有选举权。这次改革，使选举人数由135万增加到250万。但英国广大劳动人民特别是广大妇女仍没有选举权。1867年议会改革的成功，大大提高了迪斯雷利在保守党内的声誉。1868年2月，德比因病去职，迪斯雷利就接替了首相职位。但由于政府在处理爱尔兰芬尼亚运动公社社员起义问题上采取强硬态度，保守党在1868年大选中失败，迪斯雷利被迫辞职。此时已是自由党领袖的威廉·尤尔特·格拉斯顿成为首相。

对于爱尔兰独立运动，格拉斯顿除了镇压之外，更多地表现为"绥靖爱尔兰"，实施温和改革。1869年，格拉斯顿内阁宣布在爱尔兰废除英国国教的垄断地位。1870年，格拉斯顿不顾爱尔兰地主的反对，推动议会通过爱尔兰土地法案，规定驱逐佃户而不给予补偿是非法的。第一次用法律形式承认了承租人的权利。1870年，格拉斯顿政府还废除了大学的所有宗教考试，结束了英国国教在高等教育中的垄断地位。同时在英国实行国民教育改革，举办政府资助的非宗教初等学校，大大提高了学龄儿童的识字率。同年6月4日，实行文官制度改革，公务员职位实行公开竞争考试。这项改革提高了行政管理的有效性和连续性。1871年成立了一个地方政府委员会，以协调成立了几十年的众多国家监督机构。1867年的《工厂法案扩展法案》和1872年的《煤矿法案》改善了工人阶级的工作条件。1871年颁布职工会合法化的法令，1872年实行不记名投票选举。1871—1872年，他又通过陆军改革，推行短期兵役制。总之，在格拉斯顿第一个首相任期，他通过一系列政治改革完成了自19世纪以来资产阶级对国家政治上层建筑的改造。但是格拉斯顿在外交政策方面显得过于和平主义，而没有顾及大英帝国的声望，因而在1874年的选举中，被打着"帝国主义"口号的保守党击败，迪斯雷利再次上台组阁。

六、迪斯雷利与新托利主义

到1875年，18世纪的自由主义哲学所强调的个人主义竞争、通过个人首创精神实现自我完善以及政府对贸易和工业的最低限度的监管，已经让位于一种观点，即国家通过立法可以在私人首创精神不足的地方改善社会现状。如何在一个自由社会中调和个人主义和集体主义成为困扰19世纪末和20世纪的政治哲学家和政治家的难题。

作为保守党领袖，迪斯雷利比他同时代的人更早地意识到，在不久的将来，两股最强大、最受欢迎的力量将是社会改革和帝国主义。1872年6月24日，迪斯雷利发表了著名的《水晶宫》演讲，他提出了保守主义的三大目标，维护国家传统，改善人民的生活状况和捍卫帝国利益。关注国家传统是老托利主义强调君主、秩序和宗教的延续。后两个目标则是迪斯雷利的新观点。他从社会现实中，认识到可以运用国家的积极力量来改善英国普通民众的政治生活和社会生活，这能够凸显"集体主义"原则。迪斯雷利还看到了改善工人阶级的经济和社会条件所带来的政治利益。他劝说保守党要相信这样的事实，即一个愤愤不平的工人阶级比一个心满意足的工人阶级更会危及上层阶级的经济和政治地位。因而，迪斯雷利在国内强调阶级和谐，强调"一个民族"的概念；对外则强调"帝国主义"和"一个帝国"的概念，从而树立"爱国主义"原则。如此一来，保守主义、集体主义和爱国主义上承传统，下联现实，这就构成迪斯雷利所谓的"新托利主义"的主要内容。

迪斯雷利的1874—1880年任期，大部分时间处于19世纪70年代的世界经济大萧条中，但在内政和外交方面都有诸多建树，其中好几个是最引人注目的。影响深远的事件，是与迪斯雷利个人的独特素质分不开的。[①]

---

① ［美］詹姆斯·特拉斯洛·亚当斯. 重铸大英帝国 从美国独立到第二次世界大战［M］. 覃辉银，译. 桂林：广西师范大学出版社，2018：226.

在内政方面，迪斯雷利政府进行了一系列改革。1875年，《公共健康法》强迫地方政府必须对污水处理、水源供应、垃圾收集、街头照明、公共厕所和公园负责，而且还要检查食品卫生。要求所有新建住房必须要安装自来水和厕所，排水沟和污水处理设备。这一法案最终将英国的相关卫生法律系统化，说明正确使用国家权力是可以大幅度改善英国民众的生活环境和生活质量，使英国的卫生标准提升到现代水平。《手工业者及劳工房屋法令》允许市政府清理贫民窟并建造新住宅，为工人新建新住宅可以提供低息贷款。此外，还有《河流污染法》《食物及药物销售法案》《教育法案》等都表现出保守党对改善工人阶级物质福利的关注。1875年，迪斯雷利政府颁布《雇主及工人法令》，推翻了限制工人罢工、示威和限制工会谈判地位的法律，使和平罢工合法化，雇主和雇员处于同等法律地位。1876年，工会被纳入《友好社团法》管辖范围，使集体谈判在法律上成为可能。同年颁布的《普利姆索尔商运法》防止商船超载，改善了水手的住所和生活。等等，1879年，工人议员表示："保守党在这五年里面为工人阶级所做的事，多于自由党在过去五十年为工人阶级所做的事。"

到了19世纪下半叶，随着英国经济越来越依赖国际市场和国际贸易，英国经济未来的一些问题也初步显现出迹象。随着德国、法国、意大利和美国等国经济的快速发展，它们设置高关税将其他国家的产品拒之门外，英国正在失去其在19世纪中叶的独霸地位。更引人注目的是英国农业开始崩溃。到1870年，随着越洋交通越来越便捷，大量廉价的外国羊毛和谷物涌入英国市场。19世纪80年代初，当商业冷藏允许澳大利亚、新西兰和南美的农产品涌入英格兰时，英国本土的易腐食品市场也受到外国商品的威胁。而当时英国实施的自由贸易原则使任何保护本土农业的有效举措都难以落到实处，结果就是英国的农业迅速衰落。

在外交与帝国政策方面，与格拉斯顿不同，迪斯累利积极支持殖民扩张，并在任上使英国成为真正意义上的"大英帝国"。第一，夺取了对苏伊士运河的控制权。1869年，由埃及和法国联合建设的苏伊士运河通航。通航后所带来的巨额收入让英国艳羡不已。1875年，趁着埃及总督伊斯梅尔帕夏出现财政危机试图出售手中的177000股苏伊士运河股票的千载难逢的机会，迪斯雷利从罗斯柴尔德家族借了400万英镑，秘密购买了埃及政府的全部股票（约占运河全部股份的45%），再加上从其他渠道获得一些股票，英国最终控制了这条扼守东西海上运输的交通枢纽。这一大胆举动让女王和全英国举国狂欢。更为重要的是，这次收购使英国对尼罗河谷产生兴趣，并最终占领了尼罗河谷，从而把埃及纳入大英帝国的势力范围。第二，为了满足维多利亚女王一直渴望升级为女皇的心愿，迪斯雷利政府提出颁布"女皇尊号法案"动议，并得到议会通过。1877年，维多利亚在印度德里加冕，正式升级为印度女皇，大英帝国正式建立，英国也终于与德意志帝国和俄罗斯帝国平起平坐。女王非常满意，册封迪斯雷利为比肯斯费尔德伯爵。第三，在东方问题上，迪斯雷利和女王都对建立一个伟大的东方帝国的想法很感兴趣，迪斯雷利通过支持奥斯曼土耳其苏丹，来限制俄国在巴尔干的扩张，并最终在1878年柏林会议上，英国不费一枪一弹就获得了塞浦路斯岛，有效地遏制了俄罗斯帝国的南下战略。回国时迪斯雷利的威望达到顶峰。1877年英国占领南非德兰士瓦，1879年发动对祖鲁人的战争。1880年因战事不利，导致保守党在大选中失败。自由党在选举中大获全胜。迪斯雷利因健康状况不佳而退出政坛，并于第二年去世。维多利亚女王不情愿地要求现年71岁的格拉斯顿组阁。

七、格拉斯顿与爱尔兰地方自治

从1880年到第一次世界大战，爱尔兰问题一直主导着英国的政治舞台。当格拉斯顿确信爱尔兰地方自治是唯一的解决方案时，他坚定地为之而战，但却无法让他的党都支持他。分裂的自由党使保守党在接下来的20年里都保持着大选上的优势。与他第一任政府相比，格拉斯顿的第二个任期被国外的帝国纷争和国内的议会阻挠所困扰。除了一项爱尔兰土地法和第三次议会改革法之外，几乎没有什么重要的立法获得通过。

与19世纪40年代的自由民族主义有很大的不同，1870年之后，民族主义在德国、意大利、日本和美国的胜利表现出极强的扩张性。由于欧洲扩张空间有限，这些国家采取了海外扩张的形式，殖民地的激烈争夺愈演愈烈。殖民地作为原材料的供应地和制成品的销售市场为帝国主义国家的发展提供源源不断的动力。英国开始受到大陆列强工业和军事竞争的威胁。当这些国家占领殖民地并征收保护性关税时，这种激进的经济民族主义危及了英国的安全和自由贸易政策。大选时，格拉斯顿的竞选承诺是从迪斯雷利的帝国冒险中撤退，事实证明这难以实现。19世纪80年代，欧洲列强疯狂的争夺殖民地的大背景下，"反帝国主义"的格拉斯顿被卷入了更广泛的帝国义务。格拉斯顿全盘继承了保守党的对外扩张政策。宣布阿富汗为保护国（1880年），出兵埃及（1882年），在南非进行英布战争（1884年）。但是格拉斯顿并不擅长外交，在对外扩张中接连失利。在英布战争中，当英国军队在马朱巴山被布尔人击溃之后，他不得不承认布尔人共和国的独立。1885年在喀土穆解救查理·乔治·戈登将军失败，格拉斯顿遭到维多利亚女王的斥责。格拉斯顿也被讥笑为"一个坐在马朱巴山和喀土穆侮辱下的怯懦的小英格兰人"。

在国内，格拉斯顿始终关注爱尔兰问题，而爱尔兰问题的核心是土地问题。19世纪70年代后期，爱尔兰掀起新一轮的民族解放运动高潮，其领导人物是艾萨克·巴特和查尔斯·帕内尔。特别是帕内尔于1879年成为爱尔兰土地联盟的主席，并接替巴特成为地方自治协会的领导人。为了缓和爱尔兰的阶级矛盾，避免革命的爆发，1881年，格拉斯顿政府颁布第二个"爱尔兰土地法案"。法案同意了土地同盟提出的公平地租、固定租期和自由买卖要求。地租降低20%且十五年内不变。并成立土地法庭，协调地主和佃户之间的关系。由于这一法案在一定程度上限制了大地主为所欲为地对待佃农，爱尔兰大地主极力反对这一法案。格拉斯顿认识到，只有自治才能让爱尔兰民族主义者满意。

1884年，自由党为了争夺农村选票，进行了第三次国会选举改革，颁布了"人民代表法"，该法案规定：再次扩大公民权，把1867年曾授予自治市的公民权扩大到郡的工人（房客及其家庭）；重新规定选民的财产资格，无论是在郡和自治市，每年只要有10英镑价值的任何土地或住房的人即有选举权。

1885年，在格莱斯顿的推动下，又通过了"重新分配席位法案"。新法案规定：取消人口不足1.5万人的选区的下院中席位；人口在1.5万到5万的城市只留一个议会席位；5万到16.5万人口的选区，有2个议席；16.5万人口以上的选区，有3个议席；以后每增加5万人口，可增加1个议席。空出来的席位分配给英格兰（64个）、威尔士（4个）和部分新兴城市；除了22个城市外，其他各城市和各郡一律实行单一代表选区制，基本上奠定了今日英国选举制度的基础。

以上两个法案的通过，习惯上称为19世纪英国的第三次议会改革，即1884年改革。1884年的第三次议会改革法案赋予了各县的农业劳动者实际的家庭选举权。通过这项法案，五分之四的成年男性有资格投票。1885年的法案根据宪章建议的人口比例代表制重新分配了议会席位。下议院的成员增加到670人，单一成员的选区成为普遍规则。

1886年，格拉斯顿提出了《爱尔兰自治法案》，法案规定，爱尔兰将建立自己的议会和内阁，但其外交、军事和关税仍受英国控制。法案提出后，遭到保守党的猛烈抨击。同时，也引起自由党的分裂。哈丁顿退出自由党加入保守党，而约瑟夫·张伯伦则退出内阁，拒绝支持该法案。在下议院投票时，93名自由党人背叛了自己党的领袖，否决了该法案。格拉斯顿则不得不宣布重新大选。结果是保守党和自由联盟轻松战胜了格拉斯顿的自由党和爱尔兰民族主义者。格拉斯顿在爱尔兰问题上使自由党分裂，就像40年前皮尔在《谷物法》上使保守党分裂一样。

八、帝国主义与外交

在1867年至1907年之间，英国海外殖民地中的三个地区成为自治国家。大英帝国正从殖民地向英联邦演变。英国从美国革命独立的经验中吸取了教训，这种过渡是和平的、渐进的。

1867年7月1日正式生效的《英属北美法案》宣布加拿大省（后来的魁北克省、安大略省）、新斯科舍省、新不伦瑞克省正式联合成立联邦，定名加拿大自治领。这一法案也是1867—1982年的加拿大宪法。作为大英帝国的第一个自治领融合了英国的内阁制度和联邦—省的组织结构。在总理约翰·A.麦克唐纳爵士的有力领导下，在1869年，加拿大仅以150万美元的价格购买了哈德逊湾公司所属的鲁伯特地区和西北领地的土地所有权（这块土地的面积比当年美国从拿破仑手里买下的路易斯安那还要大，是人类历史上最大的一笔土地交易），以及修建横贯大陆的铁路——加拿大太平洋铁路，吞并了西部和西北地区，扩大和巩固了自己的版图。到1905年，加拿大的9个省不再害怕被美国吞并，而成为繁荣的初级原材料生产国。

1852年至1870年间，澳大利亚的6个独立殖民地建立了负责任的政府。1851年黄金的发现促进了澳大利亚的发展，使澳大利亚的人口成倍增加。随着殖民地之间的竞争，直到1901年才组建澳大利亚联邦，成为英国的自治领地。1840年2月6日，依据毛利人和英国王室所签署的《怀唐伊条约》，新西兰成为大英帝国的一块殖民地。[①]1853年，殖民地获得了很大程度的自治。在与当地毛利人的两次战争之后，白人定居者统治了这个国家。1907年，新西兰获得自治领的地位。在理查德·塞登和威廉·里夫斯的领导下，新西兰率先开展社会立法，确立了男子选举权、妇女投票权（1893年，新西兰成为第一个赋予妇女选举权的国家）、老年养老金、劳动纠纷强制仲裁以及公用事业的政府所有权。新西兰比其他自治领更依赖英国作为其肉类和奶制品的市场，并依赖皇家海军作为其在太平洋的第一道防线。

1887年至1922年间，英国召开了七次帝国会议，旨在促进帝国自治成员的中央集权。中央集权的支持者从三个层面进行了论证：政治（帝国联邦）、经济（帝国偏好）和军事（帝国防御）。约瑟夫·张伯伦声称帝国联盟在经济和政治上都有意义，就像加拿大和澳大利亚的联邦联盟比单独的殖民地有明显的优势一样。在这些帝国会议上，张伯伦建议成立一个委员会来制定相关协议，使自治成员分担帝国的责任和费用。他在1901年的演讲中指出，自治领享受着大英帝国海军的保护和特权，却没有对皇家海军做出任何重大贡献。加拿大总理劳里埃反对自治领的中央集权，因为中央集权与自治

---

① ［美］萨克雷，［美］芬德林. 世界大历史 1689—1799 [M]. 北京：新世界出版社，2015：261.

的趋势相违背。英国必将凭借其人口、权力和声望不可避免地主宰任何自治领域。到1911年,中央集权论者的声音渐渐消失。

印度一直是英国最重要的殖民地。1876年议会授予维多利亚女王的印度女皇头衔,标志着英国对印度的全面统治。与此同时,印度的民族解放运动也逐渐高涨,1885年12月28日,印度国民大会党(简称国大党)成立大会在孟买举行,旨在促进印度的自治。英国对这种日益增长的民族主义做出象征性的回应,1894年的《议会法案》允许少数当选的印度人加入立法委员会。1909年的《莫莱—明托改革法案》允许印度人在政府任职,并允许印度人在省级议会中占多数。另外,英国还成功地遏制了俄国在阿富汗的扩张,并挫败了法国、德国和俄国在波斯的野心,从而保持了印度与周边国家的和平状态。

在19世纪的最后几十年里,布尔人和英国人的关系恶化。1870年和1885年,在德兰士瓦共和国先后发现钻石和黄金,导致大批外国人涌入南非。当地的布尔人担心他们的政治自治会因为这些移民的涌入而受到威胁。在保罗·克鲁格的领导下,布尔人将外国移民排除在特许经营权之外,并对他们课以重税,还剥夺了担任公职的权力。英国移民抗议并要求他们的政治权利。他们得到了塞西尔·罗德斯的支持。他建立了英国最大的特许公司——南非公司,并于1888年将罗得西亚纳入帝国版图。1889年10月,维多利亚女王正式给南非公司颁发了皇家特许状,使罗德斯可以任意对待当地居民,排斥欧洲竞争者,为独占南非打下了基础。第二年,罗兹成为开普殖民地的总理,计划联合英国和布尔在建设一条从开普敦到开罗的铁路,扩大大英帝国的势力范围。这一野心勃勃的计划自然被德兰士瓦总理保罗·克鲁格所拒绝,罗兹遂计划将德兰士瓦岛置于英国的统治之下。1895年12月28日,罗德斯的好友,南非矿业公司的高级职员詹逊带领500名南非公司的警察远征德兰士瓦,企图推翻德兰士瓦的保罗·克鲁格政权。但"詹姆逊突袭"以惨败告终,詹姆逊也被俘虏。这一事件加剧了布尔人对英国的猜疑。德国皇帝威廉二世公开支持兰士瓦的保罗·克鲁格,英布矛盾加剧。1895年至1899年间,时任殖民大臣的约瑟夫·张伯伦和时任英国高级专员的阿尔弗雷德·米尔纳勋爵,在德兰士瓦与克鲁格谈判,试图解决双方的不满。然而,双方的民族主义情绪都被煽动起来，谁也不退让，1899年10月11日，德兰士瓦共和国和奥兰治自由邦共和国联邦议会向英国宣战，第二次英布战争爆发。

一开始，布尔骑兵突击队横扫纳塔尔，将大部分英军包围在梅特史密斯、马弗金和金伯利。英军全线溃败，损失2800多人，在英国陆军史上被称为"黑暗的一星期"。1899年12月17日，英国首相索尔兹伯里勋爵任命罗伯茨勋爵为南非远征军总司令代替兵败辞职的布勒上将，基奇纳勋爵（Lord Kitchener）为参谋长。英国政府不断向南非增兵，最多时陆军曾达到25万，使英军在数量上处于绝对优势地位。罗伯茨勋爵也相应调整英军战术，增加英军的机动性，使英国军队在正面作战中击溃布尔的正规军，解救了被围困的城镇。布军最凶猛的"黑将军"皮埃特·克龙耶指挥的民团也被英军击败。罗伯茨勋爵又利用修筑碉堡和集中营等手段破解了布尔人的游击战术。1902年，英布双方开始正式举行和谈。两个布尔共和国被并入帝国版图，英国承诺在不久的将来建立自治政府。英国政府承诺提供300万英镑用于经济重建。通过英布战争，英国将南部非洲的殖民地连成一片，控制了通向非洲腹地大湖区的走廊。好望角地区以广袤的南非内地为依托，成为英属海外帝国最重要的前哨基地之一。随着世界上最大的兰德金矿被英国所控制，英国得以控制全球经济命脉。来自南非的黄金使得伦敦迅速成为全球金融业和黄金交易的中心。

九、19世纪的英国——"不列颠和平"

19世纪是英国在权力、物质进步和政治自由方面最伟大的时代。尽管维多利亚时代的各个阶段各不相同，但我们可以对这个世纪作一个概括，即这是一个没有战争和革命的时代。在"不列颠和平"的保护下，在善良与进步的双重信仰推动下，英国凭借其稳定的宪政政府和自由主义信条在世界上取得卓越地位。19世纪下半叶，由于国家安全、自我信心、基于宗教义务的共同道德准则、对功利主义的效力和英国制度的优越性的信仰，这个国家才认识到某种精神上的统一。在世纪之交，英国需要一种新的社会结构，维多利亚时代的自由主义开始让位于自由社会主义。

与1815年相比，1914年英国的人口数量更多，吃得更好，住得更好，人民更健康，更有文化，国家治理得更好。英国的发明和英国在工业革命中的领先地位使物质进步成为可能，这也有助于将英国人民的思想从无知和古老的恐惧中解放出来。然而，现代恐惧即大规模失业也出现了。随着公众的良心觉醒，对解决社会和经济苦难的责任感明显增强。私人慈善机构越来越多地得到政府的援助，例如英国政府颁布了《老年养老金法案》和《国家保险法》。英国的人口从1801年的900万增加到1901年的3200万，这一增长主要是由于死亡率的下降。1900年的英国人的实际工资几乎是1850年的两倍。

工业革命造成的错位和革命性变化所带来的痛苦，首当其冲地影响到城市劳动者。在19世纪，工人阶级的状况通过诸如工厂和公共卫生法、1870年后的免费基础教育、养老金、更多的休闲和开放空间、更好的娱乐和工会的发展等立法得到改善。随着选举权的逐渐扩大，工人们意识到自己的政治影响力在扩大，并利用这种权力来实现自己的立法目标。然而，英国的阶级差异仍然很大。在1900年，三分之一的英国工薪阶层仍然生活在长期贫困之中。

19世纪上半叶工业快速扩张，英国的自然资源、优越的工业组织、金融的稳定和商船队推动了英国贸易的巨大增长。1850年至1870年间，英国的煤炭出口增长500%。出口的钢铁商品达到400%。1856年，亨利·贝塞默发明高炉转炉炼钢技术，使英国在钢铁制造业中处于领先地位。这种繁荣反过来又使英国公司得以发展和投资于其他国家的经济。直到19世纪70年代，英国才受到德国和美国的竞争威胁。此后，英国从无可挑战的工业霸主地位逐渐衰落。

在交通工具方面，18世纪开始的运输革命在19世纪进一步加速。首先是道路方面，1819年，全天候的碎石公路和过路费的取消使得商品的快速运输以及在制造业中心之间的通勤马车和公共马车服务得以发展起来。在铁路方面，1830年，乔治·斯蒂芬森开通了曼彻斯特和利物浦之间的铁路，开启了英国现代铁路时代。1825年至1837年间，议会通过了93项各种各样的铁路法案。到1848年，英国已经铺设大约5000英里的铁路。此后，铁路的发展依赖高投资和重工业的发展，这些都深刻地改变了英国的经济结构。英国将近三分之二的对外贸易都是通过海运进行的，这使海运成为另一个重要的财富

第十章 日不落帝国

来源。定期横渡大西洋的蒸汽航行始于1838年，但蒸汽船的吨位直到1883年才赶上帆船。到那时，新型船用发动机和铁壳船体的出现解决了储存煤炭需要巨大空间的问题。英国拥有大量的铁矿资源，新技术的引进使英国成为世界上数一数二的造船国。1869年，苏伊士运河开通缩短了从英国到印度的航程，使航运业更加有利可图。

在农业方面，1815年之后，英国谷物价格的迅速下跌和《谷物法》的废止所遭受的挫折造成农业的萧条。随后的二十年（1853—1873年）英国农业的繁荣得益于新的工具和机器、更好的肥料以及通过铁路运输打开了市场。然而，英国农产品无法与更廉价的北美谷物竞争，也无法与从澳大利亚和新西兰用冷藏货船运来的肉类和奶制品竞争。较低的食品价格使城市居民受益，但农业领域的自由贸易却使英国农民遭殃。

在科学成就方面，英国人为19世纪令人眼花缭乱的科学进步而欢欣鼓舞。查尔斯·达尔文的《物种起源》（1859年）强调"自然选择"，这彻底改变了人类对进化发展过程的认识。1808年，约翰·道尔顿提出一种有关原子的科学理论，并在1857年至1879年间由詹姆斯·克拉克·麦克斯韦和J.P.焦耳详细阐述。克拉克·麦克斯韦发展了气体的运动理论，并确立了原子作为真实物质的存在。迈克尔·法拉第发现并用理论解释了电磁波。焦耳从实验中得出结论，热是能量的一种形式，并记录了产生给定热量所需的能量。开尔文勋爵发现了能量退化的原理，证明了在每次能量转移中都有一些会逃逸，因此更难以获得。医学教授詹姆斯·辛普森是第一个使用氯仿作为麻醉剂的人。1876年，李斯特勋爵在成功地对开放性伤口进行消毒治疗后，实施了无菌手术，在18世纪引进了针对天花的疫苗，被称为免疫学之父。随着杆菌的鉴定，现在研制出了治疗其他疾病的疫苗。

在卫生设施方面，维多利亚时代坚持把清洁作为体面的外在标志，这既鼓励了个人卫生，也鼓励城镇和工厂建立和完善卫生规章制度。在城市里，澡堂、室内管道和热水开始普及。特莱奇克宣称"英国人认为肥皂就是文明"。大多数城市都引进了污水系统、自来水净化系统并举行一系列卫生立法。1878年迪斯雷利的《工厂法案》就明确规定店铺和工厂要保持清洁并配备通风设施。

在地质学和生物学方面，1830年，查尔斯·莱尔对地球的历史作了全面的解释,是地质学均变论的奠基人，被誉为"现代地质学之父"。在其代表作《地质学原理》中，莱尔提出地球的变化是古今一致的，地质作用的过程是缓慢的、渐进的。地球的过去，只能通过现今的地质作用来认识。他的这种观点被称为"均变论"。莱尔强调"现在是认识过去的钥匙"，这一思想被发展为"将今论古"的现实主义原理，这种"将今论古"的科学方法对达尔文的影响很大。在生物学方面，查尔斯·达尔文的有机革命理论把牛顿的静态世界变成了一个不断变化和增长的宇宙。他对进化论的推进不仅影响了科学领域，而且还影响到许多其他的思想领域。在赫伯特·斯宾塞的哲学、托马斯·赫胥黎的伦理学、丁尼生的诗歌以及乔治·梅瑞狄斯和马修·阿诺德的散文中，都可以看到达尔文的假设。

十、生活和思想

在文学和思想中都没有一个单一的维多利亚时代主题，因为这个世纪包括了形形色色的人物，如约翰·亨利·纽曼和威廉·米奥里斯，或威廉·华兹华斯和约翰·斯图亚特·密尔。然而，维多利亚时代的生活和思想受到工业革命的影响，以及牛顿和达尔文的宇宙观的影响。文学、艺术、宗教、哲学在机制与自由、经验论与唯心论、创世论与连续性等问题上一直苦苦挣扎。

维多利亚主义的早期阶段（1815—1850年）。在美国和法国革命的思想以及英国功利主义者和福音派的信念激起公众良知之后，英国接受了政府和社会的逐渐民主化。国家机构进行了调整，吸收了这种民主激进主义，使英国成为世界舆论的领导者，与此同时，她的工业化和发明创造使其在制造业生产方面出类拔萃。到19世纪中叶，英国的权力和威望接近顶峰，相信建立在自由贸易和议会制度基础上的经济繁荣会带来幸福与和平。

维多利亚主义的中期阶段（1850—1870年）。这个时代是维多利亚时代自信、忠于职守和对政治自由主义效力信仰的顶峰时代。一般来说，英国的工业和海军力量用来在国外推进自由主义。在英国，人们关注的重点是公民个人的自由。尽管当时的评论家抨击"轻松至上"和资产阶级价值观，但英国社会的主流信念仍然坚定地认为，要解决国家的问题，保持英国的伟大，就必须进步。进入议会是受过教育的英国人的最高抱负。

维多利亚主义的后期阶段（1870—1914年）。英国工商业的霸权地位不再无人挑战，军国主义和工业竞争危及"不列颠和平"。世界其他地区既没有转向自由贸易，也没有转向议会民主。自由主义、自由贸易、政治妥协和维多利亚中期的道德价值观都因未能在一个充满侵略性的民族主义和非个人的经济力量的世界中保证英国公民的安全而遭到破坏。在寻找新目标的过程中，古老的价值观和制度不再受到尊敬甚至尊重。新的政治、经济和社会力量，如工会和妇女选举权，要求得到承认。

在维多利亚时代的道德方面，维多利亚主义是对摄政时期道德沦丧的一种反抗。除了像马修·阿诺德这样的批评家所揭露的自命清高和庸俗，人们还发现了一个由商业利益、福音主义和人道主义所塑造的社会特有的美德和道德价值。勤奋、自助、宗教义务、遵守安息日、道德行为规范、思想宽宏大量和家庭生活稳定是这个时代毋庸置疑的标准。然而，这些标准的例外，如威廉·萨克雷、奥斯卡·王尔德、乔治·梅瑞狄斯或埃德蒙·耶茨的不一致，是如此之多，这个时代的刻板印象可能是限制性的，而不是启蒙性的，因为维多利亚人同样致力于摆脱从18世纪晚期继承下来的伪善和多愁善感。道德品质和国家制度的连续性为这个世纪的真正标志性变革提供了力量。

在宗教方面，也许在除了17世纪和19世纪之外的任何一个世纪，宗教或者像格莱斯顿或查尔斯·金斯利这样以宗教名义说话的人，都没有产生如此大的影响。英国国教徒和非国教徒所共有的福音派信念，高度重视圣经的阅读、正直的行为、道德纪律和目标的严肃性。这种责任感和这种管理工作的满足感部分地解释了维多利亚时代对传教士、政治家和作家的崇拜。到19世纪后半叶，随着科学知识的增长，对圣经批判的兴起，传统基督教在达尔文追随者的攻击下处于守势，这种宗教准则的普遍性消失了。

在大学发展方面，拉格比公学校长托马斯·阿诺德（1795—1842年）通过改革课程，更加强调品格训练和基督徒公民义务，将服务意识和理想主义融入英格兰的公立学校。对大学的教育体制和课程体系进行改革的必要性也同样明显，但这些变化没有中等教育的变化那么引人注目。在议会于1854年和1856年通过法案强制大学改革之前，大学增加了道德和自然科学课程。到1871年，学校中的所有宗教限制都被废除。1836年，伦敦大学成立，并于1848年允许女学生入学。

在文学发展方面，19世纪的文学以其风格和内容的多样性而闻名。机智、诙谐、社会讽刺、优雅的散文、小说、严肃的批评和冒险故事，对一个文化程度日益提高的国家有着强烈的吸引力。没有任何一个世纪的文学有如此广泛的影响。1798至1832年英国主要流行浪漫主义文学。这一时期的浪漫主义者主要有诗人威廉·华兹华斯（1770—1850年）、塞缪尔·柯勒律治（1772—1834年）、拜伦勋爵（1788—1824年）、珀西·雪莱（1792—1822年）、约翰·济慈（1795—1821年）和诗人兼小说家沃尔特·司各特爵士（1771—1832年）。作为对强调秩序和古典形式的蒲柏和约翰逊新古典主义的反应，浪漫主义者有意识地打破了这些惯例，强调以下部分或全部特征：对普通人和简单语言的兴趣；中世纪主义的复兴；对自然的欣赏；拜伦和雪莱对旧的社会秩序和文学形式的反叛，不仅以其充满激情的理想主义和小说意象掀起了一场文学革命，而且影响了当时的政治和社会态度。华兹华斯和柯勒律治是自由的雄辩倡导者，并同情法国大革命。1798年，他们联合出版了《抒情歌谣》，以"真正为男人所用"的语言风格，凸显简单、质朴的主题。

阿尔弗雷德·丁尼生（1809—1892年）是维多利亚时代最受欢迎的诗人，生性多愁善感和浪漫。他于1850年成为桂冠诗人。他的《悼念》（1850年）是英国诗歌中最伟大的挽歌之一。罗伯特·勃朗宁的诗歌比丁尼生的诗歌更博学、更有独创性，但从未被公众完全理解，因此不那么受欢迎。他最好的诗有《主教命令，他的坟墓》和《环与书》。伊丽莎白·巴雷特·勃朗宁（1806—1861年）是英国维多利亚时代最受人尊敬的诗人之一，她的强烈的感情和流畅的诗歌反映在《葡语十四行诗集》中。她的《孩子的呐喊》以诗歌的形式支持社会改革。但丁·加百列·罗塞蒂（1828—1882年）和他的妹妹克里斯蒂娜等人是拉斐尔前派兄弟会的创始人。拉斐尔前派是一个由诗人和画家组成的团体，他们从中世纪的主题中寻找灵感。艺术家、设计师和诗人威廉·莫里斯（1834—1896年）在《人间天堂》《圭内维尔的防卫》和其他诗歌中表达了他对浪漫的过去和对美本身的热爱。他的社会主义信条发表在《此时此地新闻》《约翰·鲍尔的梦想》中。阿尔杰农·斯温伯恩（1837—1909年）通过写感性和异教的歌词来挑战传统的维多利亚时代的习俗。他的韵律技巧不仅完美无瑕，而且在执行过程中复杂得令人着迷。

在维多利亚时代的小说家方面，查尔斯·狄更斯（1812—1870年）在《大卫·科波菲尔》《雾都孤儿》《双城记》等动人的故事中，讽刺和感伤了维多利亚时代的伦敦人。威廉·萨克雷与狄更斯同时代，是英国上流社会的性格画家和讽刺作家。在《名利场》《班迪尼斯》《亨利·埃斯蒙德》等小说中，他以微妙的机智揭露了社会的虚伪。玛丽·安·埃文斯（1819—1880年）以乔治·艾略特的笔名写作，在《西拉斯·马南》和《弗洛斯河上的密尔》的严厉道德说教中揭示了有效的性格分析。勃朗特姐妹在《阿格尼丝·格雷》《简·爱》中描绘了她们不幸的生活。查尔斯·金斯利（1819—1875年）是一位基督教社会主义者，他同情《酵母》中的工人，在《水孩子》中抨击进化论，并在《向西方》中生动描述了伊丽莎白时代的冒险。本杰明·迪斯雷利才华横溢，他的愤世嫉俗的小说《维维安·格雷》《康宁斯比》考察了英国不同的社会阶层。安东尼·特罗洛普（1815—1882年）的作品以萨克雷为原型，描述了巴彻斯特塔一座大教堂小镇上那些受人尊敬的人们。乔治·梅瑞狄斯（1828—1909年）是一位知识分子诗人和小说家。在《自我主义者》等小说中，他主要关注的是人物的心理研究。

19世纪英国的杂志和文学评论以其高水准的编辑和投稿人以及对读者的指导而闻名。创办于1802年的《爱丁堡评论》是亲辉格党的季刊。它的竞争对手是《保守党季刊评论》（1809年）和布莱克伍德的《爱丁堡杂志》（1817年）。1841年，《笨拙》开始作为幽默周刊出版，它的撰稿人以讽刺社会改革的反对者为乐。第一期《康希尔杂志》出版于1860年，由威廉·M.萨克雷编辑。

到了19世纪末，维多利亚时代英国的舒适至上、统一和自由主义信条逐渐衰落。这种忧虑和困惑在文学中表现得很明显。随着作家们寻找新的价值，出现了各种各样的主题和趋势。受大陆作家的影响，19世纪90年代的美学学派强调象征主义、感性主义和对理想美的崇拜。威廉·巴特勒·叶芝（1865—1939年）和奥斯卡·王尔德（1854—1900年）是唯一重要的唯美主义者。王尔德因其诙谐的喜剧而闻名，叶芝则因其对爱尔兰民族主义的抒情表达而闻名。这几年的小说家在作品的质量和数量上都优于诗人。塞缪尔·巴特勒（1835—1902年）的小说《众生之路》遵循了法国博物学家的传统，但主要集中在作者对维多利亚时代价值观和自己家庭的恶意评论上。

其他作家也通过强调粗犷的动作和冒险的浪漫来挑战"为艺术而艺术"学派。罗伯特·路易斯·史蒂文森（1850—1894年）因《金银岛》《绑架》等血流成河的冒险故事而走红。拉迪亚德·吉卜林（1865—1936年）以诗歌和散文的形式表达了大英帝国的辉煌，特别关注英国在印度的"使命"。约瑟夫·康拉德（1857—1924年）也许是这些小说家中最具独创性的一位。在《吉姆爷》《黑暗的心》中，他笔下人物的色彩、节奏和心理探索都得到很好的刻画。托马斯·哈代（1840—1928年）写过优美的短抒情诗和悲观小说，如《德伯家的苔丝》和《无名的裘德》，他们对人物性格和英国乡村生活了如指掌。亚瑟·柯南·道尔爵士（1859—1928年）创造了杰出的侦探英雄——夏洛克·福尔摩斯。世纪之交的作家和费边改革家有H.G.威尔斯（1848—1946年）和乔治·萧伯纳（1856—1950年），前者以幽默和理解的笔调描写战前的英国，后者是英国20世纪杰出的剧作家。

工业革命在经济、政治和社会组织方面造成了如此惊人的变化，它催生了一场智力革命，并在科学领域掀起波澜。与此同时，批评者抵制它的非人性化效果。对许多人来说，进化论、物质决定论、功利主义和政治自由主义被视为进步的标志。另一些人则担心个性、美和精神价值会被资产阶级和机械文化所牺牲。1859年出版的《物种起源》提出了物竞天择的假设，这不仅使维多利亚时代的人感到不安，而且也使那些声称宇宙会有某种目的或令人满意的结果的人感到不安。达尔文的进化论只暗示了盲目的、机械的机会。他的追随者不合时宜地将达尔文的假设应用于社会领域。哲学家赫伯特·斯宾塞（1820—1903年）创造了"适者生存"这一短语，并将达尔文的自然选择理论应用于社会制度和人类研究。托马斯·赫胥黎（1825—1895年）普及了达尔文的著作，并将伦理学等同于对生命的科学理解；马修·阿诺德（1822—1888年）将达尔文的进化论应用于基督教。

维多利亚时代的英国尽管充满了自信，但由于自我批评，却没有沾沾自喜。社会批评大师们谴责了粗俗的大众品味和对物质成功的崇拜。托马斯·卡莱尔（1795—1881年）是一位清教徒道德家，他猛烈抨击维多利亚时代英国的机械化和灵性丧失。《过去与现在》《法国大革命》揭示了他爆炸性的、古怪的风格和英雄崇拜主义。约翰·罗斯金（1819—1900年）在艺术和建筑领域唤起了公众对机器时代丑陋的意识。罗斯金后来从美学转向伦理学和经济学，并代表工业和社会改革写作。著名的文学和文化评论家马修·阿诺德，他同时也是一位严肃的圣经学者，他反对对圣经的字面解释。他的《文化与无政府主义》是对维多利亚中期三个社会阶级最具毁灭性的批判。约翰·亨利·纽曼（1801—1890年）是牛津运动的领袖，他在皈依罗马天主教后，仍然对宗教和教育持摇摆不定的态度。纽曼的智慧成就和正直精神在《为自己的人生辩护书》中得到展示。他对古典教育价值的敏锐分析体现在《大学的理念》的优美散文中。

在历史学家方面，桂冠诗人、历史学家罗伯特·索西（1774—1843年）为纳尔逊和韦斯利撰写了为人津津乐道的传记。托马斯·卡莱尔提供了激烈而说教性的著作，如《奥利弗·克伦威尔的书信与演讲集》《法国大革命》和《腓特烈大帝史》。辉格党对英国历史的诠释，对议会、进步和新教的颂扬，在19世纪占据了主导地位，尤其是在托马斯·巴宾顿·麦考利（1800—1859年）、乔治·欧·特里维里安（1838—1928年）和约翰·理查德·格林（1837—1883年）的作品中表现尤为突出。沃尔特·白芝浩在他的《英国宪法》（1867年）中，讨论了英国政府的两大组成部分：高贵的君主政体和高效的君主政体。他试图展示英国内阁制的运作方式优于美国的政府形式。

功利主义帮助英国人从限制和滥用中解放出来，但并没有解决与工业经济有关的经济问题。个人自由未能弥合富有的雇主和贫穷的工人之间的差距。亚当·斯密、托马斯·马尔萨斯和大卫·李嘉图等古典经济学家认为，在一个自由社会里，这是无法改变的，供求规律的反复无常只是生活中的一个事实。起初约翰·斯图亚特·密尔接受了他们的经济学说，直到他看到城镇工厂的悲惨状况。然后，他敦促进行重大改革，包括：通过累进所得税来分配财富、普及教育、工会改善工人的谈判地位、通过遗产税限制继承的财富等。同时，密尔担心马克思式的暴力和快速变革会带来更大的弊病，担心社会主义者要求政府控制生产会使一个自由社会变得专制。因此，密尔是19世纪英国自由主义概念和20世纪概念之间的过渡人物，前者试图将个人从限制中解放出来，后者强调社会提供经济和社会保障以及免于剥削的自由，也许以行动自由为代价。

十一、维多利亚政府

19世纪英国的威望和影响力既来自其政治上的独创性，也来自工业上的霸权地位。维多利亚时代的英国人在不否定传统体制的情况下，调整了他们的政治制度，以调和广大选民的要求和议会中的统治阶级。诸如政党和内阁制度、公务员考试和扩大选举权等手段允许民主变革而不破坏政治体制的连续性。

以"为最多数人提供最大幸福"为原则的边沁主义，[1]以及福音派和非国教信徒的信念，被纳入自由放任的论点中，以支持较少的法律将带来更多自由的观点。这一学说帮助废除了政治和宗教障碍以及《谷物法》。但它的消极解释并不能缓解工业英格兰在经济和社会方面的明显不足，这是个人的努力无法改变的。埃德温·查德威克、约翰·斯图亚特·密尔和费边派将边沁的原则转变为一种积极的学说，敦促大规模的国家干预以缓解经济困境并进行社会改革。政府对工业的管制、市政公用事业的国有化、国家教育法和地方政府的重组是这方面重要的结果。

与19世纪的法国不同，英国的制度变革不是通过政府形式的突然改变而发生的，而是通过对现有制度的功能和关系的修改和适应而发生的。一代人

---

[1] ［法］埃里耶·阿雷维. 哲学激进主义的兴起［M］. 曹海军，张继亮，译. 北京：商务印书馆，2018：290.

第十章 日不落帝国

的政治史成了下一代人的宪法实践。英国仍然是君主立宪制国家，但权力从议会转移到了人民手中。君主仍然是政治体系中最突出的象征。在维多利亚女王统治下，君主制的威严地位得到加强。在她之前的汉诺威统治者不受臣民爱戴。从维多利亚女王开始，君主政体因统治者的才干而得以保全。在她统治的末期，她受到崇拜，成为英国性格的化身和大英帝国的焦点。君主制的象征意义和情感意义超过了它的政治功能，尽管维多利亚对国家事务很感兴趣，并直言不讳地对内阁人选发表意见。但事实是，1839年，女王否决了皮尔，选择了墨尔本勋爵，这是女王最后一次选择没有获得议会多数支持的首相。

英国的内阁制本质上是惯例成长下的制度。内阁由一群由国王任命并负责的大臣组成，转变为以国王名义执政并对下议院多数成员负责的执行机构，这是一个渐进的过程。美国的内阁制强调权力分立，而英国的内阁制则强调行政和立法权的紧密结合。内阁部长必须是议会成员。在维多利亚女王内阁执政时期，内阁政策同质化成为宪政惯例。在政策上有分歧的部长们离开了内阁。随着公民权的扩大和主权转移到人民手中，内阁必须对下议院负责，以证明留任的合理性。在19世纪，内阁通常由16到20名成员组成。

19世纪是私人议员的黄金时代，在这个世纪结束之前，议会已经实现对政府的有效控制，并使其对下议院负责。反过来，由于取消了对成员资格的宗教和财产限制，使持不同政见者、罗马天主教徒、犹太人、无神论者和劳动阶级能够进入议会，下议院变得更能代表人民。妇女在1918年被接纳。从罗伯特·皮尔和他的《塔姆沃斯宣言》开始，候选人发表他们对公共问题的看法。上院的权力和声望随着政治制度的民主化而下降，尽管上院的成员在一个世纪中增加了一倍多，达到400多人。1911年正式以法案的形式确认了上议院的次要作用。

在英国的政党组织建设方面，在早期的几个世纪里，政党常常被指责为阴谋分裂国家的派系。19世纪，政党最初是在地方基础上，后来是在全国范围内完善了自己的组织形式。到1900年，政党已经成为议会制度的重要机制。政党组织的发展是选民人数扩大的直接结果。政党存在的目的是争取选票，帮助候选人当选。政党授权某种形式的内阁政府，并允许"替代政府"

的发展。女王陛下的忠实反对派的职责是反对并保持政府诚实和负责任。党鞭始于1714年，当时财政部赞助大臣办公室成立。党的组织是在议会改革对选民登记的要求下产生的。每个政党都有一个与党鞭密切相关的政治委员会，并与地方政党代理人保持联系。1861年，自由党成立了第一个国家自由党注册协会。在伯明翰，约瑟夫·张伯伦组织了一个非常有效的市政机构，由一个中央委员会（核心小组）控制，并于1877年扩大为一个全国性的政党组织。随着政党组织的建立和完善，无党派候选人和小党成为两党制的受害者。

在公务员队伍方面，英国公务员队伍的大规模扩张是国家职能增加的一个指标。1832年，英国的公务员有21300人。到1914年，增加到28万人。议会事务的日益拥挤和许多立法的技术性导致政府部门获得了更广泛的自由裁量权（称为委托立法权）。1855年，竞争激烈的公务员考试取代了任免制，而候选人的教育水平在考试筛选中发挥重要作用。1870年以后，所有行政级别公务员都由大学水平的考试来筛选和填补。

维多利亚时代自由主义终究还是衰落了。1906年的选举标志着19世纪改革运动的高潮。到那时，早期维多利亚自由主义的大部分目标已经实现。英格兰是议会民主制国家，对个人宗教和政治限制已经完全取消。尽管坎贝尔·班纳曼和约翰·莫雷的道德自由主义和该党的社会自由主义仍是公认的，但新时代将旧自由主义传统中的理想主义、改革主义和理性主义都消灭了。福音主义和中上层阶级的统治正在被新的道德价值观和工会主义和社会主义的政治力量所取代。日益加剧的国际紧张局势危及了大不列颠和平。维多利亚时代的自由主义根本无法应对"新联合主义、新享乐主义、新现实主义、新都市化、新女性"的思想和要求。

第十一章　20世纪的英国

第十一章　20世纪的英国

一、新自由主义

对英国人来说，从19世纪到20世纪的过渡是一段令人不安的时期。由于19世纪的自由主义无法应对社会的革命性变化，20世纪迎来了一个政治恶化和暴力的时代。到1913年，爱尔兰地方自治危机和上议院改革几乎将自由英格兰夷为平地。在这个时代，社会民主主义的发展和大英帝国的扩张是最一致的音符。

到1885年，离政治激进派主张实现普选的目标已经不远了。充分民主和经济集体主义的目标是他们功利主义信条的逻辑延伸，并赢得了群众的支持。"人民预算"、失业和老龄立法都标志着这一政治趋势。在这个过程中，庇护了多个利益集团的传统的两党以及两个议院的利益平衡开始分裂。上议院逐渐由保守党把控，且"政治越来越与经济利益相一致"。爱尔兰人以及工党势力离开自由党的庇护，成立自己的组织，以推进他们的特殊利益。对乡绅制度和神职人员的依赖使保守党处于守势和少数派地位，直到迪斯雷利对社会改革和帝国扩张的关注扩大了保守党支持的基础。1867年，迪斯雷利提出的《议会改革法案》获得通过，使选民扩大到二百五十万，扩大了保守党的影响。1886年，保守党利用农村选区的支持赢得大选，开始了20年的执政。城市中产阶级和制造商选择支持地主阶级。导致这一变化的两个主要原因是英国的中产阶级对爱尔兰地方自治的反对以及约瑟夫·张伯伦的有力影响。1886年，坚定维护英国统一的张伯伦反对格拉斯顿提出的《爱尔兰自治法案》，辞去外贸大臣职务，导致格拉斯顿政府倒台和自由党分裂，后张伯伦领导自由党联合派与保守党结盟，建立以索耳兹伯里侯爵罗伯特·盖斯科因—塞西尔为首相的联合政府。

1886年之后，自由党只有一次赢得议会多数席位，该党失去了对城市选区（英格兰约克郡原东、西、北三个行政区之一）的控制，只在威尔士、苏格兰和爱尔兰的凯尔特边缘地区保持着影响力。自由党"和平、紧缩和改革"的旧口号已经不再适合需要更多帝国殖民地和政府服务的时代。自由党

· 259 ·

被迫推行改革，如威尔士政教分离或酒类执照改革，以期留住支持者。但要赢得城市的选票，自由党就必须放弃地方自治，支持帝国主义，并通过社会立法计划来吸引劳工的选票。然而，自由党对地方自治的承诺将所有对社会福利的改革抛在一边，并失去了它最有力的推动者张伯伦。自由党还被党魁的接班问题所困扰。格拉斯顿在自由党内的显赫地位几乎没有人能取代。格拉斯顿最有可能的两位继承人查尔斯·迪尔克和约瑟夫·张伯伦都被剥夺了继承权。前者是因为离婚；后者因为反对地方自治。因此，自由党一直处于分裂状态，意志消沉，一直延续到1905年。

1900年，工会主义和非马克思主义社会主义团体加入了议会代表行列。得益于1871年格拉斯顿颁布的工会合法化法令，非政治性和保守的职工大会最初满足于借助自由党推动工业立法，但是非熟练工人组织了工会，支持罢工和寻求更积极的政治参与。1886年，职工大会的一个特别选举委员会支持并帮助11名工人成为议员。同时，英国出现社会主义。除了亨德曼的社会民主联盟（英国第一个具有马克思主义倾向的社会主义组织），英国的社会主义者大多是非马克思主义知识分子，对英国现有经济和社会结构持批评态度。1883年，费边社吸引了萧伯纳、格雷厄姆·沃拉斯、西德尼和比阿特丽斯·韦伯、H.G.威尔斯等知识分子希望通过国家的广泛干预，推动社会的逐步改革。基尔·哈迪与自由党决裂后于1893年建立独立工党。1900年2月，职工大会发起创立劳工代表委员会。英国独立工党参与劳工代表委员会（以后的工党）的建立并以集体成员的身份加入，麦克唐纳当选为书记。

维多利亚女王于1901年去世，这是英国历史上在位时间第二长的女王，在位64年。在此期间，君主立宪制彻底巩固了，国王完全变成了"虚君"，按政治学家巴奇霍特的说法，国王在国事中发挥的作用是："接受咨询，给予支持，提出警告。"维多利亚在其一生中模范地履行了立宪君主的职责，因此深受国民的爱戴。[①] 在她的晚年，她重新赢得了国民的尊重，国民视她为19世纪和大英帝国的象征。她的责任感、对帝国的自豪感和传统道德重新塑造了被之前的汉诺威君主玷污的君主制理想。她的长子爱德华七世继位时年

---

① 钱乘旦，许洁明. 英国通史［M］. 上海：上海社会科学院出版社，2017：251.

近六十岁。维多利亚在位时期英国一度取得世界工业和贸易垄断地位，英帝国版图迅速扩大，被称为"日不落帝国"，英国的繁荣和殖民霸权一时达到顶点，故英国史上称之为"维多利亚时代"，并有"黄金时代"之谓。1902年，维多利亚女王的儿子爱德华七世继位。

1900年，通过调查研究，大约30%的英国人口长期生活在贫困之中，英国人对过去的自满已经一去不复返，取而代之的是对社会变革必要性的认识。在1901至1906年间，自由党摒弃了分歧，提出捍卫公共教育和自由贸易的政策，迅速扭转了自己的命运。保守党则因布尔战争结束后党内出现严重分歧，受到来自多方面的批评。

1900年，英国威尔士塔甫河谷铁路工人罢工。第二年，当地铁路公司起诉铁路员工联合会，要求法院判决工会赔偿其损失23000英镑。上院作为最高上诉法院判决支持塔甫河谷铁路公司的诉讼。这一判决意味着工会对其成员的行为负有财政责任，这会严重妨碍后续的罢工活动。此举违背了1871年的《工会法》，引起工人强烈抗议。当时的保守党政府没有采取任何法律措施来限制这一决定的影响，劳工代表委员会开始积极支持工人阶级候选人竞选议员。1906年大选中，有29名候选人当选为议员，组成独立的议会党团，劳工代表委员会遂改名为英国工党。

1902年7月，阿瑟·贝尔福继其舅索尔兹伯里成为英国首相。事实证明，贝尔福是一位内行的议会领袖，被同僚称为即使生活在马基雅弗利时代也能游刃有余的政治家。其任内通过1902年教育法（《贝尔福法》）。该法案建立了公立中等教育制度，郡议会和郡市议会统一管理的初等教育和中等教育，一定程度上克服了教育管理上的混乱现象，扩大了地方教育权利。"国家教育"格局基本形成，也确立了由国家统一领导与地方分权同时并存的英国教育领导体制。[1]然而，该法案遭到非国教徒的强烈反对，他们反对国家干涉教育，反对圣公会的教会学校。1904年贝尔福实行酒类《许可证法案》，实行禁酒运动，鼓动减少许可出售酒类的店铺数量，并给予失去执照的酒吧老板补偿金。这一法案争议很大，使贝尔福失去了大量支持者。

---

① 丁建弘，孙仁宗. 世界史手册[M]. 杭州：浙江人民出版社，1988：409.

1902年，约瑟夫·张伯伦对"自由贸易"原则发出公开挑战，主张征收帝国特惠关税和食品进口税。这一立场遭到首相贝尔福的拒绝。1903年，约瑟夫·张伯伦辞去内阁职务，以保护主义倡导者的身份在全国巡回演讲。此时，保守党在关税问题上分裂为三派：自由贸易者党、关税改革联盟，以及半途而废的首相。贝尔福反对食品税和帝国优惠制，但同意征收报复性关税。到1903年底，首相贝尔福已经失去了内阁的两翼。保守党内部的分裂给自由党带来了机会。

1906年，自由党以压倒性优势赢得大选，获得377个席位，而保守党和自由党统一派所获得的席位加起来只有157个。此外，新工党的53名成员和83名爱尔兰民族主义者将在大多数措施上支持自由党政府。自由党人将他们的胜利解读为对社会立法的承诺。政府愿意对新一代的压力做出让步，而保守党人试图利用上议院来阻止向社会主义的转变。

1905年，首相坎贝尔·班纳曼组建了有阿斯奎斯、大卫·劳埃德·乔治、温斯顿·丘吉尔及工党代表参加的杰出的内阁。内阁中有三位未来的首相——赫伯特·阿斯奎斯、大卫·劳埃德·乔治和温斯顿·丘吉尔。内阁成员还包括爱德华·格雷爵士、理查德·霍尔丹、詹姆斯·布莱斯、约翰·莫利、罗伯特·里德爵士、奥古斯丁·伯瑞尔。但这届内阁的大多数法案被上院否决。与下议院不同，上议院在19世纪没有经过改革，它也不是一个无党派机构，在格拉斯顿的爱尔兰地方自治问题上，上院已经变成了压倒性的保守党大本营。相比之下，保守党现在利用他们在上议院的绝对多数席位来阻止下议院通过的措施，并挫败自由党政府。劳埃德·乔治声称上议院不再是宪法的监督者，它仅仅是"贝尔福先生的狮子狗"。尽管如此，坎贝尔·班纳曼政府还是通过了一些重要的立法。准许南非德兰士瓦（1906年）和奥兰治殖民地（1907年）建立自治政府。1906年的《劳资争议法》扩大了雇主向因工受伤的雇员支付赔偿的责任。1906年的《贸易争议法案》使工会摆脱了塔甫河谷案判决中对他们施加的法律限制和责任。

1908年，坎贝尔·班纳曼辞职，赫伯特·亨利·阿斯奎斯（1852—1928年）接任首相。阿斯奎斯首相律师出身，为人忠诚可靠，以绅士气质而闻名。1886年以自由党身份进入下院。1888年爱尔兰民族运动领袖帕内尔被控以纵容政治杀人罪，他充当辩护律师，由此蜚声政界。1892年他任内政大臣，展现出杰出的行政能力和雄辩的演说才能。阿斯奎斯为人谦逊，善于和解和妥协。他把劳埃德·乔治调到财政部，把丘吉尔调到贸易局。在这两位背景截然不同的同僚帮助下推动了一系列社会立法。1908年通过的《老年养老金法案》为每个年收入低于31英镑的70岁公民提供免缴费的养老金，从而解决老年贫困问题的责任由国家承担下来。为了改善工人阶级的劳动条件，1909年的《贸易委员会法案》，规定了最低生活工资和最长工作时间。1911年，《国民保险法》成为法律，建立了失业、疾病和残疾的保险和保护。政府、雇主和雇员共同分担该计划的费用，使一千四百万工人享受到相关福利。这是世界上第一个强制性失业保险制度。

1909年4月，劳埃德·乔治提出的预算案使自由党内阁与上议院的冲突达到高潮。为了支付海军扩张和老年养老金计划，劳埃德·乔治提议征收新税：对年收入超过5000英镑的，其超过3000镑的部分，课以超额所得税。增加遗产税、土地税和所得税。增税对富人，尤其是大地主的影响最大。经过长时间激烈的辩论，下议院通过了预算，但被上院以350比75票否决。理由是这个预算不是一个合法的货币法案，而是一个引发社会革命的计划。

1910年大选中，阿斯奎斯未能获得绝对多数。自由党275票，保守党273票，爱尔兰民族主义者82票，工党40票。阿斯奎斯政府只能依赖于掌握权力平衡的爱尔兰人的态度。爱尔兰支持预算案——预算案在两院被重新提出并通过——条件是上议院要改革，以防止上议院像以前那样否决爱尔兰地方自治。因此，阿斯奎斯提出决议，该决议允许上议院将一项财政法案推迟一个月，其他法案推迟两年，之后无论贵族是否同意，这些法案都将成为法律。在这个关键时刻，英王爱德华七世去世，双方宣布政治休战。继位的英王乔治五世虽然思想保守，但具有高度的责任感和良好的判断力，他召集两党领导人召开会议，试图达成妥协。长达5个月的会议未能达成一致。自由党改革法案在下议院通过，但仍被上议院否决。阿斯奎斯于是要求解散议会，并要求国王承诺，如果自由党重新掌权，将创造通过册封足够的新贵族以确保上院通过议会法案。国王勉强答应。在随后的大选中（1910年12月），自由党和保守党各获得272个席位，在爱尔兰和工党的支持下，自由党政府重新掌权。

1911年，自由党提出的限制上院权力的《1911年议会法》再次在下议院通过并提交到上议院。[①]意识到国王已经承诺册封新贵族充实到上议院，保守党接受失败，该法案最终以131票对114票获得通过。这一法案授权下议院议长确定财政法案；规定在下议院审议通过的情况下，上院只可将此法案延迟一个月；其他法案经下议院连续三次通过即成为法律；将议会的法定任期从7年减少到5年。1911年议会法第一次用成文法确定了上院和下院的关系，限制了上院的权力，使其无法挑战下议院的至高无上地位。

为了报答爱尔兰民族主义者的支持，1912年，自由党向下议院提交了第三份地方自治法案，即《爱尔兰自治法案》。该法案赋予爱尔兰限制性的自治权，爱尔兰可建立两院制的议会，上院议员由英王任命，下院议员按选举法产生。但议会无权处理对外关系、征收税款、支配土地和管理警察、军队等事宜，行政权则仍掌握在英国总督手中。工业化的、信奉新教的东北地区民众担心，如果农村地区、信奉天主教的南部地区在爱尔兰议会中占主导地位，地方自治将使他们处于不利地位。阿尔斯特奥兰治党人发动50万人签署"庄严盟约"，并组建一支志愿军，发动暴乱，扬言不惜一切代价反抗地方自治，粉碎在爱尔兰建立地方自治议会的阴谋。阿斯奎斯政府决定派兵平息暴乱，而英军军官拒不受命，并以辞职要挟。支持民族自治的由盖尔联盟和新芬党则招募爱尔兰民族主义志愿军与阿尔斯特志愿军对抗。爱尔兰内战一触即发。1914年3月，地方自治法案被提交下议院进行第三次也是最后一次商议。9月，《爱尔兰自治法案》成为法令，它规定在英国议会下院保留四十二名爱尔兰议员；爱尔兰立法机关设两院，参议院由四十名议员组成，众议院设议员一百六十四名，其中三十九名按比例代表制选举。爱尔兰行政部门应对爱尔兰议会负责，英国议会仍在爱尔兰拥有某些权利。该法因第一次世界大战爆发未实施，1920年通过《爱尔兰政府法》对1914年《爱尔兰自治法》

---

① [英]詹宁斯. 蓬勃，译. 英国议会[M]. 北京：商务印书馆，1959：554.

做出修正，在爱尔兰北部和南部分别设立议会。

20世纪初，妇女争取投票权的斗争日益高涨。1903年，英国女权运动代表人物、政治活动家埃米琳·潘克赫斯特夫人成立妇女社会和政治联盟（WSPU），提出"要行动，不要言辞"口号。她们采取一系列暴力措施如纵火、爆炸、打断公众集会以及冲击议会等，试图引起大众对争取妇女投票权运动的关注。当然，并不是所有争取妇女投票权的人都支持暴力斗争。由米莉森·福西特领导的全国妇女选举权协会联盟（NUWSS）主张采取合法手段实现妇女选举权的目标。然而，在一战爆发之前，政府没有推动妇女选举权的立法。

1911年至1912年，英国的码头工人、铁路工人和煤矿工人之间先后举行罢工。特别是1912年3月1日，100多万煤矿工人举行大罢工，政府出面干预，议会被迫匆忙通过了一项煤矿最低工资法令，规定了地方工资最低标准，部分地满足了矿工们关于确定最低工资的要求。这标志着英国工人的政治和阶级意识被唤醒了。1913年，三大工会——矿工、铁路工人和运输工人——同意联合行动，同时向雇主提出自己的诉求，否则就罢工。到1914年夏天，这三个行业的罢工迫在眉睫。习惯了缓慢变化和正当程序的自由党面对这种激进主义显得手足无措，陷入了保守党右翼和工党左翼的夹击之中。一战的爆发才阻止了英国国内事务的恶化，自由党有了暂时的喘息之机。

二、第一次世界大战

第一次世界大战摧毁了一代英国人的生活。第一次世界大战加快了英国人生活变化的速度，旧的信仰和价值观被抛弃，财富向新阶级转移，妇女得到解放，国家计划和国家控制开始扩张。尽管这些变化几乎都是革命性的，但这并不表明与一战前的英国发展趋势有根本的决裂。一战对英国来说并不是一场灾难。事实上，一战的爆发转移了英国国内的阶级矛盾和民族矛盾。

在1870年至1914年间，欧洲国家之间的对抗和一系列外交危机加剧了紧张关系。以德国、奥匈帝国为核心的同盟国集团和以英国、法国、俄国为核心的协约国集团为重新瓜分殖民地、争夺世界霸权，两大帝国主义集团不断进行军备竞赛，多次引发战争危机。帝国对抗和沙文主义宣传加剧的民族主义，可能是第一次世界大战爆发的最根本原因。1914年战争爆发时，同盟体系对冲突的局部化产生了不利影响。导致第一次世界大战爆发的外交危机是1914年6月28日奥匈帝国王位继承人弗朗西斯·费迪南大公在萨拉热窝视察时被支持塞尔维亚的波斯尼亚人暗杀。奥匈帝国政府以这次事件为借口，在德国支持下，向塞尔维亚宣战。7月30日俄国宣布军事总动员。8月1日，德国在向俄国发出最后通牒遭拒后向俄宣战。同时，德国向法国发出最后通牒，法国拒绝接受，8月3日德国对法国宣战。德、俄、法、英等国相继投入战争，第一次世界大战爆发。英国内阁和公众舆论在是否参战和保持中立的问题上存在分歧，直到8月4日德国入侵比利时时，这违背了英国政府长期以来的基本政策，即不允许任何敌对势力主宰低地国家。英国不再犹豫，向德国发出最后通牒，在没有得到答复的情况下，英国向德国宣战。

  起初，战争双方都希望这仍是一场旧式的、短暂的战争，就像1870年的普法战争一样，据此展开战争。战争之初，德国把一切都压在施里芬计划的成功上。德国在西线发动大规模进攻，英、法、比三国军队在马恩河[①]等战役中奋力抵抗和俄军在东线的进攻，致使德军速战速决的战略计划破产。随后，双方转入以堑壕战为特色的阵地战。从长远来看，决定战争胜利的关键因素就变成了国家的经济实力或后勤力量，而不是战术。战争爆发时，协约国在西线处于一定优势地位，军队装备较好，指挥更加集中。另一方面，协约国海军实力更强，在海外殖民地可以动员更多的人力和战争物资。随着战争的进行，这些优势变得具有决定性。随着协约国的经济、人力和意志力都转入战时状态，全面战争开始。在东线，俄国军队迅速进入东普鲁士，但在坦能堡战役中惨败。到1914年底，东线已经处于焦灼状态。但是，低劣的通讯、弹药的缺乏以及无能的政府使俄国的战争努力陷于瘫痪，德国依靠先进的武器装备与后勤补给击败俄国。1914年底之前，奥斯曼土耳其加入了同盟国阵营。

---

  ① ［美］海斯，［美］穆恩，［美］韦兰. 吴文藻，译. 全球通史 下［M］. 天津：天津人民出版社，2018：538.

1915年，德国作战重心东移，会同奥匈军队大举进攻俄军。5月发起戈尔利采战役，突破俄军战线，俄军损失惨重，被迫撤退。1915年底，俄国在东线损失了波兰和100万军队。保加利亚加入了同盟国，日本则加入了协约国。5月，意大利退出三国同盟，加入了协约国。1914年11月，英国海军大臣温斯顿·丘吉尔提出凭借英国海军的实力打开达达尼尔海峡登陆，然后在加里波利登陆，直取奥斯曼帝国首都伊斯坦布尔，迫使奥斯曼土耳其投降。这一战略如能实现，一方面能减轻俄罗斯高加索战线的压力并通过黑海支援血战的俄国军队；另一方面可以开辟南部战线攻打奥匈帝国。这一战略固然高明，但在执行中却搞得一团糟。1915年2月英国发起加里波利战役。由于计划和执行上的失误，英军伤亡惨重，不得不于1916年撤退。该计划的发起人温斯顿·丘吉尔也失去海军大臣的职位。

1916年，德国又将重心转向西线，发动凡尔登战役，遭到失败，从而进入战略防御阶段。俄国从1915年的惨重失败中恢复过来。罗马尼亚加入协约国，但很快就被同盟国打败。在西线，凡尔登战役中德军战败，而在索姆河战役中协约国战败。仅索姆河战役一场，英国损失40万人，法国损失20万人，德国损失50万人。为此，英国首次实行强制服兵役制度。1916年5—6月进行的日德兰海战是英德海军的决战。战役中英国虽然损失巨大，却牢牢控制着制海权，成功地将德国海军封锁在德国港口，使得后者在战争后期几乎毫无作为，从而取得了战略上的最终胜利。1917年2月，为了结束这种僵局，迫使英国和谈，德国实施"无限制的潜艇战"，即德国潜艇可以事先不发警告，而任意击沉任何开往英国水域的商船，其目的是要对英国进行封锁。[①]仅在4月份，就有87.5万吨的商船遭到鱼雷袭击。德国的无限制潜艇战损害了美国的利益，4月，美国以此为理由正式对德国宣战。中国、巴西等国也相继投入战争，协约国的阵营增加到27个国家。协约国获得大战的战略主动权。俄国的军事崩溃和十月革命的爆发抵消了德国发动无限制潜艇战所带来的优势。2017年，俄国先后爆发二月革命和十月革命，俄国宣布退出战争。德国得以将全部战争资源集中在西线。德军击溃法军防线，法军士气低落，英国

---

① 丁牧. 第一次世界大战的历史[M]. 北京：中国商务出版社，2018：138.

不得不在弗兰德斯阻击德国。同盟国军队在卡波雷托战役中击溃意大利军队，协约国在西线的局势一度十分紧张。英国在美索不达米亚和巴勒斯坦取得胜利，希腊加入协约国作战，迫使奥斯曼土耳其军队节节败退。

1918年3月，德国在西线发起最后一次大规模进攻。8月，在法国福煦元帅统帅下，协约国军队终于就联合指挥达成一致，并在美军的协助下，发起反攻，突破了兴登堡防线。同盟国集团迅速瓦解，保加利亚、奥斯曼土耳其和奥匈帝国先后投降，退出战争。11月4日，基尔军港海军舰队水兵举行起义，11月9日，柏林工人和士兵举行总罢工和武装起义，德皇威廉二世于内外交困的情况下，被迫宣布退位，10日逃往荷兰。1918年11月11日，德国正式宣布投降。德国代表在巴黎北部的康边森林福煦将军的行军火车上，签署停战协定。第一次世界大战至此结束。1919年双方缔结《凡尔赛和约》。此次战争历时四年三个月，席卷33个国家，人口约15亿，人员伤亡逾3500万，造成经济损失达2700亿美元。资本主义世界体系开始削弱，俄国十月社会主义革命的胜利开辟了人类历史的新纪元，世界各国兴起革命运动和民族解放运动，开始了无产阶级社会主义革命的新时代。

在第一次世界大战期间，英国国内的争议被搁置。英国议会放弃了所有有争议的立法。战争初期，英国各党组成联合政府，起初由阿斯奎斯任首相，自由党占主导地位。在伯纳尔·劳和劳合·乔治的压力下，阿斯奎斯于1915年5月将8名保守党领袖和一名工党成员带入联合内阁。他将劳合·乔治调到新成立的军需部，平息了对军需短缺的批评。然而，22名成员组成的联合政府过于庞大笨重，无法应对如此大规模的战争。无论从性格还是经验来看，阿斯奎斯都无法领导战时的联合政府，也无法让国家团结起来面对长期战争。

1916年，以帕特里克·皮尔斯为首的爱尔兰新芬党极端分子，[①]在德国的支持下发动了一场叛乱，攻占邮政总局，宣布成立爱尔兰共和国。但新芬党叛乱分子没有得到爱尔兰公众的支持。经过一周的激烈战斗，叛军投降。15名叛乱领导人被处决。令人意想不到的是，英国的残酷镇压激起了爱尔兰人

① ［英］罗伯特·基.爱尔兰史［M］.北京：东方出版中心，2010：180.

民的爱国主义。那些名誉扫地的极端分子反而成了烈士和英雄,新芬党取代爱尔兰民族主义者,成为爱尔兰至关重要的政治力量。

1916年,英国国内民众对战争越来越厌倦,由于英国在战争中伤亡惨重,法国的消耗战也没有结束的希望,英国公众和媒体对阿斯奎斯政府表现出强烈不满,批评之声愈演愈烈。民众认为,国家需要能够为赢得战争做出最大努力的人。而阿斯奎斯在利用政府授予的紧急权力方面犹豫不决,内阁内部明显缺乏协调。阿斯奎斯被认为是"在自由放任原则下进行一场伟大战争的最后一次试验"。因此,劳合·乔治、伯纳尔·劳和报纸出版商威廉·麦克斯韦尔·艾特肯要求成立一个拥有内阁全部权力的小型战争委员会来管理战争。阿斯奎斯同意了这个建议,但又不想屈居在劳合·乔治之下,遂递交了辞呈。1916年12月,劳合·乔治在工党、自由党和保守党后座议员的支持下成为英国首相。

帕特里克·皮尔斯   **劳合·乔治**

劳合·乔治组建"战时内阁"(战争委员会)以便英国能够更有效率地进行战争。战时内阁规模很小,保守党3人,工党1人,自由党只有劳合·乔治自己。他们分别是劳合·乔治、伯纳尔·劳、寇松勋爵、米尔纳勋爵和亚瑟·亨德森。战时内阁行使对战争的最高指挥权。其他政府大臣只有在所讨论的问题涉及其部门时才会被传唤。战时内阁设立的目的是要摆脱各部的领导以便全力指导作战,并把过去各部对内阁负责制改为对首相负责制,以加强首相的职权。这一重要的宪法改革是在未经选举或议会批准的情况下完成的。1917年，战时内阁又扩大为帝国战时内阁，负责协调整个帝国的资源和战争力量。

在劳合·乔治政府的领导下，英国的战时经济发展迅速。政府加强了对造船、粮食生产和分配以及羊毛和棉花供应的管理。战争将军需品、煤炭、钢铁和铁路置于国家控制之下。1916年，英国实行强制征兵制。1918年实施食品配给制。经过第一次世界大战，英国开始习惯于广泛的国家计划管制，并认识到国家的干预能够带来社会和经济的快速调整。然而，英国人也在发问：这种国家控制是否只在战时有效？

第一次世界大战给英国造成严重的影响。76万英国士兵阵亡，另有170万人受伤。虽然其他主要交战国（除了美国）遭受的损失更大，但英国的损失具有高度选择性，因为许多伤亡的士兵（在征兵制引入之前）来自英国的公立学校，这些人传统上在公共生活中起到重要的领导作用。纽约取代伦敦成为世界银行中心。英国损失了40%的商船队，经济损失巨大。这场战争耗费了英国90亿英镑，其中大部分是政府通过借款筹集的，1918年英国的国债是1914年的14倍。从长远来看，战争的主要经济代价是英国对外贸易的毁灭，战后英国再也没有从日本和美国手中夺回这些市场。另外，战争造成了人们的道德沦丧。战争心理和仇恨宣传助长了一种冷酷无情和麻木不仁。

战争也加速了英国政治民主的发展。英国女性国防工作者做出了重要的贡献，以至于反对女性选举权的声音消失了。1918年，英国的《人民代表法案》赋予30岁以上妇女选举权。同时规定，凡年满21岁，在当地住满6个月的男子享有选举权。该法令实际上废除了所有的财产资格，从而扩大了男性的特权。这一举措使英国的选民人数增加了一倍多，并使下议院成员增至707人。《1918教育法》规定5岁至14岁的孩子实行义务教育，从而提高了工人阶级的教育福利。此外，童工受到严格限制。该法案还授权地方机关监督在工厂做工的少年的劳动条件。

首相是和平会议的主要谈判代表，这次会议试图获得相互安全与持久和平的目标，并且会议最终达成了一项妥协的和平条约，但是该条约并没有达到威尔逊总统在"十四点宣言"中所期望的理想主义。实际上，协约国的合作在战争胜利的那一刻就崩溃了。共同的敌人被击败后，旧的对抗和国家自身的利益就会被重申。

1918年12月，第一次世界大战刚刚结束，作为"赢得战争的人"，首相的声望也达到了顶峰，劳合·乔治决定举行大选。此时，工党决定退出联合政府，阿斯奎斯和大部分自由党人拒绝支持劳合·乔治。起初，联合政府候选人的竞选口号是重建英国，但是英国国民想要的却是报复德国，在竞选后期，劳合·乔治迎合了选民的报复情绪。以保守党为主的联合政府候选人以压倒性优势赢得478个席位。阿斯奎斯的自由党只获得28票。工党以59个席位替换自由党成为反对党。这次选举开始了保守党雄霸英国政坛27年的历史。

到战争结束时，奥匈帝国的哈布斯堡王朝和奥斯曼土耳其帝国已经瓦解。战胜国的根本问题是德国的未来。11月11日的停战协议是在威尔逊总统"十四点宣言"的基础上达成的。"十四点宣言"反映了19世纪自由主义的理想，呼吁公开条约、海洋自由、消除关税壁垒、削减军备和受压迫人民的民族自决，并呼吁建立一个维护和平的国际组织。1919年1月18日，在巴黎凡尔赛宫召开了协约国会议。27个战胜国的1000名代表参加，其中全权代表70人。苏维埃俄国没有被邀请，德国、土耳其、保加利亚、奥地利等战败国也被拒之门外。此次会议由"四巨头"主导，即会议主席、法国总理乔治·克莱蒙梭、美国的威尔逊总统和英国首相劳合·乔治以及意大利总理奥兰多。为了维护英国摇摇欲坠的霸主地位，劳合·乔治在巴黎和会上纵横捭阖，时而同法国站在一起对付美国，时而同美国结盟压制法国。当美、法两国争得不可开交之际，他常常以调解人的身份周旋其间，为英国捞取了不少好处。劳合·乔治调解了威尔逊的高度理想主义和克莱蒙梭的民族主义与现实主义之间的差异。乔治本人在赢得1918年大选时为迎合英国民众提出德国需为发动战争负责的主张，同时联合政府中的保守党也要求严惩德国以保证其不再对英国构成威胁。在这种背景下，乔治竭力为英国争取更多的战争赔款和瓜分更多的德国海外殖民地，作为殖民大国的领导人，乔治和克莱蒙梭都不赞同"民族自决"原则。"四巨头"同意德国裁军，但在赔款问题上发生激烈争论。

经过激烈较量和相互妥协，6月28日，各战胜国终于在巴黎近郊著名的凡尔赛宫镜厅签订了《对德和约》，即《凡尔赛和约》。和约第一条规定成立国际联盟，[1]和约将战争的罪责归咎于德国及其盟国。德国的海外殖民地和奥斯曼土耳其帝国的大部分领土在国际联盟的支持下被战胜国以托管的名义瓜分。英国接收了德属东非（坦噶尼喀）以及非洲喀麦隆和多哥的大部分地区。在近东，伊拉克、巴勒斯坦和外约旦都成为英国的殖民地。1921年，赔偿委员会将最终赔偿金额定为320亿美元，这是德国无法支付的金额。在整个20年代，赔款问题成为法国、英国和德国之间最具爆炸性的矛盾之一。

1920年1月10日，《凡尔赛和约》正式生效。同一天，在威尔逊主持下国际联盟宣告成立。凡是在大战中对同盟国宣战的国家和新成立的国家都是国际联盟的创始会员国。虽然威尔逊凭一己之力建立了国联，并得到诺贝尔和平奖，但因与英、法争夺领导权失败，美国最终未加入国联。1920年1月19日美国参议院拒绝批准《凡尔赛和约》及《国际联盟盟约》，并拒绝加入国联。但是劳合·乔治毫不费力地让议会通过了这项条约。下议院只有4名议员反对。美国退回到孤立主义，国际联盟则由英法两国操纵。

三、两次世界大战之间的英国

战争结束，400多万军队在一年内迅速复员，这促使了1919—1920年的英国的经济繁荣。为了恢复战前的经济模式，战时管制迅速被取消。英国政府希望运用自由放任原则来实现重建。自由放任制度在战前能使英国变得富有，可不幸的是，一战之后世界形势已经发生巨大变化，英国的生产效率已经不能遥遥领先于竞争对手，战后的世界市场已经被英国的竞争对手所瓜分。这种情形下，英国未能及时依靠自己的资源和人力在竞争中求生存，仍然天真地认为原有的世界贸易体系终将会自我恢复。

战后英国经济繁荣到1921年末突然破灭。造成经济的衰退原因包括政府削减开支、增加税收、初级产品生产过剩以及对世界市场的幻想等。从1922年到1929年，失业率跃升至200万，是战前失业人数的两倍。1920年，工会威

---

[1] 何炳松编. 欧洲大历史 下［M］. 天津：天津人民出版社，2018：555.

第十一章 20世纪的英国

胁要举行总罢工。政府不得不颁布《紧急权力法案（1920年）》，恢复战时紧急权力以应对威胁。1921年7月，政府伙同矿主挫败了煤矿工人大罢工，劳合·乔治失去了工人阶级的支持。政府则试图为工人阶级建造20多万套住房来缓和与工人阶级的关系。1920年和1922年通过的两个《失业保险法》将1911年保险计划的受众扩展到整个工人阶级。这种援助虽然减轻了工人阶级的不满，但却无法解决失业和低效率等根本问题。

实际上，爱尔兰问题是联合政府面临的最具爆炸性的政治问题。1918年，在埃蒙·德·瓦勒拉领导下，新芬党在英国议会中获得爱尔兰席位的大多数。1919年1月新芬党（爱尔兰语，意为我们自己，即爱尔兰人的爱尔兰）在都柏林市府大厦举行会议，成立爱尔兰议会，宣布成立爱尔兰共和国。德·瓦勒拉当选为共和国总统，并成立爱尔兰共和军，以武力争取独立。英国政府则以武力镇压。但这激起英国国内工人阶级的抗议，统治阶级内部也意见分歧。因此，1920年提出的第四个《爱尔兰自治法案》决定分割爱尔兰和相应建立两个议会。阿尔斯特接受了这一法案，但南方各郡对其置之不理，战争仍在继续。1921年7月11日，劳合·乔治与新芬党签订停战协定，并于12月6日缔结《英爱条约》，宣布爱尔兰南部26郡为自由邦，享有自治权利，而工业最发达的北爱尔兰6个郡则仍处于英国殖民地的地位。[①]劳合·乔治对爱尔兰的让步引起保守党的强烈不满。在斯坦利·鲍德温的领导下，保守党的后座议员们不顾联合政府的领导，决心按照政党路线参加下次选举。他们认为，劳合·乔治会像分裂自由党一样毁掉保守党。伯纳尔·劳对后座议员的支持注定了联合政府的失败。1922年10月19日，劳合·乔治辞职，伯纳尔·劳成为首相。1923年5月，劳因重病离职，由斯坦利·鲍德温继任首相。鲍德温的保守主义和朴实美德受到全国人民的欢迎。1923年12月，为了赢得实施保护关税的授权，鲍德温决定举行新的大选。此举鼓励了奥斯丁·张伯伦、阿瑟·鲍尔弗和伯肯黑德勋爵重新加入保守党，恢复了保守党的团结。但是此次大选也促使阿斯奎斯和劳合·乔治两派在自由贸易议题上团结起来，加强了自由党的实力。大选结果是保守党只得到258个席位，损失

---

① 丁建弘，孙仁宗. 世界史手册[M]. 杭州：浙江人民出版社，1988：383.

了90个席位，而工党得到191席，比上一次大选增加了50个席位。自由党两派加起来拥有158个席位，形成了势力平衡。由于阿斯奎斯拒绝与保守党结成联盟。1924年1月，鲍德温因得不到议会信任，不得不辞职。拉姆齐·麦克唐纳组阁建立英国历史上第一任工党政府。工党政府在处理失业和其他国内问题时表现出明显的经验不足。工党政府只在1924年颁布的《住房法案》上取得成功，但这也是继承了保守党的住房计划模式。10月，麦克唐纳政府在承认社会主义苏联的争议中垮台，保守党和自由党怀疑工党企图与俄国的布尔什维克党勾结，于是联起手来，迫使麦克唐纳举行了三年内的第三次大选。

在外交事务方面，巴黎和会之后，劳合·乔治带头召开国际会议，推动欧洲经济和金融重建，约翰·梅纳德·凯恩斯在他的《和平的经济后果》一书中对《凡尔赛和约》的控诉，试图减少协约国对德国的巨额赔款要求。凯恩斯的论点帮助英国改变了在德国赔款问题上的立场。但法国在德国赔款问题上依然采取强硬立场，英法之间出现裂痕。1923年1月11日，法国联合比利时，以德国不履行赔款义务为借口，出动10万军队占领德国的鲁尔工业区，酿成"鲁尔危机"和德国货币的崩溃。麦克唐纳首相则说服法国接受了美国银行家查尔斯·道威斯提出的稳定德国马克和使赔款支付制度化的方案。出于对边界安全的考虑，法国与比利时、波兰和捷克斯洛伐克建立了双边联盟，而不是像英国敦促的那样依赖集体安全。在1922年的华盛顿裁军会议上，英国放弃了传统的海上霸权，停止与美国和日本进行代价高昂的海上军备竞赛。英国、美国、日本、法国和意大利的战列舰比例分别为5∶5∶3∶1.75∶1.75。但是，这一条约并没有实现全面裁军，帝国主义列强之间的矛盾只是暂时得以缓解。

与此同时，穆斯塔法·凯末尔在土耳其发起的民族解放战争成功地打败了希腊入侵者，建立了大国民议会政府，废除了丧权辱国的《色佛尔条约》。劳合·乔治支持希腊人，但联合政府中的保守党人和意大利、法国反对用武力强行解决土耳其问题。凯末尔革命最终取得成功，土耳其共和国取代奥斯曼土耳其帝国。1923年7月24日，土耳其政府与协约国签订《洛桑条约》，用来取代《色佛尔条约》。这也标志着英国对土耳其政策的彻底失败。

一战后，英国政治的显著变化是，政治领袖不再来自相同的阶层或学校，也不再拥有相同的基本社会观点。政治身份越来越多地与经济利益联系在一起。右翼势力团结起来反对社会主义，崇拜传统的英国制度和价值观，倡导保守主义和有限的政府原则。左翼势力得到劳工的广泛支持，其领导人来自工会、社会主义团体和持不同政见的自由党。他们支持主要产业的国有化，反对金本位，支持海外集体安全，支持与苏联搞好关系，支持扩大社会服务。

1924年的大选中，保守党以411个席位轻松获胜，鲍德温再次组阁。自由党两派加起来才得到42席。工党则因为"季诺维耶夫信"事件受到打击。10月25日，距离大选投票还有四天，《泰晤士报》发表了一封据称是共产国际主席季诺维耶夫发给英国共产党的信。信中要求英国共产党员发动工人群众，促成工党政府与苏联正在进行的谈判。"季诺维耶夫信"将工党与俄国共产主义联系在一起。信件影射假如工党获胜将成为苏联布尔什维克的工具。在随之而来的选举中，工党只获得了151个席位，减少了40个席位。

大获全胜的鲍德温领导着团结一致的保守党和强势的内阁进入了英国发展的繁荣时期。1925年，英国的经济危机结束，德国经济在英美资本的支持下也稳定下来，英国的生产、利润和工资开始上升。财政大臣温斯顿·丘吉尔恢复了战前的金本位制。这导致英镑升值，阻碍了英国商品的海外销售，到1929年，英国年出口额甚至低于1925年的出口额。1928年颁布的《人民代表法》赋予妇女与男子平等的投票权。但政府在财政、教育和失业政策方面明显缺乏行之有效的政策。在社会立法方面，卫生大臣内维尔·张伯伦推动通过了21项法案。在政府的援助下，到1929年，建成40万套新住房。1925年的《寡妇、孤儿和老年退休金法案》降低了领取养老金的年龄资格，扩大了养老金的覆盖范围，提高了养老金支付标准。通过这个法案，去除了原有制度的免费性，在英国建立起缴费养老金制度，实现了养老金问题上权利和义务相结合的原则。

1926年5月3日，英国爆发工人全国总罢工以声援煤矿工人的罢工，参与罢工的人数最多时达到600万。一战后，英国采矿业长期处于亏损状态。煤矿工人的工资远远低于生活成本，但政府却准备终止补贴，矿主企图削减工资。劳资双方都不接受关于产业重组的西蒙报告。劳资矛盾不断升级，最终爆发全国性总罢工。由于鲍德温政府的强硬立场、工会领导层在罢工目的上的分歧以及缺乏公众支持，总罢工坚持了9天即宣告失败。鲍德温的个人声望达到顶峰。1927年颁布制定了《劳资争议与工会法》，宣布总罢工和一切同情性罢工为非法，禁止组织群众性的罢工纠察队，限制工会为政治目的募集资金的权利。结果，工会会员人数下降了近50%。它否定了1913年《工会法》的原则，即工会会员若不愿交纳政治捐款，必须公开签署声明表示不愿这样做。1927年的法律规定工会不可征收政治捐款，除非会员公开签署声明表示愿意这样做。法律的初衷是切断工会与工党的联系，但结果却适得其反。1929年大选中，工人们为报复1926年的失败和1927年的《劳资争议与工会法》，反而大批投了工党的票，使工党得以第二次掌权。[①]

麦克唐纳在1929年带领工党胜出大选，第二度筹组弱势政府。然而，同年在美国爆发的经济大萧条严重拖累英国经济，面对经济急速衰退，内阁却在经济政策上出现重大分歧，无法达成共识，结果麦克唐纳在1931年8月提出辞呈，同日获英皇乔治五世授意另组国民政府，实行与保守党及自由党筹组联合内阁，随后在同年9月决定英镑放弃金本位。

麦克唐纳自立国民政府的行动被工党视为一大"出卖"，并随即遭开除出工党，而党内更有人指责他为"叛徒"。被开除出党后，麦克唐纳创立支持度相当有限的国民工党，自任党魁，并谓另组国民政府的决定乃顾全大局之法。不过，国民政府虽由麦克唐纳留任首相，但却遭日益孤立，本土事务的决策大权更落入保守党手中。麦克唐纳在国民政府任相后期，曾在1933年于伦敦主持国际联盟的伦敦经济会议，试图透过与各国合力化解经济危机，但峰会最终因美国拒绝合作而流产。

麦克唐纳后期因健康问题于1935年辞去首相职务，但一直留在内阁供职

[①] 钱乘旦，陈晓律，潘兴明，陈祖洲. 英国通史 第6卷 日落斜阳 20世纪英国[M]. 南京：江苏人民出版社，2016：228.

至1937年5月。晚年的麦克唐纳始终未有获工党饶恕,他在1937年11月乘船前往南美洲休养途中在大西洋公海海域病逝。

残酷打压劳工运动最终还是影响到保守党的选情。1929年大选时,工党获得289个席位,保守党获得260个席位,自由党获得58个席位。工党第一次成为多数党,麦克唐纳筹组他的第二任弱势政府。然而,不到五个月,华尔街爆发的大萧条开始绵延到英国。到1932年,英国的失业人数超过300万。面对急速的经济衰退,内阁却在经济政策上出现重大分歧,麦克唐纳的财相斯诺登本身是自由放任经济政策的坚定支持者,他不赞成以赤字开支作为刺激经济的手段,而这正是大卫·劳合·乔治和经济学家凯恩斯等所坚持的。凯恩斯一再促请麦克唐纳应将英镑贬值25%,并停止以平衡预算作为处理经济的方针。由于无法达成共识,结果麦克唐纳在1931年8月提出辞呈,麦克唐纳在英王乔治五世的劝说下组成了包括四名工党人、四名保守党人和两名自由党人组成的国民政府内阁。工党政府垮台,麦克唐纳却仍留任首相。这一做法事先并未征得工党领导层的授权。工党对麦克唐纳的"背叛"感到愤愤不平,拒绝参加新政。国民政府在9月开始削减开支并放弃金本位制。在1931年11月的大选中,国民政府赢得了615个席位中的554个。工党只得到52席。随后,国民政府领导英国慢慢走出经济危机。凯恩斯主义的政府大规模干预经济以缓和商业周期的理论被美国的罗斯福新政所采纳,但在英国却没有。

1931年,选举标志着英国自由贸易原则的终结。第二年英国在渥太华帝国会议上,制定了帝国特惠制,实现了英国和大英帝国其他成员国间在贸易关税上相互优待。这些变化进一步分裂了自由党和工党的阵营,并导致三名内阁成员辞职,使"国民政府"成为一个压倒性的保守党政府,内政主要由斯坦利·鲍德温及内维尔·张伯伦等保守党高层掌控。1933年,英国的经济开始复苏,失业人口从300万下降到不足200万,国民生产总值比1929年增长10%。但英国经济的复苏不稳定,大规模失业集中在萧条地区,突显了贫困与繁荣的反差。《1934年特别地区法》试图将失业者转移到更繁荣的地区,这些都是缓解失业的温和举措。当时,英国政府并没有对一个200万公民找不到工作的经济体进行重大干预和改革。

1935年6月，麦克唐纳由于健康原因辞职，内阁实权人物鲍德温第三次组阁。同年，信奉和平主义的工党领袖乔治·兰斯伯里因反对工党支持国联制裁意大利而辞职，克莱门特·艾德礼成为工党领袖。艾德礼的任务是弥合党内在国防问题上的严重分歧。外交事务日益成为政府关注的焦点。拉姆齐·麦克唐纳一直在鲍德温手下担任内阁成员，直到1937年去世。

1936年1月20日，深受民众爱戴的乔治五世去世，他的长子爱德华八世继位。新国王希望和来自美国的沃利斯·沃菲尔德·辛普森夫人结婚，但是这个女人已经结过两次婚，英国舆论普遍反对这门婚事，于是首相鲍德温出面让爱德华八世做出选择：要么放弃辛普森夫人；要么放弃王位。国王选择放弃王位，演绎了一场"不爱江山爱美人"的爱情故事。爱德华八世也成为英国和英联邦历史上唯一自动退位的国王。12月12日，爱德华八世的弟弟约克公爵继承王位，即乔治六世。

1937年5月，鲍德温退休，后被册封为鲍德温伯爵。接替他的是内维尔·张伯伦。作为一名保守党元老，张伯伦曾在前五届内阁中任职，在社会立法领域继承了他父亲约瑟夫·张伯伦的传统，留下了自己的印记。迪斯雷利、约瑟夫·张伯伦、劳合·乔治和内维尔·张伯伦是二战后工党政府建立福利国家的建筑师。张伯伦具有丰富的内务训练和经验。然而，他上台时，英国的外交事务正处于至关重要的时期。张伯伦坚持把外交事务当作可以通过合理的协议和他认为公平和适当的行为规则来谈判的商业问题来处理。张伯伦失败的外交政策掩盖了他成功的国内政策。

四、帝国与外交

两次世界大战之间，英国在帝国事务上明显比在外交事务上更成功。在外交事务中，英国对安全的追求在洛迦诺条约[1]和凯洛格—布里安条约（即非战公约）中达到顶峰。此后，当日本、意大利和德国意识到集体安全意味着对强硬行动的集体恐惧时，他们采取了好战的外交政策。英法两国除了抗议

---

[1] ［瑞士］艾克. 魏玛共和国史 从洛迦诺会议到希特勒上台 1925—1933年 下[M]. 王步涛，钱秀文，译. 北京：商务印书馆，1994：3.

以外没有采取任何行动,这些独裁者变得咄咄逼人。对英国来说,30年代是一个动荡时期,英国失去很多机会。英国领导人认为,战争的风险比暴政的增长更令人恐惧。到1939年,绥靖政策在欧洲造成了暴政和战争。

英国的殖民政策经历了由帝国向联邦转化的过程。第一次世界大战极大地促进了印度民族资产阶级的发展。1919年颁布的《印度政府法案》使得印度获得部分自治权。法案规定,英属印度的立法权由总督和两院(国务会议和立法议会)组成的立法机关行使。国务会议由60人组成,其中26人由总督指派,34人选举产生;立法议会由145人组成,其中105人选举产生,其余为总督指派。各省实行"二元制"政治(或"双头政治"),即把各省行政管理划分为互不相涉的"保留的"和"移交的"两部分:警察、司法、财政税收等重要事务作为保留的部分由省督负责;卫生、教育、公共设施、农业等移交的部分由省督及各部长共同管理,部长由省立法会议选举,人数不限。总督和省督仍掌握统治大权,他们有权否决立法机构的决议和发布的命令。该法还规定,任命一个委员会每十年定期研究一次具体实施情况,审查是否给予印度进一步自治权限。但事实上后来除了3名印度人参加总督行政委员会外,改革并没有触及任何行政权。因此,该法案在省级层面引入了有限的责任政府,并建立一个由选举产生的两议院中央立法机构,但真正的权力保留给总督和执行委员会。印度人在地方一级取得了一定的权力,但是全印事务仍然掌握在英国人手中,这些让步微不足道,无法让圣雄甘地和国大党满意。①国大党批评、反对和抵制这一法案,甘地发起并领导了一场非暴力不合作运动。在20世纪20年代,印度的民族主义高涨,迫使英国1930—1931年在伦敦举行圆桌会议讨论印度的自治问题。但是,国大党领袖抵制了这次会议,只有甘地一人与会,会议没结束他就退出。1932年,甘地再次发起非暴力不合作运动,英国殖民当局逮捕并监禁了甘地。1935年8月2日,英国议会通过新的《印度政府法案》,向印度做出巨大让步。印度在邦一级建立责任制政府,实行自治,中央设立两院制议会,总督保留外交、国防、帝国等方

---

① [美]海斯,[美]穆恩,[美]韦兰. 全球通史 下[M]. 吴文藻,译. 天津人民出版社,2018:575.

面的权力,其他事务由议会处理。在各省建立了一个完全负责任的政府,并增加中央立法机构的权力。这意味着印度人得到了管理内部事务和地方事务的权力,他们有充分的力量参与议会选举。英国保守党认为该法案给了印度太多的自治权。工党和印度领导人谴责该法案没有达到英国政府承诺的统治地位。印度各进步政党强烈反对这个政府法案,尤其是联邦结构部分。英国不得不宣布,把法案中联邦结构部分搁置起来,先实行省自治部分。直到第二次世界大战后,该法案才得以全面实施。

第一次世界大战中自治领的反应是对英国自由主义帝国哲学的最高考验。和印度一样,四个自治领共派出150万人参战。1917年,帝国战争会议提出战后继续协商一致行动,但未能实现。战争激发了自治领的民族主义,战争造成的结果是分权,而不是集权。各自治领坚持签署和平条约,并作为独立的国家加入国际联盟,而不仅仅是作为大英帝国代表团的一部分。除了新西兰,其他自治领在查纳克危机中拒绝支持英国。爱尔兰开创了与华盛顿互派大使的先例,加拿大则在1923年3月与美国签署《比目鱼条约》,加拿大绕过英国直接与美国签约,划定了两国在北太平洋捕捞比目鱼的范围,这是自治领首次自行签订国际条约。1926年6月,英国殖民地部属下的自治领外交事务处升级为独立的部门。同年,帝国会议试图正式定义自治领和英国的关系。他们所依据的是枢密大臣贝尔福勋爵领导的起草委员会制定的《贝尔福报告》。该报告将自治领定义为"大英帝国内的自治社区,地位平等,绝不从属于另一个……因为对国王的共同忠诚而联合起来,并以英联邦成员的身份自由联合"。加拿大、澳大利亚、新西兰、南非、纽芬兰和爱尔兰自由邦都对这一界定表示满意。自治领和英国之间平等地位得到《威斯敏斯特法案》(1931年)的确认,该法令废除了1865年的《殖民地法律效力法》,并禁止英国议会在未经自治领同意的情况下向该自治领申请任何法案。《贝尔福报告》与1839年的《达勒姆报告》一样,是英国殖民地向独立政府演变的里程碑。显然,英国充分地吸取了美国独立战争的教训。

1923年,坚定的共和主义者新芬党领袖德·瓦勒拉放弃了用武力反对爱尔兰自治领地位的态度,转而计划从议会内部赢得他的目标。在他的呼吁下，爱尔兰内战结束。1932年，他接替温和派的科斯格雷夫上台执政，并通过无视总督、废除效忠王室誓言、结束向枢密院司法委员会的上诉以及发动关税战来减少爱尔兰对英国的经济依赖等措施，切断了爱尔兰与英国的剩余联系。1937年，爱尔兰"自由邦"宣告独立，建立爱尔兰共和国，但仍留在英联邦内。在其颁布的宪法中宣称对整个爱尔兰岛拥有主权。1938年，英国放弃了在1921年《英爱条约》中获得的位于爱尔兰南部的五个海军基地。1948年12月21日，爱尔兰议会宣布脱离英联邦。1949年4月18日，英国政府承认爱尔兰独立，但拒还北部6个郡，并将国名相应改为"大不列颠及北爱尔兰联合王国"。

鲍德温任职时期是两次世界大战期间英国外交事务中最有希望的时期。在两位能干的外交大臣奥斯丁·张伯伦和亚瑟·亨德森的领导下，英国积极参与改善与德国和法国的关系，并通过国际联盟支持集体安全。1924年工党政府已经承认苏联，并赞同关于解决德国赔款的道威斯计划。麦克唐纳甚至起草了和平解决国际争端的《日内瓦议定书》。尽管议会从未批准该议定书，但它所营造的国际和解氛围让新上任的保守党外交大臣奥斯丁·张伯伦得以继续在英、法、德之间实现和解。这种和解的产物就是1925年签订的《洛迦诺条约》，条约宣布，德、法、比互相保证德比、德法边界不受侵犯。还有通过外交、调解或仲裁解决争端的条款。这些条约的达成使张伯伦获得1925年的诺贝尔和平奖。由于英国在国际仲裁和裁军问题上犹豫不决，塞西尔勋爵最终辞去了鲍德温内阁的职务。1928年8月27日，英国签署了《凯洛格—布里安条约》（又称非战公约），该条约废弃以战争作为推行国家政策的工具，只能用和平方法解决国际争端或冲突。这是当时盛行于欧美的和平主义思潮的典型体现。

意大利、日本、德国和西班牙的法西斯主义者对仅仅基于条约或者道德制裁的集体安全并不感兴趣。武力和武力威胁没有得到国联大国和美国的有效回应，这主要是因为英国国内盛行的和平主义，对任何战争的恐惧以及对大萧条带来的国内问题的专注。三十年代的历史证明，英国和英联邦不会为国联权力的执行或和平条约的神圣性而战。希特勒和墨索里尼将这种态度解读为英国的政治颓废和军事软弱的标志。然而,当英国和大英帝国最终意识到国家存亡危在旦夕之时,他们会奋起反抗。

1931年,日本军队入侵中国东北三省,一战后的集体安全体制首先在亚洲遭到挑战。中国向国际联盟和美国发出呼吁,但双方都没有做出足以威慑日本的回应。由英国李顿勋爵领导的国联委员会谴责了日本,重申不承认伪满洲国,但对是否建议制裁犹豫不决。1933年,日本退出国联,并对中国发动进攻。在第一次重大考验中,国联未能采取有效措施维持和平。这引发连锁反应。

1932年2月,由60个国家参加的世界裁军会议在日内瓦召开。德国要求与其他大国平等,并威胁说,如果其他国家不裁军,德国就要重新武装起来。法国则坚持,只有集体安全得到保证才能裁军。德国的纳粹和民族主义者反对古斯塔夫·斯特来斯曼在20世纪20年代推行的和平政策。在会议上,由约翰·西蒙率领的英国代表团没有提出任何计划,也没有提供任何领导。英国对德国的同情多于对法国的同情。1933年1月,阿道夫·希特勒上台。10月,德国退出裁军会议和国际联盟。第二年,裁军谈判会议无限期休会。希特勒用重整军备取代和解,以更好地证明《凡尔赛和约》的"错误"。1935年,他公开违反条约,谴责裁军条款并实施义务兵役制。尽管英国、法国和意大利提出抗议,并要求国联谴责这一行动,但没有采取进一步措施阻止德国重新武装。作为回应,1935年6月18日,英国与德国签订海军协定,德国海军舰艇总吨位不超过华盛顿海军条约和伦敦海军条约所规定的英联邦国家海军舰艇总吨位的35%。这实际上满足了希特勒要求废除《凡尔赛和约》军备条款的愿望。觉得受到疏远的法国只能与苏联签订了双边防御条约,以加强自身安全。

英国舆论反对国家重整军备,反对政府对侵略行动采取军事行动。麦克唐纳和鲍德温采纳了这一观点,1934年开始的全国和平投票揭示了这一点。超过1100万选民赞成通过国际联盟进行国际裁军和维护集体安全。由乔治·兰斯伯里领导的工党敦促政府维护集体安全,同时他又反对政府重整装备。保守党则一方面顺应民意,支持国际联盟维护集体安全;另一方面又认识到增加国防力量的重要性。从1936年到1939年,鲍德温每年都要求增加军备开支,实施了一系列重整军备计划,还对英国皇家空军进行重组和扩张。

1935年10月,意大利入侵埃塞俄比亚,尽管国际联盟对意大利只实施了温和的经济制裁,这还是激怒了意大利。1935年12月,英国外交及联邦事务大臣塞缪尔·霍尔和法国总理皮埃尔·赖伐尔密谋割让埃塞俄比亚三分之二的领土来换取意大利合作的《霍尔赖—伐尔协定》,以安抚意大利,防止欧洲爆发全面战争。这一协定被媒体披露出来,引起英国公众舆论的强烈谴责,认为这是对国际联盟和集体安全的背叛。12月,霍尔辞职,鲍德温任命安东尼·艾登为外交大臣,以安抚公众情绪。1936年5月,墨索里尼完成了对埃塞俄比亚的征服,并在1937年12月轻蔑地退出国际联盟。埃塞俄比亚危机将欧洲分成两个阵营,促使墨索里尼在1936年与希特勒结盟,建立罗马—柏林轴心。由于没有对侵略采取有效的行动,1936年以后国际联盟的威信丧失殆尽。霍尔赖—伐尔计划表明大国将牺牲小国以避免一场全面战争。此后,在维护集体安全体制失败后,各国只得寻求自我安全。比利时宣布成为中立国家,波兰既与法国结盟,也与德国结盟。

当西方列强忙于意大利的侵略时,希特勒借机单方面破坏《凡尔赛和约》和《洛迦诺条约》,派军进驻莱茵非军事区。英国公众和政治舆论都不支持对德国实施军事或经济制裁。没有英国的支持,法国也不愿意采取行动。国际联盟理事会谴责德国违反国际条约,但不建议采取进一步行动。英国不想冒战争的风险来支持国际联盟的集体安全体系。

1936年7月,西班牙内战的爆发进一步使欧洲分裂为法西斯阵营和非法西斯阵营。为了防止这场冲突演变成一场全面战争,鲍德温内阁在法国的支持下带头成立不干涉委员会。这种不干涉有利于西班牙内战的叛军,意大利和德国则继续蔑视不干涉协议,慷慨援助弗朗西斯科·佛朗哥的叛军。只有苏联公开支持西班牙共和国政府。丘吉尔猛烈抨击鲍德温迟迟不重整军备,但内阁中仍弥漫着倦怠情绪。人们一直希望不发动战争就能安抚独裁者。西班牙战争在意识形态上的影响分裂了英国政治,使英国政治陷入困境。英国政府则被批评者谴责为有利于法西斯主义的阶级利益工具。

张伯伦从成为首相的那一天起，外交政策就成了他最关心的问题。张伯伦身边围绕着志同道合的顾问，如哈利法克斯勋爵、内维尔·亨德森、塞缪尔·霍尔和约翰·西蒙。张伯伦相信，希特勒的野心有限，可以通过合理的协议而不是武力，满足其胃口，就可以赢得和平，这就是张伯伦推行其绥靖政策的逻辑假设。但不幸的是，希特勒的外交方式与张伯伦的行为准则格格不入。张伯伦可能通过绥靖政策把战争推迟了一年，但是这种拖延更有助于德国的重新武装。1939年，英国建立了一支有效的空军并赢得大英帝国成员国的支持，这两方面在1938年都是英国所缺乏的。

张伯伦的绥靖政策构想是找到令人满意的条件，在中欧、军备和殖民地问题上与德国实现总解决，以实现欧洲和平。1938年4月16日，英国与意大利签署《罗马协定》，双方都承诺不扩大其在地中海东部的基地，英国承认意大利对埃塞俄比亚的主权，意大利则承诺从西班牙撤军。张伯伦希望通过和平解决与希特勒的盟友墨索里尼的争端，以强化与希特勒谈判中的地位。自1934年以来，纳粹一直威胁奥地利领导人。1938年3月，希特勒公然使德奥合并，用武力占领了奥地利。总理许士尼格的援助呼吁没有得到意大利、法国、英国的支持。英国政府只是例行公事地表示抗议。希特勒的扩张野心再次得到纵容，把侵略矛头指向捷克斯洛伐克。

1938年9月，张伯伦在贝希特斯加登会见了希特勒，同意在自决的基础上将苏台德区割让给德国。一周后，张伯伦在戈德斯堡与希特勒会谈时，得到的却是希特勒对苏台德区的新要求。当戈德斯堡备忘录被英国、法国和捷克斯洛伐克拒绝后，希特勒承诺将苏台德区作为他最后的领土主张，并主动提出与张伯伦、墨索里尼和法国的爱德华·达拉第会面。1938年9月22日，希特勒、张伯伦、达拉第和墨索里尼在捷克代表不在场的情况下决定了捷克斯洛伐克的命运，签订了《慕尼黑协定》。[1]苏台德地区割让给德国以换取捷克斯洛伐克其他版图的完整性，英、法两国为避免战争爆发，牺牲了捷克斯洛伐克的利益。同一天，英德两国还签署一项共同宣言，承诺用协商的手段解决两国关系的一切问题，"永远不再投入彼此间的战争"。同年12月6日，法德

---

[1] 王绳祖. 国际关系史[M]. 北京：世界知识出版社，1995：372.

两国也签署了一个内容类似的宣言。回到伦敦的张伯伦，在机场上受到民众的热烈欢迎，他挥舞着协定得意地宣称："我带来了整整一代人的和平！"很快，《慕尼黑协定》就成为张伯伦一生的笑柄。1939年3月，希特勒违背《慕尼黑协定》的承诺，出兵占领捷克斯洛伐克全境。英法却拒不履行保证捷新边界的义务，这加速了世界大战的爆发。

五、第二次世界大战

1939年9月1日，纳粹德国闪击波兰，欧战爆发，拉开第二次世界大战的序幕，1940年英国再次组成几乎具有无限权力的联合政府，在温斯顿·丘吉尔的领导下奋起抵抗。第二次世界大战对于英国来说是一场生存之战，因为希特勒的目标是征服欧洲，而不仅仅是称霸欧洲。空中力量的出现终结了岛国地位和海上霸权的优势，而这些优势在以往的欧洲冲突中保护了英国。战争初期轴心国占优势，迫使反法西斯力量结成反法西斯联盟并扭转了战局。对英国来说，打败德国几乎是得不偿失的胜利，因为战争的胜利结束了英国作为一流强国的地位。

慕尼黑事件后，英国又恢复了与弱国结盟对抗强国的外交原则，以防止欧洲大陆被单一大国统治。同时，英国也启动了重整军备和民防的应急计划。1939—1940年的巨额国防预算加速了英国重整军备。英国健全了雷达防御系统并扩充了空军。1939年英国生产了8000架飞机，而一年前只有3000架。当战争爆发时，英国改革和扩充了海军，使英国皇家海军的实力远远优于德国舰队。英国陆军由5个师扩充到35个师。但《慕尼黑协定》造成英国外交和国际道义上的重大损失。英国竟然支持欧洲最强大的国家而非弱小的国家，法国也未能遵守与捷克斯洛伐克的同盟关系，导致英国和法国的东欧集体安全体系瓦解。英国意识到问题的严重性，急切地寻求新的军事联盟。英国分别向波兰、希腊、罗马尼亚以及土耳其做出安全保证。但在当时的形势下，英国如果不与苏联结盟，东欧安全体系实际上是无效的。可惜的是，英国和苏联之间的互不信任阻碍了这一协议的达成。《慕尼黑协定》加强了苏联对英、法动机的质疑，怀疑这是英法祸水东引，鼓励希特勒向东扩张的阴谋。面对一触即发的国际形势，苏联不得不改变自己的外交政策，由追求集体安全变为追求自身安全。8月23日，苏德签订为期10年的互不侵犯条约。比起与英国和法国结成不确定的联盟，斯大林为苏联赢得了更多时间，希特勒则消除了两线作战的危险。1939年9月1日，德国军队闪击波兰，第二次世界大战拉开序幕。

德国入侵波兰后，英法两国履行了对波兰的承诺，9月3日，英国和法国向德国宣战。德国地面和空中的闪电战很快就击溃了装备老旧的波兰军队。9月17日，苏联从东部进攻波兰，9月29日波兰放弃抵抗。这期间，英法都没能派兵进入波兰。根据《苏德互不侵犯条约》的秘密议定书，德国和苏联瓜分波兰。接着，苏联又占领波罗的海沿岸三国爱沙尼亚、拉脱维亚和立陶宛，并在11月入侵芬兰，1940年3月芬兰投降。苏芬战争中苏联军队的拙劣表现给希特勒一个错误印象，苏联军队实力较弱。战争爆发后，西线却出现奇怪战争局面。英法两国军队躲在精心设防的马其诺防线后面，面对德国的齐格弗里德防线，双方宣而不战，这种局势一直持续到1940年5月德国大规模进攻西欧为止。在海上，英国利用强大海军力量对德国出海口实施全面的海上封锁，希望扼杀德国的经济，迫使德国妥协。

在对德宣战的同时，张伯伦改组了内阁，一些强硬派的人物进入战时内阁。丘吉尔担任海军大臣并主持军事协调委员会，艾登担任殖民事务大臣。张伯伦虽然仍为首相，但是影响力却大为减弱。很显然，作为首相张伯伦明显缺乏领导战争所需的素质。为了应对战争，张伯伦在国内设立了航运、食品和劳工部，但却拒绝成立经济计划部。张伯伦对国内经济向战时生产的缓慢过渡也没有表现出不安，反而对战争表现出盲目的乐观。

1940年4月，德国入侵挪威。英法组成联军企图在挪威登陆，但以失败告终，5月7日挪威陷落。这在议会引发了工党对张伯伦的愤怒指责。工党表示愿意加入联合政府，但不是在张伯伦的领导下。1940年5月10日，张伯伦辞职，并建议乔治六世任命自己的政治对手温斯顿·丘吉尔为首相。张伯伦同意进入丘吉尔的内阁，从而避免了保守党如一战时劳合·乔治接替阿斯奎斯成为首相时的党派分裂。由保守党、自由党和工党组成的新联合政府成立，由5人组成的小型战时内阁（后来是9人）领导。

1940年5月10日，德国向比利时和荷兰发起进攻，横扫西欧。德国的闪电战驱散了弥漫在英法上层的一切幻想，即此次战争和一战一样会发展成壕堑战和经济战。德国出其不意地穿越卢森堡和比利时交界的阿登山区，绕过法国人引以为傲的马其诺防线，突击法国。荷兰和比利时军队先后投降。到5月12日，古德里安的三个装甲师攻占法国著名要塞色当。随后德军又强渡马斯河，打开了通向巴黎和英吉利海峡的大门。23日，德国军队已经把几十万英国远征军和一些溃败的法国部队围困在敦刻尔克。此时也许是希特勒自己也没有想到西欧战事会如此顺利，害怕是盟军设置的陷阱，于是下令德国装甲部队停止进攻，"敦刻尔克之敌将全部留给戈林元帅的空军去解决"。丘吉尔政府利用这个千载难逢的机会，动用一切可以使用的船只，实施了敦刻尔克大撤退。33.8万名士兵被887艘私人和皇家海军舰艇疏散到英国各地。尽管所有重型装备都丢弃在海滩上，但英法军队的有生力量得以保存，这成为日后反攻欧洲大陆的主力。6月10日，意大利加入轴心国作战，从南部进攻法国，以分享战利品。6月14日，巴黎陷落。6月22日，法国的贝当维希法国政府接受了侮辱性的停战条款，号称世界第一陆军强国的法国投降。英国和英联邦（除了中立的爱尔兰）只能独自面对希特勒的百万兵锋。

英国人拒绝了希特勒的和平提议，并全力准备抵抗纳粹德国的跨海入侵，希特勒把这一计划称之为海狮行动。海狮行动的第一阶段是获得对英国和英吉利海峡的制空权。7月，当德国空军试图摧毁英国皇家空军并打击英国士气时，人类历史上最大规模的空战——不列颠空战开始了。在三个月的时间里，每天都有多达1000架轰炸机空袭英国，之后的六个月里每晚都有飞机空袭英国。德国空军的攻击目标是英国城市，戈林的空中闪电战造成英国大量平民伤亡和财产损失，但英国军民的抵抗意志从未动摇。规模虽小但实力雄厚的英国皇家空军每损失一架飞机就能击落三架德国飞机。希特勒非但没有赢得制空权，反而损失了一半以上的精英飞行员。10月，希特勒不得不取消了入侵英国的计划，转而进攻巴尔干半岛和苏联。英国中东总司令韦维尔将军在埃及和利比亚轻松战胜意大利军队，这也鼓舞了英国人的士气。

到了1941年，整个欧洲西海岸都处于德国人的控制之下，希特勒将他的潜艇和空军集中在北大西洋和地中海以封锁英国。到1941年6月，英国每月有超过50万吨的船只被击沉，损失速度之快，即使是海上霸主英国也无法弥补。如果食物、燃料和其他生活必需品无法运抵英国，英国只能被迫投降。为了避免这种情况出现，美国的罗斯福总统放宽了1935年美国中立法的严格限制，开始向英国提供援助。1940年9月，美国给了英国50艘超龄驱逐舰，以换取英国在大西洋西部8个空军和海军基地的长期租赁权。最终，美国控制了格陵兰岛和冰岛，并开始在大西洋航道上巡逻。1941年3月，《租借法案》授权罗斯福将美国资源分配给任何对美国安全至关重要的国家。1945年7月，美国向英国和其他盟国提供的补给达到450亿美元。

1941年，德国入侵苏联和日本偷袭美国珍珠港，英国最终获得两个主要盟国。战争也从欧洲战争演变为全球性战争。苏联和美国的参战最终扭转了同盟国的战略劣势，导致轴心国的失败。从长远来看，德国和日本的过度扩张是致命的错误，战略上的失误超过了战术上的收获。1942年1月1日，美、英、苏、中等26国在华盛顿发表的《联合国家共同宣言》，宣言表示坚决抵抗德、意、日法西斯侵略，决不和敌国单独议和，此宣言标志着国际反法西斯联盟正式形成。

1941年4月，德国成功入侵巴尔干半岛，拯救了深陷阿尔巴尼亚的意大利军队。1941年6月22日，在德军南翼的掩护下，希特勒对苏联发动突然袭击，目的是在冬季来临之前歼灭苏联军队。德国150个师沿着1600英里的前线发动进攻，但遭到苏军前所未有的英勇抵抗。到了年底，莫斯科和列宁格勒等关键目标仍掌握在苏联手中。

1941年12月7日，日本袭击美国珍珠港海军基地后，英国和自治领向日本宣战。英国和美国现在是正式盟友。在接下来的六个月里，日本迅速占据东南太平洋，并夺取了英国的殖民地香港、马来亚、新加坡，从而威胁到印度，并封锁了缅甸公路和对中国的物资供应。菲律宾和荷属东印度群岛也被占领，并试图入侵澳大利亚。直到1942年底，盟军一直处于守势，在每条战线上都遭受连续失败。在苏联，德国的春季攻势已经进逼到斯大林格勒，一旦失去斯大林格勒，通往高加索油田和中东的门户将被打开。在北非，英国军队被隆美尔的非洲军团接连击退，退守开罗。在太平洋，更是没有国家能遏制日本的扩张。在此期间，丘吉尔和罗斯福同意优先考虑欧洲战场，统一英美的军事和经济行动，并建立了统一的军事指挥机制。1942年夏天，轴心国在北非、苏联和太平洋战场的优势达到顶点。假如纳粹德国在埃及和斯大林格勒的胜利可能会迫使英国撤离中东，继续向东进攻，就可能实现德、日军队在印度的汇合。然而，在这三条战线上轴心国的进攻都被遏制住，盟国成功实施反攻。与前三年相比，英国在战争中的作用被苏联和美国的强大实力所掩盖。

1942年10月，蒙哥马利将军率领英国第八集团军在阿拉曼战役击溃隆美尔的北非军团，这成为北非战场的转折点。隆美尔被迫向北非撤退。在撤退的过程中，英美两栖部队实施"火炬计划"，在非洲西北部登陆，包围德军。经过突尼斯战役的激烈缠斗，德军于1943年5月投降。超过25万名德国和意大利军队被俘，盟军在北非战场取得最终胜利。欧洲的"软肋"——意大利和巴尔干半岛——暴露在盟军的攻击之下。

苏军取得关键的斯大林格勒保卫战的胜利，这成为苏联战场的转折点。1943年1月，精锐的德国第六集团军被摧毁，德国和意大利军队损失超过150万。随后，苏军在广阔的战线上开始了持续的反攻，直到1944年，所有的入侵者被赶出苏联。

在太平洋战场，英国向印度的增援部队最终在缅甸北部拦截并击溃日军。1942年5月7日的珊瑚海战役和6月4—7日的中途岛战役给日本舰队造成严重的损失，并挫败了日本对澳大利亚和夏威夷的进攻计划。1942年8月7日到次年2月9日，美国和英联邦军队成功登陆瓜达尔卡纳尔岛和周边太平洋岛屿。

1943年，盟军在遭受了超过400万吨的船只损失后，终于赢得大西洋战役的胜利。美国的造船业开足马力在1943年底新制造的船只吨位终于超过了损失。雷达、深水炸弹、快速护卫舰和飞机掩护等新武器和新战术的使用最终打破了德国潜艇的威胁。1943年,盟军在欧洲也获得制空权。英国和美国的轰炸机日夜不停地轰炸德国城市,许多城市被夷为平地。然而,大规模的战略轰炸对德国人的士气和生产几乎没有影响。

自1942年以来,斯大林一直坚持在欧洲开辟第二战场,以减轻德国对苏联战线的压力。由于当时没有准备好对德国发动大规模进攻,英美军队于1943年7月在西西里登陆,两个月后攻入意大利。墨索里尼辞职,意大利投降。

1944年6月6日,近20万盟国先头部队渡过英吉利海峡在法国的诺曼底登陆,成功开辟欧洲第二战场。20天之内,100万盟军部队涌入法国,迅速解放了巴黎和法国西部。到1944年底,法国几乎完全解放。德国在比利时的猛烈反攻——阿登战役只是暂时减缓了盟军的前进速度。

到1945年1月,苏联红军已经挺近德国东部。4月19日,红军攻入柏林。同时,盟军越过莱茵河,到达工业重镇鲁尔。4月25日,苏美军队在易北河会师,将负隅顽抗的纳粹德国拦腰截为两段,但希特勒准备负隅顽抗。1945年5月7日,德国人在兰斯向艾森豪威尔将军无条件投降,欧洲战争在第二天正式结束。希特勒在被苏联军队围困的柏林自杀,墨索里尼在米兰被意大利人枪杀。9月,日本也无条件投降。历时6年的世界反法西斯战争以盟军的彻底胜利告终,英国在战争中再次成为战胜者。

事实证明,第二次世界大战使英国社会和经济上实现了巨大的平等。英国所有阶级都共用防空洞,受到同样严格的配给控制。税收负担最重的是英国的中上阶层。具有讽刺意味的是,战争降低了英国的失业率,并大幅提高了工资水平。到1944年,每9名劳动力中,就有2名在武装部队服役,3名在战时生产部门。与第一次世界大战一样,英国中央政府的权力再次几乎无限膨胀,尽管与第一次世界大战相比,中央政府对个人权利表现出更多的宽容。1939年和1940年的英国的《紧急权力法案》授予政府广泛的公共安全和战争指挥的控制权。

战争期间,同盟国召开了多次会议,首先是制定击败法西斯轴心国的战略,然后是如何处理战败国以及战后国际秩序的安排。就前者达成一致要比就后者达成一致更加容易。到了战争后期，随着胜负的天平越来越有利于同盟国，资本主义民主国家和社会主义国家间意识形态的分歧也越加明显。

在1945年2月的雅尔塔会议上，斯大林在谈判中处于有利地位。苏联已经控制了东欧，苏联军队正在逼近柏林，而英美军队还没有越过莱茵河。此外，英美都认为，苏联对日作战对最终击败日本至关重要。最终，美苏英三巨头在雅尔塔会议上相互妥协。由苏美英法四国军队分区占领德国；审判德国战犯；关于德国赔款问题，会议决定德国应以实物偿付，苏联将获得赔偿总额的一半。关于远东问题，斯大林同意在欧洲战场结束后两三个月内参加对日作战。1945年4月12日，罗斯福去世，杜鲁门继任总统。由于在英国大选中失败，丘吉尔不得不在会议进行到一半时让位给艾德礼。因此，在波茨坦会议时，前三巨头中只剩下斯大林。波茨坦会议确认了在雅尔塔提出的关于占领德国的基本原则、波兰的西部边界以及对日作战问题。

第二次世界大战结束前，同盟国就采取一系列措施着手建立一个新的国际组织以取代名誉扫地的国际联盟。1943年11月，联合国救济和善后管理局（救济和善后管理局）成立，负责处理第二次世界大战中受害者的善后救济工作。1944年8月，英、美、苏三国代表在华盛顿的敦巴顿橡树则举行会议，讨论起草关于建立战后国际组织的具体方案。1945年4月25日，反法西斯同盟国中、苏、美、英等51个国家在美国旧金山召开联合国宪章制宪会议，6月23日签订联合国宪章。10月24日，联合国宪章开始生效，联合国宣告正式成立。美国、苏联、英国、法国和中国是五大常任理事国。安理会常任理事国拥有一票否决权。

德国战败后，盟军最高指挥部的下一个目标就是尽快击败日本。5月，英国第14军占领仰光，解放缅甸。2—6月，美国军队先后占领硫磺岛和冲绳岛，并准备进攻日本本土。1945年8月6日，美国在广岛投下一颗原子弹，三天后又在长崎投下一颗原子弹，战争突然结束。8月8日，苏联对日宣战。8月15日，日本政府宣布无条件投降。9月2日，在停泊于东京湾的美国战列舰"密苏里号"上举行了隆重的受降仪式。

英国人从温斯顿·丘吉尔身上发现了领导战争所需的非凡品质。丘吉尔不屈不挠的精神和激动人心的演讲支撑着英国人民的必胜信心，英国曾一度独自对抗不可一世的希特勒第三帝国。1940年5月13日，丘吉尔首次以首相身份在下议院发表讲话："我没有别的，只有热血、辛劳、眼泪和汗水献给大家。你们问：我们的目的是什么？我可以用一个词来答复：胜利，不惜一切代价去争取胜利，无论多么恐怖也要争取胜利，无论道路多么遥远艰难，也要争取胜利，因为没有胜利就无法生存。"丘吉尔建立的联合政府战时内阁比以前的任何内阁都更具有代表性。他邀请工党领袖克莱门特·艾德礼担任副首相，欧内斯特·贝文担任劳工与国家服务大臣。丘吉尔本人则兼任国防大臣，并接管了外交大臣的许多职能，他更喜欢直接与罗斯福和斯大林打交道。他成功地将政治家和士兵之间的摩擦最小化，其表现远比阿斯奎斯和劳合·乔治在第一次世界大战中所做的要好。丘吉尔还特别重视英国的影响力，使英国在战时和战后都充当了世界大国的角色。

1945年，二战终于结束了。在英国，没有人希望回到1939年那种充满失业和保守的社会氛围。这场战争使英国民众的思想出现革命性的变化，他们现在希望国家继续干预经济，以提高生活水平。因此，选民给了工党一个引入福利国家的机会，而领导英国取得战争胜利的丘吉尔和保守党则被选民抛弃。

英国民众相信，战争期间国家干预能够降低了失业率，战后运用国家计划实施社会和经济重建也可以使英国变得更加美好。强调国家干预的凯恩斯经济学也变得受人尊敬并成为主流经济学。1942年的斯科特报告，建议国家制定一整套农业长期稳定发展的战略规划，以此确保本国粮食的市场稳定。同年颁布的《就业政策白皮书》承诺对充分就业进行补贴。1942年的《贝弗里奇报告》提出了扩大社会保障的建议，建立所有人的"从摇篮到坟墓"的针对贫穷、疾病、失业和无知的全面保障，引起社会热烈反响。二战时，英国的社会心理状态与一战时已大不相同。一战时人们的希望是回到战前安定繁荣的时代，而二战前长期的萧条留给人们的却是痛苦的回忆。因此，人们期望二战后的英国应是一个与二战前不同的，有着更适合生活的较好环境的英国。当《贝弗里奇报告》在1942年11月正式出版时，立即成为空前的畅销书。①这份报告成为福利国家的宪章,为战后的社会改革提供了原则和方向。1944年,巴特勒的《教育法案》将义务教育的年限延长到15岁,设立全国性的教育领导机构——教育和科学部,以加强中央对教育的集中领导。

到1945年,英国人相信对军事胜利至关重要的系统规划,也可以在和平时期为重建和社会正义的目标服务。谁也不想回到战前的状况。这种国民情绪在对受欢迎的联合政府的否定和对工党的压倒性支持中得到了决定性的体现。

欧洲战场结束后,丘吉尔倾向于继续维持联合政府,但工党决定退出联合政府。尽管工党不遗余力地支持丘吉尔的战时政府,但对丘吉尔以及保守党的战后重建计划存在巨大分歧。5月29日,丘吉尔辞职,宣布举行大选。竞选中,丘吉尔用他雄辩的言辞抨击曾经的工党同僚,并警告全国人民,社会主义与警察国家的极权主义是不可分割的。而民众更加关注工党的竞选宣言《让我们面对未来》。该宣言就住房、充分就业和社会保障提出了令人信服的建议。②在这些问题上,保守党含糊其辞的表态让许多选民回想起30年代保守党糟糕的政绩,尽管丘吉尔与30年代保守党的糟糕表现没有直接关系。英国选民们寻求的是伟大的社会重建计划,而不是一个伟大的战时首相。7月5日大选结果揭晓,工党获得393个席位,保守党获得189个席位,自由党仅赢得11个席位。变化之大令每个人都感到惊讶。7月26日,勤奋、善于和解、谦虚的工党领袖克莱门特·艾德礼成为首相。工党第一次获得了稳定的议会多数席位,从而获得了实行重大改革的授权,一个新英国即将出现。

六、当代英国

第二次世界大战使英国沦为二流强国。英国抵抗了纳粹德国的疯狂进攻,但付出的代价如此惨重,以至于这场胜利对英国来说近乎得不偿失。通

---

① 陈晓律. 英国福利制度的由来与发展[M]. 南京:南京大学出版社,1996:116.

② 毛锐. 撒切尔政府经济与社会政策研究[M]. 济南:山东人民出版社,2014:68.

过战争，美国和苏联崛起为两个新的超级大国，这意味着，五个世纪以来西欧第一次不再是世界政治和军事中心。英国有能力适应这种从伟大到衰落的转变，并将一个拥有5.5亿臣民的帝国转变为一个自治的、自愿的、以非白人为主的英联邦，这显示了英国在制度上的灵活性和连续性。英国社会发生迅速变化，所有公民的权利和利益日趋平等化。英国人民再一次通过妥协和接受选举结果来解决分歧，从而消除了因阶级差异可能带来的冲突。可以说，英国成熟的政治体系经受住了战后形势迅速变化的挑战，其实力的衰落并没有导致其影响力的相应下降。作为英联邦人民和国家的纽带，英国在1945年之后所承担的全球承诺和义务远比两次世界大战之间承担的类似义务要广泛得多。进入20世纪70年代，英国的首要任务显然已经转移到加入欧共体和维护西欧安全的谈判上，如果有必要，英国将牺牲英联邦和其他地方的军事利益。

"帝国的伟大正在消亡；福利国家即将到来。"自从第二次世界大战使英国人民相信计划经济的有效性后，工党政府立即试图通过国有化和广泛的社会服务来实施计划经济。在战后最初几年里，英国挺过了由于战争结束所带来的严重经济危机。为了恢复经济，英国实行了9年的定量配给和严格管制。当保守党在1951年重新掌权时，进一步国有化的政策被抛弃，但工党实施充分就业和社会服务的政策得以继承下来。在50年代，英国经济恢复并出现一定的繁荣。

对于严重依靠世界贸易生存的国家来说，1945年英国的经济形势是令人绝望的。为了赢得战争，英国限制国内消费，并严格限制出口，出口市场消失殆尽。海外投资和海运的无形收入损失巨大，一半的商船被摧毁，工业生产设备需要更新以满足和平时期的需要。国家债务增加了两倍，达到230亿英镑，黄金和美元的储备首次降到危险的低水平。扩大生产以满足国内需求和促进出口赚取美元，保持国际收支平衡成为当务之急，但产业转型需要时间、计划和金钱。1945年8月，美国突然停止"租借"计划，英国不得不寻求额外的贷款，以便从美国购买食品和机器。经过艰苦谈判，英国从美国获得37.5亿美元贷款，从加拿大获得11.25亿美元信贷，从而渡过战后初期的难关。从1948到1951年，美国根据"欧洲复兴计划"（马歇尔计划）为英国提供了超过20亿美元的赠款和贷款。

英国战时的限制和工业管制被保留下来，以增加出口和维护国际收支平衡。工党政府完全控制了外汇。为了促进出口，英国进出口都实行许可证制度，并颁布了工业生产管制法令，限制国外旅行，对奢侈品进口征收惩罚性关税。对肉类、糖、汽油、烟草和服装实施定量配给，并在1947年的紧缩预算中进一步延长。

1946—1947年间，工党政府履行其竞选承诺：英格兰银行、煤炭、电力和天然气公司、国内外航空和运输服务通过立法实现国有化。上议院对钢铁国有化法案的反对促使工党修改了1911年的议会法，将上议院否决立法的权力进一步缩短为一年。1949年钢铁企业最终实现国有化。这些国有化措施被认为是战时对工业集中管制和规划在战后的合理延续。然而，事实证明，国有化并不是解决工业弊病的灵丹妙药。企业虽然国有化了，但是管理层基本上仍然是同一批人在管理，员工们感受不到由于所有权的变化而应有的归属感。就业率的确有所改善，但希望通过国有化来提高产量和生产效率的期望始终没有实现。

战后工党政府的最大成功是把英国建成了世界上第一个福利国家。工党通过给予全体国民更全面的社会公正和更大的安全保障从而缓和了20世纪初剑拔弩张的阶级紧张关系。"艾德礼以和平的方式实现了丘吉尔在战争中所取得的辉煌成就：一种民族团结的精神和社区意识，能够超越现代生活中强大的分裂力量。"1938年至1950年间，随着国家承担起保障公民经济和身体健康的责任，用于社会服务的公共开支几乎翻了一番。当然，这些公共开支的增加归因于国民收入再分配的调整。因此，有批评者认为，实行最大限度的福利不利于最大限度地提振生产和提高国民收入。

1946年的《国民保险法》吸收了《贝弗里奇报告》中的许多原则，使几乎每个公民都可以享有失业、生育、死亡、孤寡和退休等方面的保障。保险资金由雇员和雇主共同负担，每个雇员从16岁到退休每周都要缴纳一定款项，雇主也是如此。1946年的《工业伤害保险法》用一个全面的缴费计划替代了雇主的赔偿责任,由政府承担了所有工业事故的赔偿责任。1946年的《国民保健服务法》为民众提供免费医疗服务,努力保证民众享有一定的健康标准。1948年的《国家援助法案》废弃了备受诟病的《济贫法》,由国家承担起照顾穷人的责任。战争期间500万幢房屋被轰炸破坏或摧毁,为流离失所的民众提供必要的住房成为当务之急。由安奈林·贝万推动先后在1946年和1949年出台两个《住房法案》,决定在1950年前建造80万套,修缮33万套保障性住房,供中低收入者居住。1947年的《城乡规划法》,规定地方政府具有编制城市发展规划的法定职能。从这项法律开始,城市规划才真正获得对城市范围内的所有开发建设活动实施全面管制的权力,几乎所有的开发活动都必须申请政府规划许可。

1950年大选中工党再度取胜,艾德礼得以连任,不过工党在议院的多数优势已经大幅收窄,只多出6个席位,这使艾德礼的第二个任期充满困难,只有在1950年汇率改善和1951年成功举办的"英国艺术节"时才有所缓解。随着朝鲜战争的爆发,军备开支增加导致税收和物价的上涨。是重新武装还是继续扩大社会服务?政策的分歧分裂了工党。斯塔福德·克里普斯爵士因病退休和欧内斯特·贝文去世进一步削弱了工党的实力。1951年4月,工党左翼领袖安奈林·贝万和哈罗德·威尔逊辞去内阁职务。工党内部的分歧加剧。工党左派以安奈林·贝万为首,要求进一步进行国有化,更加务实的艾德礼、贝文等主要领导人则表示拒绝,左、右派之间的隔阂越来越深。当艾德礼在1951年10月宣布举行大选时,工党明显缺乏以前的动力和团结。选举结果是保守党以321席胜出,工党295席,自由党6席。77岁的温斯顿·丘吉尔第二次组阁。安东尼·艾登担任外交大臣,拉布·巴特勒担任财政大臣。保守党执政一直持续到1964年,所采取的政策与工党大同小异。可以说,工党创建了福利国家,维持它的却是保守党。1952年2月,国王乔治六世去世,他的女儿伊丽莎白继承王位。新一届保守党政府上台时,英国正面临一场严重的财政危机,这主要是由于国际收支的巨额赤字和黄金、美元储备枯竭造成的。这迫使政府把战时的紧急措施又延续了一年。此后,随着世界经济的普遍改善和原材料价格的降低，政府的管制逐渐放松，英国经济开始逐渐繁荣。保守党通过将家庭津贴从每个孩子5先令增加到8先令，提高失业救济金和养老金以及每年建造30万套住房来扩大社会服务。

1955年4月，丘吉尔退休，安东尼·艾登接任首相。5月，艾登宣布举行大选，他的"和平与富足"的口号吸引了当时日益富裕的英国民众。他在1955年的财政预算中降低了所得税，终止了纺织品的购置税。而工党内部的分歧依然存在，他们竞选宣言中依然强调管制和国有化，这对日渐富足的选民已经没有多少吸引力。艾登成功当选首相，并把保守党在议会的多数席位提高到60席。艾登政府采取一系列措施扩大富裕的工人阶级和中产阶级下层的财产所有权。财政大臣哈罗德·麦克米伦专注于解决国际收支平衡、生产力提高和通货膨胀等问题，在保守党内的影响力越来越大。1957年1月9日，健康状况不佳的艾登辞职，麦克米伦继任首相，保守党因苏伊士运河危机而分裂，民众对保守党的信心开始动摇。

到1959年，保守党和工党的经济计划相差不大，两党政策形成了新的平衡，形成一种中间偏左的共识政治。国有化和教条主义的社会主义政策即使是对工人阶级也不再具有吸引力。保守党则支持福利国家政策，接受教育改革和经济计划的必要性。1959年大选中工党连续第三次失败，最终造成该党的分裂。盖茨克尔强烈反对要求生产资料实行公有制的劳工主义。到1961年，他的观点在党内占了上风，并着手规划资本扩张和教育重组。盖茨克尔还没来得及领导该党参加另一场竞选活动，就在1963年1月突然去世。观点偏左的哈罗德·威尔逊成为工党领袖。

在新首相哈罗德·麦克米伦的领导下，保守党回归，迎来了英国战后最繁荣的时期。麦克米伦恢复了民众的信心，挽救了英国与美国的特殊关系。麦克米伦在国内推行混合经济的非通货膨胀式扩张，取得巨大成功。因而，在1959年10月大选中，保守党在议会的多数票翻了一番，达到100票。与此同时，工党还在寻求党内团结，探索新的政策方向。1960年，英国的经济复苏已经结束，国际收支平衡再次出现逆转。为了推动经济发展，麦克米伦三次更换财政大臣。在1960年至1963年间将银行利率提高到7%，并呼吁暂停所有工资和薪酬的支付。1962年的补选保守党的领先优势有所下降。7月，麦克米伦更换了7名内阁成员以提升政府活力。国防大臣约翰·普罗富莫的丑闻进一步损害了政府的声誉。普罗富莫放纵私生活的曝光不仅导致他向下议院撒谎，而且还涉及国家安全问题。最终导致麦克米伦在1963年10月因健康原因而辞职。拉布·巴特勒、伊恩·麦克劳德、雷金纳德·莫尔丁、霍姆勋爵和黑尔沙姆勋爵都是保守党领袖候选人。由于《贵族法》（1963年）的规定，规定世袭贵族可以放弃世袭头衔，成为平民，这就为贵族进入内阁铺平道路。这四位候选人在议会中都无法获得多数，于是麦克米伦建议女王邀请外交大臣霍姆勋爵担任首相。霍姆在党内威信不高，在1964年大选中他被工党的哈罗德·威尔逊击败。到1966年3月，威尔逊以英国议会历史上最小的多数赢得了17个月的执政时间，显示出他的足智多谋和执政技巧。其推行的务实政策与他早先对工党教条主义左翼的支持形成鲜明对比。政府以微弱多数避免了1964年有争议的竞选承诺，即将钢铁国有化。在外交事务上，威尔逊和外交大臣斯图尔特坚决支持美国在多米尼加共和国和越南的政策。威尔逊试图让英联邦各国总理担任调停者，就越南问题召开和平会议，但没有取得任何成果。1965年的预算对消费者来说是多年来最难以接受的预算之一，其核心是遏制通胀、减少消费支出和促进出口。威尔逊成功地将英国贸易赤字减半，受此鼓舞，他呼吁举行选举，寻求在议会中获得更稳固的多数席位。在竞选中，他承诺实行长期的经济计划，以实现工业现代化和提高生产率。保守党在新党魁的带领下参加了竞选。1965年道格拉斯·霍姆辞职，让位给影子财政大臣爱德华·希思。保守党承诺与伊恩·史密斯领导的罗德西亚政府进行谈判，并承诺支持英国加入欧洲共同市场。在1966年3月31日选举结果公布，威尔逊赢得连任，并使工党在下议院的多数席位从3席上升到97席。当时英国经济虽然表面上呈现繁荣景象，实际上，生产率低下、频繁的罢工和对英镑的国际信任危机一直困扰着威尔逊首相。1967年至1970年间，英国财政大臣罗伊·詹金斯采取严厉的预算措施，成功地抑制消费支出，刺激了出口。到1970年，英国终于实现国际收支平衡，贸易顺差达15亿美元。

1970年4月，凭借有利于工党的民意调查数据和非常有利的国际收支数据，威尔逊首相宣布在6月18日举行选举。这次大选，两党都着重关注国内问题，很少关注国外问题。工党指出，它拯救了英镑，在国内捍卫了社会民主。爱德华·希思领导下的保守党则强调工业规划、税收和工会改革等切实可行的改革。保守党还发起了一场针对家庭主妇们对抗物价上涨的运动。民意调查预测，工党将以4%到12%的优势轻松获胜。大选结果却出现翻转，保守党以4%的优势获胜。保守党获得330个议会席位，工党287个。在新领导人杰里米·索普的领导下，自由党获得6个席位。保守党在1970年卷土重来，由爱德华·希思出任首相。1974年，威尔逊再次组阁，1976年，则由本党的詹姆斯·卡拉汉接替首相。至此时为止，各届政府无论何党派执政都执行大同小异的内外政策，凯恩斯主义经济学是两党治国方案的共同基础，"共识政治"指导着两党行动。①

20世纪80年代，玛格丽特·撒切尔成为英国首相。为了解决20世纪60年代下半叶开始的"英国病"——经济滞涨问题，撒切尔上台时便抛弃"共识政治"与凯恩斯主义，以货币主义理论和供应学派为指导，进行大刀阔斧的改革，实行私有化，控制货币发行量，削减社会福利开支，打击英国工会力量。撒切尔夫人的一系列政策取得显著效果，到1988年英国走出经济危机，经济增长率超过欧洲国家的平均水平，通货开始稳定，失业率也持续下降，达到正常水平。在此后的两次选举中，保守党都大获全胜，撒切尔夫人成为20世纪在职时间最长的首相。虽然政绩斐然，但其政策导致贫富差距加大，因此遭到社会与党内许多人士的不满。②1990年，保守党内冲突爆发，撒切尔夫人被迫辞职，约翰·梅杰继任。梅杰基本上是一个"撒切尔主义者"，他是从撒切尔主义向新的共识政治过渡的人物。英国新的共识政治是由工党向保守党靠拢。工党连续在四次大选中失败，不得不进行改革。1981年工党右翼退出工党，组成社会民主党。右翼退出后左翼控制工党领导权，开始调整党的各项目标。1991年，托尼·布莱尔出任工党领袖，领导工党完成现代

---

① 钱乘旦，陈晓律，潘兴明，陈祖洲. 英国通史 第6卷 日落斜阳 20世纪英国[M]. 南京：江苏人民出版社，2016：77.

② 毛锐. 撒切尔政府经济与社会政策研究[M]. 济南：山东人民出版社，2014.

化，工党现代化最主要的目标是修改党章的第四条，即生产资料公有制条款。1995年，工党在布莱尔领导下修改党章，正式放弃社会主义目标。布莱尔主张工党应该追求"第三条道路"，即非自由放任，又非国家干预主义。人人都能参与，人人都可以当股东。1997年大选中，工党以几乎三分之二的多数大获全胜，在野18年后重新掌权。托尼·布莱尔执政10年，是工党历史上在任最长的英国首相，也是该党唯一一位带领工党连续三次赢得大选的首相，2007年6月27日正式离任。

七、英国在世界事务中的地位

英国作为世界强国的衰落始于1918年，而不是1945年。但只有在第二次世界大战之后，英国的弱势地位才变得明显。在1961年之前，英国通过在世界范围内过度扩张军事承诺，宣称与美国的特殊关系，以及对欧洲经济和政治一体化保持疏远，来维持大国的假象。但很快英国就发现在外交事务中受到二战后新世界体系的严重制约，如经济破产和安全上对美国的依赖。

1946年3月5日，首相温斯顿·丘吉尔在美国富尔顿发表"铁幕演说"，正式拉开冷战序幕。丘吉尔为战后英国的国际存在进行了定位，他说：当今世界存在三环，第一环是英联邦和英帝国，第二环是英国、美国及英语世界其他国家，第三环是联合起来的欧洲。只要英国在三环上都占有位置，那么英国仍将发挥举足轻重的国际地位。具体而言，英联邦是二战结束后的产物，因为二战后非殖民化运动在全球范围内兴起，英属殖民地的非殖民化进程开始加快，英国担心如果殖民地都分离出去必然会削弱自己的影响力，所以把大英帝国改造成一个自愿加入的英联邦组织，成员基本都是原来的殖民地、自治领以及保护国，相当于是大英帝国的另一种延续。三环外交的第二环是英美特殊关系，英国希望利用美国的力量制衡苏联，达到维持欧洲均势的效果；而第三环就是西欧联合，不过英国只是倡导，并不把自己放在这一计划内，而且本质也没有什么改变，还是为了制衡苏联维持欧洲均势。丘吉尔的这一判断后来在很长时间内指导着英国的外交政策，被人们成为"三环外交"。①

1947年3月，贝文与法国签署了联盟与援助条约。1948年3月，英国与法国、比利时、荷兰和卢森堡签署了《布鲁塞尔条约》，宣布英国参与保卫欧洲安全。该条约承诺向任何受到攻击的成员国提供互助。1949年，英国主导成立北大西洋公约组织，该组织由布鲁塞尔公约的签署国、加拿大、美国、意大利、挪威、丹麦、冰岛和葡萄牙组成。后来，西德、希腊和土耳其加入这个防御联盟。英国将其军事安全建立在与美国、英联邦和西欧国家的合作与联盟之上。然而，这种与欧洲大陆的合作并未延伸到经济或政治联盟。英国拒绝加入1951年成立的超国家的欧洲煤钢共同体（舒曼计划）。

与一战后不同，美国在第二次世界大战之后开始援助西欧。由乔治·马歇尔提出并经国会批准的欧洲复苏计划，使战后陷入困境的16个国家的经济得以复苏。1948年，英国的经济危机因马歇尔援助的9.8亿美元而得到缓解。英国政府支持美国在朝鲜战争中的行动，并提供超过10亿英镑的国防预算，以加速重整军备。1951年，战后英美协议的建筑师欧内斯特·贝文去世，但亲密的英美关系在丘吉尔和艾森豪威尔执政期间得以延续。由英国提议的第一次四国（美、英、法、俄）首脑会议于1955年在日内瓦举行。

英国政治家在《联合国宪章》的发展和该组织后来的行动中发挥了积极作用。1946年1月，51个国家代表参加的联合国大会首次在伦敦召开。成员国选出第一任联合国秘书长特里格夫·赖伊，禁止法西斯国家西班牙加入联合国，并选择纽约作为永久总部所在地。联合国和国际联盟一样，其功能因大国之间缺乏合作而受到阻碍。而联合国下属一些专门机构，如世界卫生组织、国际货币基金组织和联合国教育、科学及文化组织（教科文组织），虽然不那么引人注目，但更有实效。这些组织向各国政府提供粮食、医疗用品、人员和贷款，努力减轻贫穷国家的苦难和饥饿，促进经济增长和维护世界和平稳定。

大英帝国的迅速灭亡是第二次世界大战的另一个后果。二战促进了殖民地半殖民地的民族解放运动高涨。在大多数情况下，英国从帝国的撤退保持

---

① 钱乘旦，许洁明. 英国通史［M］. 上海：上海社会科学院出版社，2017：354.

了尊严，引发的冲突较小。因此，前殖民地在独立后都选择留在英联邦，沿用英国的议会制度和法律制度。1949年，英联邦总理会议决定，尽管印度即将成为一个独立的共和国，但仍接受印度成为英联邦成员，这显示了英联邦制度的灵活性。英国国王被认为是"独立成员国自由联合的象征，也是英联邦的首脑"。从1945年到1970年，英联邦成员国从6个主权国家增加到28个主权国家，并从全白种人变成以有色人种为主。

1942年，英国政府派斯塔福德·克里普斯前往印度，劝说国大党支持英国的战争。作为回报，他提出一项战后印度独立的计划。1945年大选后，英国工党兑现了对印度独立的承诺。但印度教徒和穆斯林之间激烈的宗教纠纷以及穆斯林领袖穆罕默德·阿里·真纳要求独立的强硬态度，使复杂的撤军谈判陷入困境。新总督路易斯·蒙巴顿说服了甘地、尼赫鲁和真纳，最终接受分治是维护和平的唯一途径，实现双方都满意的权力交接。1947年8月15日，印度和巴基斯坦分别成为自治领。然而，国家的分裂伴随着的是大规模的移民和接连不断的暴力事件，造成100多万人在动乱中丧生，其中包括1948年被暗杀的倡导非暴力的甘地。同年，锡兰获得独立并选择留在英联邦，但缅甸独立后选择离开英联邦。

第二次世界大战后，独立和自由成为非洲民族主义者的密码。随着权力的逐渐移交，大多数英国殖民地都很快地获得自治。1956年，苏丹成为英联邦之外的独立共和国。第二年，黄金海岸（加纳）成为撒哈拉以南第一个获得独立的英国殖民地。尼日利亚、乌干达、坦噶尼喀、桑给巴尔、英属索马里兰、肯尼亚和塞拉利昂在1960年至1963年间获得独立。南非于1961年3月脱离英联邦，但仍留在英镑区。

1956年7月，纳赛尔将苏伊士运河公司国有化以筹集建造阿斯旺大坝的费用。但这一行为违反了国际协议。8月，在英法的倡议下，22国在伦敦召开会议，因为纳赛尔的反对也没有达成任何协议。9月30日，英法将苏伊士运河问题提交联合国安理会讨论，10月13日，安理会否决了英、法要求埃及接受"国际管理"制度的提案。10月16日，艾登和塞尔温·劳埃德在巴黎私下会见了法国总理莫雷。双方支持以色列在10月29日对埃及使用武力。纳赛尔拒绝了英法联军要求进入运河区的最后通牒,英法军队在10月31日进攻埃及,占领塞得港和运河区。后由于世界舆论的反对,军事行动停止。工党和英联邦各国也谴责英国的军事行动是对英国战后外交政策三大基本原则的违背:与英联邦团结一致,与英美结盟,遵守《联合国宪章》。只有澳大利亚支持这次袭击。美国也谴责了英法军事干涉,联合国呼吁双方停火。在加拿大的莱斯特·皮尔森斡旋下,派遣联合国特遣部队来维护加沙地带的治安。英国没有从军事冒险中得到任何好处。运河无法用于航运。英国在叙利亚的石油管道被切断。英国的黄金和美元储备大幅下降。苏伊士运河仍由埃及控制。美国和苏联两个超级大国通过此次危机成为中东乃至全世界的真正霸主。武装干涉的惨败对艾登来说是一场政治灾难,导致内阁分裂,艾登也于1957年1月辞职。

二战后英美联盟成为英国战后外交政策的基石。1949年4月,英国加入北大西洋联盟(NATO)。英国希望通过《布鲁塞尔条约》和北约承诺与西欧建立全面的军事联系以确保英国的安全。起初,英国一直拒绝加入1951年成立的欧洲煤钢共同体和1957年《罗马条约》成立的欧洲经济共同体。英国担心共同市场国家所要形成的经济和政治统一将损害英国的主权和英国与英联邦的关系。相反,英国在1960年联合挪威、丹麦、瑞典、奥地利、瑞士和葡萄牙,成立欧洲自由贸易联盟以对抗欧共体。然而,这一"外部七国"的经济活力根本无法与法国、联邦德国、意大利、荷兰、比利时和卢森堡的"内部六国"相媲美。随着英国实力的进一步衰落,英国仅依靠英美特殊关系和英联邦作为战略外交基石已经越来越难以适应形势的发展。英国政府意识到,英国的外交不能忽视欧洲,特别是欧共体的作用。麦克米伦政府于1961年8月第一次申请加入欧共体。工党对此表示强烈反对。但入盟谈判在1963年1月就停止了,这不是因为工党或英联邦的劝说,而是因为法国总统戴高乐的否决。戴高乐对英国依附于大西洋联盟与美国建立特殊关系表示不满,担心英国的加入会起到"特洛伊木马"的作用。

1967年5月,威尔逊政府第二次申请加入欧共体。尽管其他成员国支持英国的申请,但法国的戴高乐总统认为,英国的加入会改变欧共体的性质,会使一体化倒退为自由贸易区，再次否决英国的入欧申请。1969年，戴高乐辞职以后，蓬皮杜上任，他改变了戴高乐反对英国加入欧共体的做法，因为当时联邦德国经济在马歇尔计划的助力下飞跃发展，超过当年的战胜国英国和法国，其经济生产总值还跃居资本主义世界的第二位。蓬皮杜担心联邦德国东山再起，会动摇法国在欧共体中的主导地位，急需引进英国以牵制西德。所以在欧共体海牙首脑会议上法国同意英国加入欧共体。1970年6月，英国保守党首相爱德华·希思调整了英国的外交政策，宣布放弃帝国特惠制，降低了英联邦的重要性，并宣称英美特殊关系已为"自然关系"所取代，而且反复表示英国愿意同其他西欧国家一起建立"欧洲人的欧洲"。1973年1月1日，英国正式成为欧共体的成员国。虽然成为欧共体的一员，但英国本质上对一体化还是排斥的，所关注的只是经济贸易方面的利益，所以英国加入欧共体后，经常与其他成员国出现分歧，甚至是唱反调。20世纪80年代，撒切尔夫人上台后，作为保守党的右派，对欧共体采取较为强硬的态度，在许多问题上闹独立，常使成员国大伤脑筋。1984年欧共体枫丹白露峰会后，英国改变了原来若即若离的态度，开始积极推动"欧洲建设"，促使欧共体进行内部改革、政治合作和建立统一大市场等，体现出明显的英国作用。1988年后，在欧洲一体化道路上，英国又逐渐把自己孤立起来。它不但强化了自己的民族主义立场，而且在欧共体一体化建设方面采取了许多"例外选择"的政策。

总之，英国宪政的特色是连续性和变革，其标志是一系列历史性妥协，如《大宪章》和《议会改革法案》。追求政治和社会目标的中庸和实用主义是英国政治生活的美德。因此，英国在近代历史上避免了许多伴随教条主义立场冲突的暴力和仇恨。在危机时刻，对自由的热爱提供了团结、忍耐和韧性。英国议会很大程度上是人民主权学说的扩展、党组织的发展和大众媒体影响的结果。如果政府的主要职能是管理，那么任何掌权的政党都会安排国家的政治机器来促进这一职能。任何政党都不会冒险做出明显违背选民意愿或最大利益的武断改变，因为这样的改变将在下次选举中被否决。以连续性为基础的变革是英国宪政史的真理。

结束语

结束语

通过对英国历史的梳理与讲述，我们发现，自古至今的英国历史具有极强的连续性，今天的英国是历代英国的君主、贵族与人民群众在对过去的历史继承、变革甚至革命的基础上形成的。

英国的早期历史是一部不同种族入侵不列颠群岛的编年史。早在有史记载的罗马人入侵不列颠之前，群岛上就有着一群群强壮且好战的移民定居在这里。在旧石器时代，欧洲大陆地区古代人类迁移的方向主要是向西移动，也是在这一时期他们开始进入不列颠群岛。在新石器时代，来自伊比利亚半岛擅长农业的长头族群（伊比利亚人）穿越海峡移居到不列颠岛上，他们在英格兰南部古老的狩猎部落旁边建立了混合农业部落。公元前2000年左右，来自欧洲的高大勇猛的圆头移民涌入不列颠，他们为不列颠岛带来金属器具，将不列颠岛的文明带入青铜时代。公元前700年前后，来自欧洲大陆的凯尔特人将不列颠岛带入铁器文明。

罗马人是有史记载的继凯尔特人之后对不列颠进行征服的第二批入侵者。但是，与早期的凯尔特人与后来的撒克逊入侵者不同的是，罗马人将不列颠岛作为罗马帝国统治下的一部分。罗马人的这种统治方式在不列颠产生了与之前的入侵者截然不同的效果，罗马文明在不列颠得以快速传播与发展，在罗马帝国统治下，不列颠部分地区逐步实现罗马化，修建了大量罗马风格的城市、城墙、堡垒、村镇和神庙。虽然罗马人在不列颠岛上建立了诸多城市和维拉，传播了拉丁文与基督教文化，甚至将自己的政治制度与行政结构强加在不列颠岛上的凯尔特人上层贵族身上，但是广大凯尔特下层人民的罗马却很少。因此，当罗马人从不列颠群岛上撤离的时候，罗马文化对不列颠的影响也随之很快地消逝，随后的入侵者也就很容易再次占领这个岛屿。罗马文明仍然是外来的文明，随着它对不列颠统治的结束，它的影响也在逐渐消逝。

相比于不列颠的土著凯特尔人以及罗马移民的后代等移民群体，盎格鲁-撒克逊人最终塑造了英国人的基本特征。公元5世纪之前，英国被称为布立吞，而盎格鲁-撒克逊定居英国后，它才被称为英格兰，意思就是"盎格鲁人的土地"。英国人从盎格鲁-撒克逊人那里获得了他们的名字、语言、最庞大的族群、诸郡,也正是在盎格鲁-撒克逊人那里,英国第一次作为一个单一王国的政治实体而存在,尽管这一政治实体缺少必要的机制以使国王有足够的权力来有效地统治其王国。盎格鲁-撒克逊人不信仰基督教,他们看不惯罗马帝国的奢侈作风。这些异教徒来到不列颠后,放火烧毁罗马的城市、别墅、修道院和澡堂,把自己的宗教、风俗习惯、礼仪以及语言都移植到不列颠,曾经三个世纪的基督教信仰被完全推翻。但是,在撒克逊人入侵的岁月里,基督教仍然在威尔士的凯尔特部落中继续传播,后来传入爱尔兰,并最终战胜了凯尔特人自己宗教和撒克逊人的异教。随着罗马教会在不列颠的重建,英格兰再次开始接受来自地中海文明的宗教、语言、法律与行政组织的影响。

盎格鲁-撒克逊时期的英格兰最显著的政治特征是国家逐渐实现统一,从几十个部落王国逐渐统一成一个王国,王国的存在主要依靠国王的个人权力加以维系。同时,这时期英格兰的政治组织也开始向集权的行政结构转变,尽管这种行政结构发展还不完善(集权的行政结构直到诺曼人的到来才得以完全形成)。在这个过程中,英格兰形成了以国王为中心的中央政府和三级地方管理体系,制定和颁布了一系列成文法,并逐渐形成一套固定的诉讼程序和审判方法。当这个过程结束的时候,英格兰已初步确立了自上而下、较为系统的君主统治体系和政治法律制度。

许多历史学家把1066年"诺曼征服"视为英国正统历史的开端。诺曼王朝建立后,威廉将诺曼底的封建制度带到英格兰,英国的封建化过程大大加快,王权得到强化。在制度建设中,许多盎格鲁-撒克逊时期的制度保留下来。威廉一世设立了"御前会议"来承担原来盎格鲁-撒克逊"贤人会议"的功能。亨利一世发布英国历史上第一个自由大宪章,谴责其兄威廉二世的暴政,承诺维护贵族的一切封建权利和特权。为了使他的特惠具备更大权威,亨利将宪章的抄本存放在各郡修道院,一切臣民可以查阅,保存限制及指引政府的永久性规则。令他意想不到的是,百年之后,英国男爵们受到此古老传统的启发,以其宪章为蓝本,迫使后来的约翰国王签署了《大宪章》。亨利二世是英格兰安茹王朝创立者，他创立了英国普通法这一独特的法律体系。约翰国王滥用王权、破坏封建平衡，贵族们把亨利一世的宪章作为先例，迫使国王签署《大宪章》。《大宪章》所确立的基本原则构成了英国宪政发展的两个原则：国王并非凌驾于所有法律之上，而是受其王国法律的限制；如果国王通过单方面行动违背契约关系，那么他的臣民保留强迫他遵守法律的权利。可以说，《大宪章》是英国在建立宪法政治这一长远历史进程的开端。亨利三世于1216年和1217年两次修改了《大宪章》，修改后的《大宪章》赋予了国王更多权力，这导致英国的贵族们在牛津召开所谓的"狂暴议会"，强迫国王同意制定法令——《牛津条例》——王权进一步受到限制，初步形成寡头统治。如果说《大宪章》运动开启了限制王权的进程，揭开了英格兰宪政序幕的话，那《牛津条例》则又是一个重要分水岭，意味着王权和议会的权力和关系有了清晰界定，即议会是国家的最高权力机构，拥有立法权和最高决策权，政府的主要大臣是向议会负责而不是国王。英国的议会制度最终在爱德华一世统治时期（1271—1307年）确立下来。另外，在诺曼人征服的影响下，英国与中世纪的欧洲文明紧密地联系在一起。12世纪与13世纪，罗马天主教在西方获得前所未有的权威与影响力。基督教将西欧各国通过文化纽带紧密地联系起来。

14世纪和15世纪是英国历史发展重要的过渡时期。议会的兴起给教会和封建制度带来巨大挑战。尤其是14世纪，人们一直努力寻找的封建主义的替代品，作为封建主义的代替品的议会正逐渐融入英国人的生活之中。随着英国封建制度的逐渐瓦解，议会成为英国政治生活的重要基础，君主、贵族和平民在议会中形成英国的政治共同体。13世纪末，议会已经是英国的一个固定机构，但议会的权力和职能仍然很模糊，到14世纪议会的权力才得到加强和扩大。议会权力的增大是以牺牲王室特权为前提的，议会利用英国国王对税收的需求进而限制国王的权力。亨利三世和爱德华三兄弟的统治对英国的议会发展尤为重要。爱德华一世统治时期，英国议会制度正式确立下来。到14世纪末，议会在财政和立法方面的影响力显著增长。

在超过一个世纪（1337—1453年）的时间里，英法百年战争对英国产生重要的影响。英国虽然最终输掉这场战争，失去了几乎所有的欧洲领地，但这对英国来说却是"因祸得福"。百年战争之后，英国对欧洲大陆推行"大陆均势"政策，英国得以避免将过多的精力牵扯进欧洲大陆事务，而将更多的注意力转向解决国内问题和进行海外商业扩张，为日后成为全球最大殖民帝国奠定了基础。同时，在百年战争中，英国议会通过与国王谈判迫使国王做出许多实质性让步。英国封建领主的利益不断被压缩，市民和商人阶层的财富和声望在不断增加。

15世纪的英国充满暴力、阴谋，国内社会道德败坏，内战频发，政治处决时有发生。不过，15世纪的英国教育取得巨大进步，外贸日趋繁荣，议会的职能也得以加强。英法百年战争结束后，由于贵族的内讧与国王的软弱无能，英国两个拥有私人军队的大家族——地处英国东南部的约克家族与执掌王权的兰开斯特家族在接下来的30年里为争夺王位而相互争斗，英国陷入一场内战。玫瑰战争中，贵族们遭受重大伤亡，许多贵族领袖都因玫瑰战争而死。战争也削弱了贵族权力，耗尽了贵族财富。玫瑰战争使王和市民更加紧密地团结在一起，共同反对他们的对手——封建贵族。

经过玫瑰战争三十多年的自相残杀，旧贵族势力大大削弱，新兴贵族和资产阶级的力量在战争中迅速增长，并成为都铎王朝新建立的君主专制政体的支柱。亨利七世和亨利八世重建并巩固了英国的君主制政体，强大的王权成为英国日益增长的民族自我意识觉醒的重要象征，因为它保证了英格兰的和平与安全，而这恰恰是英格兰在15世纪最缺乏的东西。与此同时，英国高涨的民族主义情感又进一步促进英国宗教的重新觉醒。宗教问题是亨利八世、爱德华六世和玛丽统治时期的重要问题。英国教会自13世纪以来始终故步自封，拒绝改革。民族主义日益高涨的英格兰民众对效忠于教皇的信徒越来越敌视。英格兰国王和议会则利用这种反教权主义情绪来限制教皇在英格兰的权力。

伊丽莎白一世被誉为英国历史上最明智、最成功也是最伟大的君主。她统治英国长达45年（1558—1603年），这一时期是英格兰历史上的"黄金时代"。伊丽莎白执政时期，成功地实现宗教和解。亨利八世和爱德华六世实行的宗教改革使得此前在英国国内占主导地位的天主教被冷落，英国人的宗教信仰出现分裂。伊丽莎白为了缓和天主教和新教两大对立宗教派别间的矛盾和竞争，她最终选择了一个折中方案，即在天主教和新教之间建立一个第三方宗教组织，建立了英国国教圣公会。在伊丽莎白时代，随着英国商业革命的兴起，英国的经济和贸易不断繁荣，商人、贵族和自耕农的命运发生深刻变化。

从中世纪到民族国家的政治转型过程中，英国有两项重要的发展：一是中央集权加强，中央政府取代中世纪私人庄园（地方政府）成为治理国家的主要机构；第二，议会的规模和重要性不断增长，成为政府统治的主要权力机构。在中央政府方面，从亨利八世时代起，枢密院成为英国行政管理中心。最高决策权仍然属于国王，枢密院对君主负责，而不是对议会（与现在的内阁相比）负责。在地方政府方面，教区取代早期庄园或村庄成为地方行政单位，这是伊丽莎白统治时期的重要特点之一。

在都铎王朝时期的议会发展方面，亨利八世借助议会来完成与罗马教廷的决裂，此后议会作为政府工具变得愈发重要。都铎王朝君主们都比较擅长处理王室和议会的关系，议会的绅士们与君主之间保持着合作关系。在伊丽莎白时期，下议院获得巨大权力，下议院所代表的绅士、律师和商人等中产阶级影响力日益增长。上议院的影响仍在，但已经不能和玫瑰战争之前的作用相提并论。都铎王朝兴起的新贵族对历代君主往往感恩戴德，所有针对都铎王朝君主们的叛乱都以失败告终。都铎王朝的王权大大加强了，然而，都铎王朝的君主们足够精明。英国不像法国，英国的君主没有常备军或专业的官僚机构来支持法国式的专制王权。相反，都铎政府依赖于地方管理者的志愿服务以及忠诚臣民的合作才得以有效地运作。到伊丽莎白统治末期，下议院在这一都铎王朝的运作体系下变得活跃起来，特权逐渐扩大。

在斯图亚特王朝时期，议会和王权的矛盾成为冲突的焦点，导致议会下议院权力结构发生异化。在宗教方面，清教在英格兰贵族中的影响力日益增强，但是国教与王权联系日益紧密，詹姆士一世认为宗教上的退让就是王权上的退让，在斗争中国王（国教）和清教徒都采取了不妥协的立场。查理一世和其父一样对王权至上笃信不疑，也依赖王室的宠臣进行统治，无视他那个时代的发展趋势，也罔顾他的子民的本性和传统。这导致英国议会和清教徒联合起来，挑战他的高压统治，并最终引发内战，而查理一世也成为英国历史上唯一被公开处死的君主。议会迫使查理一世签订的《权利请愿书》和1215年的《大宪章》一样，《权利请愿书》最终成为限制君主权力的宪法里程碑，对英国甚至是整个世界历史的走向产生深远影响。资产阶级和新贵族利用议会展开反封建专制制度斗争，从而揭开了英国资产阶级革命的序幕。

1688年的光荣革命是一次不流血的革命，它标志着在英国专制政体的最后失败和议会的胜利，它成功地解决了17世纪的宪法问题：议会的主权战胜了国王的神权。议会又通过《权利法案》奠定了英国君主立宪政体的理论和法律基础，标志着"议会至上"原则的确立和君主立宪制的建立。

汉诺威王朝统治时期，英国殖民地、商业和海上力量不断扩大。从1707年到1801年，英国下议院权力稳步增长，而上议院却没有能阻止这一趋势，这主要是因为当时议会两院的政治和家族利益是相似的——他们代表着同一个阶级，即土地贵族的利益。统治英国的大土地贵族几乎都宣誓效忠汉诺威王朝。光荣革命后建立的君主立宪制实际上是基于贵族寡头体制之上的，带有封建残余的资本主义大地产制又是英国贵族寡头制长期存在的经济基础。英国议会开始日益专注于贸易，因为贸易代表着财富，而财富就意味着权力。不过这一时期商业资本还未完全取代土地资本成为社会和政治权力的标志。处于社会顶层的仍然是大土地贵族，他们拥有重要的政治影响力。由于农业能带来丰厚的利润，这使得土地贵族成为提高农业生产率的主要推动力。土地贵族阶级之下是地方乡绅，他们充当治安法官，掌握地方权力。不过，他们收入较低，又居住在偏远乡村，很少能对国家政治产生重大影响。他们通常是痛恨辉格党寡头统治的托利党支持者。

英国的内阁制度有效解决了限制国王权力和行使议会主权的问题，内阁成为立法机关与行政机关沟通的重要纽带。乔治一世时期内阁制快速发展并最终形成。乔治一世会把问题完全交给一些重要大臣去讨论、研究和解决，并指定一位大臣，通常是财政大臣主持内阁会议，并向国王汇报内阁会议的内容。这位主持者慢慢就成为内阁事实上的领袖——首相。

英国的两党制也开始形成，辉格党由大地主贵族控制，并得到非国教派和大多数城市商人的支持，尤其是伦敦商人的支持。尽管辉格党在宫廷和威斯敏斯特占主导地位，地方权力则大多掌握在托利党人手中，他们作为治安法官和土地所有者在农村施加影响。

到19世纪30年代，英国议会制度中的种种弊端，使议会变革成为必然。统治阶级越来越担心，如果不改革，英国就会爆发革命。此时议会中的激进派和改革派都认识到议会改革的必要性。贵族阶级意识到工业资产阶级越来越迫切的政治诉求，有必要与工业资产阶级结盟，避免暴力革命，以维持统治。1832年7月，《议会改革法案》在上院通过，成为法律。这次议会改革满足了时代变化的迫切需要，新兴工业资产阶级获得初步的政治权利，迈出了19世纪英国议会选举制度改革的第一步。从表面看，议会改革后，原有的君主政体、上议院和政府内阁都毫发无损，没有什么变化，掌权的仍然是以贵族为主，1833年改革后的下议院有217名贵族子弟。但实际上，这是一场革命。选举资格的限制从身份资格转为财产资格，身份歧视变为财产歧视。民众舆论和政治组织的力量却前所未有地变得强大起来，已经强大到民众的压力可以迫使统治阶级同意变革。特别是选民投票登记制度的实施加强了地方政治团体组织性的建设，某种程度上促使了有组织的全国性党组织形成，这是改革派或他们的反对者所没有预料到的。虽然1832年议会改革使工业资产阶级得以进入议会，但没有实现广泛的政治民主，在议会改革斗争中起了巨大作用的工人阶级仍处于无权地位。工人阶级极度失望，决心进行独立的政治斗争，发起了"宪章运动"。"宪章运动"是马克思主义诞生前早期三大工人运动之一，它反映了英国工人阶级政治上的成长和阶级觉悟的提高，对推进英国政治民主运动有重要作用。实际上，到1918年，除议会年度选举外，宪章主义者的所有激进建议都成为英国法律。

1832年的议会改革使辉格党在政治上占了上风，从1830年到1866年，辉格党几乎连续掌权。在改革的冲击下，托利党认识到必须要改变自己才能适应形势的变化。从此托利党不再是抗拒变革的党，转而变为一个主张缓进、渐变的党，其党名也渐渐变成保守党，以区别于抵制变革的托利党。与此相反，由于是执政党，辉格党没有进行自我改造，党内许多旧势力保存下来，阻碍其在社会变革中发挥更大的作用。辉格党内革新派和守旧派产生分歧。19世纪50年代之后，辉格党逐渐改称自由党，它与保守党在纲领、思想、社会组成方面的差异日渐缩小。

19世纪上半期，工业革命的突飞猛进在英国造就了资产阶级和工人阶级两大对立阶级，市场竞争也带来生产的盲目性，1825年英国爆发了第一次全国性的经济危机。工人阶级恶劣的工作和居住环境以及危机期间下层阶级流离失所的悲惨状况引起民众和舆论越来越多的关注。随着1832年议会改革的顺利实施，工业资产阶级获得投票权，原来很多悬而未决的工业、社会和宗教的弊端和问题得到议会的关注，议会也相应通过一系列立法来解决这些问题。对英国人来说，从19世纪到20世纪的过渡是一段令人不安的时期。由于19世纪的自由主义无法应对社会的革命性变化，20世纪迎来了一个政治恶化和暴力的时代。1900年，工会主义和非马克思主义社会主义团体加入了议会代表行列，促使了新的政党——工党的出现。

第一次世界大战摧毁了一代英国人的生活。第一次世界大战加快了英国人生活变化的速度，旧的信仰和价值观被抛弃，财富向新阶级转移，妇女得到解放，国家计划和国家控制开始扩张。尽管这些变化几乎都是革命性的，但这并不表明与一战前的英国发展趋势有根本的决裂。一战对英国来说并不是一场灾难。事实上，一战的爆发转移了英国国内的阶级矛盾和民族矛盾。一战后，英国政治的显著变化是，政治领袖不再来自相同的阶层或学校，也不再拥有相同的基本社会观点。政治身份越来越多地与经济利益联系在一起。右翼势力团结起来反对社会主义，崇拜传统的英国制度和价值观，倡导保守主义和有限的政府原则。左翼势力得到劳工的广泛支持，其领导人来自工会、社会主义团体和持不同政见的自由党。他们支持主要产业的国有化，反对金本位，支持海外集体安全，支持与苏联搞好关系，支持扩大社会服务。

第二次世界大战对于英国来说是一场生存之战，因为希特勒的目标是征服欧洲，而不仅仅是称霸欧洲。空中力量的出现终结了岛国地位和海上霸权的优势，而这些优势在以往的欧洲冲突中保护了英国。战争初期轴心国占优势，迫使反法西斯力量结成反法西斯联盟并扭转了战局。对英国来说，打败德国几乎是得不偿失的胜利，因为战争的胜利结束了英国作为一流强国的地位。第二次世界大战使英国社会和经济上实现了巨大的平等。英国所有阶级都共用防空洞，受到同样严格的配给控制。税收负担最重的是英国的中上阶层。具有讽刺意味的是，战争降低了英国的失业率，并大幅提高了工资水平。到1944年，每9名劳动力中，就有2名在武装部队服役，3名在战时生产部门。与第一次世界大战一样，英国中央政府的权力再次几乎无限膨胀，尽管与第一次世界大战相比，中央政府对个人权利表现出更多的宽容。

1945年二战结束后没有人希望回到1939年那种充满失业和保守的社会氛围。这场战争使英国民众的思想出现革命性的变化，他们现在希望国家继续干预经济，以提高生活水平。因此，选民给了工党一个引入福利国家的机会，而领导英国取得战争胜利的丘吉尔和保守党则被选民抛弃。英国民众相信，战争期间国家干预能够降低失业率，那战后运用国家计划实施社会和经济重建也可以使英国变得更加美好。强调国家干预的凯恩斯经济学也变得受人尊敬并成为主流经济学。

第二次世界大战使英国沦为二流强国。英国抵抗了纳粹德国的疯狂进攻，但付出的代价如此惨重，以至于这场胜利对英国来说近乎得不偿失。通过战争，美国和苏联崛起为两个新的超级大国，这意味着，五个世纪以来西欧第一次不再是世界政治和军事中心。英国有能力适应这种从伟大到衰落的转变，并将一个拥有5.5亿臣民的帝国转变为一个自治的、自愿的、以非白人为主的英联邦，这显示了英国在制度上的灵活性和连续性。英国社会发生迅速变化，所有公民的权利和利益日趋平等化。英国人民再一次通过妥协和接受选举结果来解决分歧，从而消除了因阶级差异可能带来的冲突。可以说，英国成熟的政治体系经受住了战后形势迅速变化的挑战，其实力的衰落并没有导致其影响力的相应下降。作为英联邦人民和国家的纽带，英国在1945年之后所承担的全球承诺和义务远比两次世界大战之间承担的类似义务要广泛得多。进入20世纪70年代,英国的首要任务显然已经转移到加入欧共体和维护西欧安全的谈判上,如果有必要,英国将牺牲英联邦和其他地方的军事利益。

英国为何如此特殊?为何会对人类文明做出如此重要的贡献?穿越时空隧道、铺开历史的画卷,研读英国历史,我们最终找到了答案——通过渐进的变革形成的英国的制度具有巨大的灵活性与韧性,追求政治和社会目标的中庸和实用主义是英国政治生活的美德。以连续性为基础的变革是英国宪政史甚至是英国全部历史发展的真理。